I0797482

BIBLIOTHÈQUE DE L'ÉCONOMISTE
sous la direction d'André Tiran
16

Condorcet et Adam Smith

Simona Pisanelli

Condorcet et Adam Smith

Réformes économiques et progrès social au siècle des Lumières

PARIS
CLASSIQUES GARNIER
2018

Simona Pisanelli est docteur en théorie et recherche sociale. Elle est chercheure à l'université du Salento. Ses recherches portent sur le travail libre, l'esclavage, le progrès technique, le développement économique aux XVIIIe et XIXe siècles, les dynamiques environnementales et la justice sociale dans la société contemporaine. Elle a notamment publié « Werner Sombart and his reception in Italy », dans *DADA, Rivista di Antropologia Post globale* (Trieste, 1/2015).

ISBN 978-2-406-07050-4 (livre broché)
ISBN 978-2-406-07051-1 (livre relié)
ISSN 2108-9868

À ma mère et à ma sœur.
À mon maître.

ABRÉVIATIONS
DES ŒUVRES D'ADAM SMITH

TMS	*Theory of moral sentiments*
WN	*Wealth of nations*
LJ	*Lectures on jurisprudence*

INTRODUCTION

Si l'on veut regarder la relation entre croissance économique et développement de l'homme, on ne peut que se rapporter aux considérations des philosophes et des économistes du siècle des Lumières. Parmi eux, émerge la figure du marquis de Condorcet pour son idée fascinante du *perfectionnement réel* de l'homme et de l'histoire comme triomphe progressif de la raison. Condorcet est connu surtout pour son *Esquisse d'un tableau historique des progrès de l'esprit humain*, testament philosophique dans lequel prévaut l'impression d'une hypothèse qui n'est contradictoire qu'en apparence : il est vrai que le développement humain demande un effort cognitif et pratique qui va bien au-delà de la pure croissance économique, mais il est tout aussi vrai que celle-ci apparaît comme une pré-condition nécessaire (compte tenu notamment du niveau de développement économique du XVIIIe siècle) aux processus d'émancipation de l'homme. Et ce pour deux raisons : d'une part, des hommes qui chaque jour peinent à se procurer le minimum indispensable pour survivre, auraient difficilement l'occasion de développer les qualités spécifiquement humaines ; d'autre part, le progrès de l'humanité, outre que produire des bénéfices en termes de salubrité et d'habitudes, s'étendrait aux arts et aux techniques de production (agricoles et industrielles), garantissant une majeure productivité et l'amélioration des résultats des processus de production.

Ces réflexions, de nature purement économique, ont orienté la présente recherche vers d'autres de ses écrits – moins célèbres que l'*Esquisse* et que ses *Cinq mémoires sur l'instruction publique* – mais tout aussi intéressants et importants, si l'on veut mieux comprendre la figure complexe du penseur, en le considérant non seulement comme philosophe et mathématicien, mais aussi comme économiste, en mesure d'analyser de manière convaincante la réalité économique de son époque. Cette approche, peu courante vis-à-vis de Condorcet, a permis de constater une concordance significative (à part quelques a-syntonies sur certains aspects) entre certaines élaborations économiques du *philosophe* français et celles d'Adam Smith, lui aussi connu comme l'un des principaux personnages de la culture illuministe, et sans aucun doute, le plus grand économiste du XVIIIe. En effet, la lecture des œuvres économiques de Condorcet laisse entendre qu'il connaît la *Wealth of Nation* de Smith (qu'il apprécie et accueille favorablement) et ses théories concernant certains aspects spécifiques (libre circulation des marchandises, réformes des systèmes fiscaux, effets négatifs du travail asservi dans les colonies).

Avant de nous lancer dans l'analyse spécifique des questions économiques, nous avons considéré indispensable d'acquérir des connaissances biographiques sur les deux auteurs, utiles pour les replacer dans leur contexte historique et qui nous permettent de saisir l'origine de leurs principales théories. Cette reconstruction a révélé des détails intéressants et, dans un certain sens, surprenants. Ainsi, ce que nous considérions au départ n'être qu'une étude exploratoire préalable a fini par exiger son propre espace dans cette publication. Le titre du premier chapitre, *La rencontre entre Adam Smith et le Marquis de Condorcet : un épisode à élucider*, laisse volontairement transparaître le doute que certaines hypothèses, – corroborées depuis longtemps – sur la connaissance directe entre Smith et Condorcet, soient fausses. À mesure que l'on procède à la collecte et à la lecture des biographies, correspondances, éditions originales et traductions des œuvres des auteurs, comparant les matériaux et consacrant l'attention requise aux dates des événements, certaines erreurs apparaissent de plus en plus évidentes (erreurs dont il est difficile de documenter la paternité) quant aux rapports directs entre Smith et Condorcet.

Il faut dire que tous deux ont tissé tout au long de leur vie, un dense réseau de relations. Par conséquent, vouloir comprendre s'ils se sont effectivement rencontrés en personne a exigé non seulement l'étude de leur vie, mais aussi l'analyse des biographies de ceux qui les fréquentaient et qui, selon la littérature, auraient joué un rôle important pour faciliter leur rencontre.

Nous rappellerons notamment la figure de Sophie de Grouchy (la jeune épouse de Condorcet) et celle de Turgot (dont Condorcet fut ami et proche collaborateur, ainsi que – d'une certaine manière – élève).

La première, Sophie de Grouchy, a été explicitement désignée plusieurs fois comme la personne ayant rendu possible la rencontre directe entre Condorcet et Smith. Une hypothèse sensée, étant donné qu'elle travaillait à la traduction de la *Theory of Moral Sentiments* de l'économiste écossais, mais aussi qu'elle était « maîtresse de maison » dans le salon où elle recevait les plus illustres intellectuels, français et étrangers, de l'époque. Toutefois, la première conclusion incontestable à laquelle nous sommes parvenus dans la présente étude est que cela est absolument impossible sachant que Smith est resté en Europe continentale dans les années 1764-1765, période où naissait justement de Grouchy.

Le second, Turgot, étant très proche de Condorcet et en contact direct avec lui, surtout durant la période où l'un assurait les fonctions de Contrôleur des finances et l'autre celles d'Inspecteur de la monnaie, aurait pu lui aussi agir comme intermédiaire entre Condorcet et Smith. Les probabilités sont bien plus grandes que celles de voir Sophie de Grouchy dans le rôle d'« amphitryon » qui accueille dans son salon l'hôte écossais. La littérature parle de rencontres directes entre Turgot et Smith, qui semblent confirmées aussi par les témoignages de leurs contemporains (voir Morellet), mais il est certain – selon la présente reconstruction des faits – que les rapports entre les deux (non pas l'estime) se sont en fait interrompus après le retour de Smith en Écosse. En tout état de cause, même en essayant d'analyser les rapports entre les trois personnages, on ne peut assurer que Condorcet et Smith se soient rencontrés grâce à la médiation de Turgot.

Toujours dans le but de clarifier le cadre d'ensemble où Condorcet a eu connaissance des travaux de Smith, les événements concernant les traductions françaises des deux principaux ouvrages de Smith et leur diffusion en France ont été récapitulés dans le premier chapitre. Que ce soit pour la *Theory of Moral Sentiments* ou pour la *Wealth of Nations*, on peut voir une certaine implication des époux Condorcet, pourtant – dans ce cas-là non plus – il n'y a aucun élément qui soutienne l'hypothèse d'une rencontre directe du Marquis de Condorcet avec A. Smith.

En ce qui concerne la *TMS*, la traduction de Sophie de Grouchy (postérieure à celles d'Eidous et de l'abbé Blavet) est publiée en 1798, c'est-à-dire, quatre ans après la mort de son mari et huit ans après celle de Smith.

Pour ce qui est de la *WN*, comme nous le démontrerons en détail, les événements concernant sa diffusion en France soulignent le fait que Condorcet connaissait cet ouvrage, mais – selon nous – on peut exclure sa contribution directe à sa traduction. Ce qui a induit en erreur est, probablement, le sentiment d'amitié qui liait Condorcet à Roucher, second traducteur français (après Blavet) de la *WN*. Dès la publication de la traduction française du premier tome, Roucher avait annoncé un volume conclusif, uniquement de notes à l'ouvrage, entièrement rédigé par Condorcet. À ce jour, aucune trace de ce volume n'a été retrouvée et on peut probablement affirmer que Condorcet ne l'a jamais écrit. Il se limita à insérer une synthèse de l'ouvrage dans les pages de la *Bibliothèque de l'homme*, célèbre périodique de l'époque qu'il dirigeait avec d'autres penseurs.

Après avoir examiné les aspects biobibliographiques du rapport Condorcet-Smith, et éclairci les points obscurs des interprétations prédominantes en littérature, nous avons procédé à une comparaison systématique de certaines des principales idées des deux auteurs. Ces idées naissent d'un objectif commun : l'analyse de l'économie de leur époque permet de déterminer et d'actualiser des politiques économiques spécifiques à travers lesquelles poursuivre l'amélioration des conditions de vie des particuliers et de la société toute entière.

Au cours de ce travail, le parallèle entre les productions économiques des deux intellectuels est parti des écrits de Condorcet, plutôt que de ceux de Smith. Deux ordres de motifs justifient ce choix :

- en premier lieu, le but n'était pas seulement de vérifier à quel point Condorcet connaissait les travaux de Smith (comme établi dans le premier chapitre), mais aussi de vérifier si et dans quelle mesure, l'auteur écossais avait influencé les analyses de Condorcet. D'ailleurs, alors qu'il était prévisible de trouver des renvois du penseur français (plus jeune de vingt ans) aux travaux de Smith, il était presque impossible que ce dernier connaisse de manière approfondie les travaux de Condorcet et s'y réfère à son tour ;
- en deuxième lieu, alors que l'œuvre smithienne était déjà très connue à l'époque de Condorcet, et sera bien sûr encore très étudiée par la suite – comme le prouve l'importante littérature secondaire qui la concerne – la figure de Condorcet comme économiste a été négligée (exception faite pour certains cas particuliers). Toutefois, la quantité d'écrits que Condorcet a consacrés aux questions économiques est considérable[1].

1 En 1992, à propos du peu d'attention pour ses écrits économiques, aussi bien de la part des contemporains de Condorcet que de la part des historiens des deux siècles suivants,

Avoir privilégié l'étude des élaborations économiques de Condorcet, nous a naturellement induit à travailler de manière détaillée sur la reconstruction et l'analyse des grands débats français de l'époque, plutôt que sur les réalités écossaise et anglaise, dans le but de mesurer l'importance des réflexions et des initiatives de Condorcet dans le contexte français.

Il s'agissait enfin de choisir les questions et les écrits à traiter, vu qu'il était impossible d'étudier et de rendre compte de toute l'œuvre de Condorcet dans un espace limité. Il est peut être utile de rappeler que deux critères précis ont guidé cette sélection : d'une part, nous voulions montrer comment, dans le mouvement des lumières, l'économie et les interventions de politique économique visaient à réaliser le perfectionnement de l'homme, non seulement en termes individuels mais aussi et surtout en termes collectifs, se posant dans une perspective de dynamique sociale ; d'autre part, nous entendions souligner la cohérence entre les intentions et l'engagement des deux auteurs.

Les thèmes en question sont les suivants : la libre circulation des marchandises, le projet de réforme du système fiscal et l'abolition de l'esclavage. Or, comme il apparaîtra dans les chapitres suivant le premier, tous ces éléments représentent quelques-uns des points forts d'un programme de réformes et de propositions de transformations institutionnelles, soutenu – en France comme en Angleterre – par des intellectuels et des hommes politiques. Ces derniers, en effet, étaient convaincus que le meilleur moyen d'améliorer les conditions de vie des hommes passait par la « libération » du capital, l'accroissement des investissements et la croissance de la productivité du travail.

Le second chapitre, *Libre circulation des grains et équilibres de marché* est consacré à la libre circulation des marchandises. S'opposant aux mercantilistes, l'école physiocratique, de laquelle Condorcet était très proche – par le biais de Turgot – considérait que le commerce intérieur et international pouvait jouer un rôle positif pour l'économie de la nation. Il aurait rendu disponibles, à chaque période de l'année et en toute saison, les marchandises les plus diverses, tout en garantissant la stabilité des prix. Le niveau des prix aurait déterminé aussi le niveau des salaires. En effet, les hauts salaires sont l'indice d'un pays avec des niveaux appropriés de croissance économique. Celle-ci peut se révéler

Jean-Claude Perrot écrit : « La réputation de Condorcet économiste ne s'est jamais affirmée » (Perrot, 1992, p. 357).

durable dès lors que l'on investit dans l'instruction et dans la formation de l'homme, de manière à garantir de grandes avancées techniques. En ce sens, nous avons identifié le premier circuit vertueux entre libre circulation des marchandises et progrès humain, à savoir entre un phénomène économique et un effet social de type « universel ».

Le troisième chapitre, *Sur les impôts*, porte sur l'engagement des physiocrates en rapport avec les initiatives de Turgot dans son rôle de Contrôleur des finances et au soutien de Condorcet, Inspecteur de la monnaie, pour la réforme du système fiscal français. Il est fondamental de partir de la règle générale physiocratique selon laquelle le seul secteur, dans l'économie nationale, en mesure de garantir un produit net est l'agriculture. Ce postulat justifie l'insistance de la part d'un segment de la classe politique, proche de l'école de Quesnay, pour une suppression graduelle de la multiplicité de taxes qui pèsent sur la population française, pour en arriver à l'impôt unique prélevé seulement et exclusivement sur le revenu des propriétaires terriens. L'objectif déclaré est de préserver de l'imposition les exploitants agricoles (ou fermiers), de sorte qu'ils ne soient pas découragés et continuent d'investir dans l'agriculture. Évidemment, cette proposition a déclenché un vif débat non seulement entre ses partisans et le cercle des nobles proches du roi, mais aussi parmi les partisans des lumières eux-mêmes. Nous verrons, par exemple, que Voltaire a recours à un récit au ton, comme à son habitude, ironique pour critiquer la proposition des physiocrates (définie comme impôt *inique*), surtout après la publication du principal ouvrage de Le Mercier de la Rivière (*L'ordre naturel et essentiel des sociétés politiques*).

Parmi les impôts qu'il faut éliminer, figure aussi celui sur les biens de luxe. Nous avons pensé utile de rapporter, même si c'est en peu de pages, la querelle qui s'est développée autour de cet autre aspect spécifique de la fiscalité, partant des célèbres provocations de Mandeville, selon qui les vices privés se traduisent normalement en avantage pour l'intérêt public. Évidemment, ce thème ouvre un âpre débat au niveau éthique, mais retient aussi l'attention des économistes qui considèrent que la taxation des biens de luxe serait désavantageuse, plus que pour les riches contraints de payer les impôts, pour les travailleurs employés dans la production de ces biens, dont la demande certainement, finirait par diminuer.

Quant à Condorcet et Smith, si sur un plan général, ils s'accordent à indiquer les quatre règles fondamentales pour un système fiscal équitable

(Condorcet semble répéter exactement les paroles de Smith), ils montrent en revanche des divergences radicales quant à l'hypothèse d'un impôt unique. En effet, Condorcet est un partisan convaincu de cette taxe alors que Smith la refuse. L'auteur écossais consacre quelques pages importantes de sa *WN* à la critique de la « secte » des physiocrates, à l'occasion de laquelle il rappelle que leur plus grande erreur est de considérer le secteur agricole comme étant le seul secteur réellement productif et le produit net une sorte de don de la nature. En fait, dit Smith – dès les toutes premières pages de son ouvrage – le véritable élément en mesure d'assurer la prospérité à une nation est le travail. Comme nous le verrons, Condorcet aussi, vers la fin de sa vie, changera partiellement d'avis à propos de l'impôt unique qu'il considère techniquement impossible à réaliser. En substance, Condorcet semble converger vers les idées smithiennes, tout en n'abandonnant pas explicitement la théorie de l'impôt unique.

Dans le quatrième chapitre, *L'esclavage au « siècle des Lumières »*, nous abordons la question de l'abolition de l'esclavage. Au XVIIIe siècle, l'esclavage est un problème qui fait beaucoup de bruit pour d'évidentes raisons éthiques. Une rapide analyse de la littérature dévoile le recours à des explications souvent liées au racisme et à la religion, pour justifier l'emploi d'hommes réduits à la servitude dans les colonies européennes en Amérique. Si toutefois, on ne s'arrête pas à l'apparence des choses, on voit bien vite que les débats des lumières sur cette question se placent à des niveaux qui invoquent une réflexion plus attentive quant à la genèse des positions favorables ou contraires à l'esclavage. Au débat que lance Montesquieu – qui fait appel notamment aux défauts de la législation qui permet l'existence d'une institution odieuse comme celle de l'esclavage (mais aussi nombre d'autres normes incompatibles avec l'âge des lumières) – participent tous les grands penseurs des Lumières françaises (pensons, pour n'en citer que deux, à Diderot et Rousseau). C'est dans ce contexte que nait la réflexion sur les aspects spécifiquement économiques que pose l'institution de l'esclavage. Le présent travail s'intéressera plus particulièrement à ces aspects.

Le problème de l'emploi d'esclaves dans l'agriculture coloniale est examiné au niveau économique par différents auteurs ayant des charges différentes qui – comme nous le verrons – parviennent à des conclusions opposées entre elles. Un cas spécifique est celui des Intendants des colonies qui, investis par le souverain de la tâche de reporter à des niveaux de productivité satisfaisantes les terres des plantations coloniales, se trouvent à devoir affronter directement le problème de comment gérer les hommes qu'on y emploie. À ce propos, nous nous sommes arrêtés sur le travail de Le Mercier de la Rivière et Pierre Poivre, tous deux physiocrates et Inspecteurs, respectivement de la Martinique et de l'Île-de-France. Le premier maintient, durant tout son mandat, le comportement neutre d'un fonctionnaire d'État et se limite à évaluer les coûts et les bénéfices liés à l'emploi d'esclaves ou d'hommes libres dans les colonies. Le second montre, dès son arrivée dans la colonie qu'on lui a confiée, un fort sentiment de compassion à l'égard des hommes enchaînés, souhaitant une amélioration immédiate de leurs conditions de vie. À la fin pourtant, Poivre, comme La Rivière, doit se rendre à l'idée que la mère patrie ne peut renoncer aux esclaves si elle veut que le système colonial lui fournisse un produit net satisfaisant.

Turgot semble arriver lui aussi à cette conclusion, en se référant à des cas spécifiques, même s'il ne s'agit pas là d'une question centrale dans son œuvre. Il s'occupe de ce thème dans certaines pages de ses *Réflexions sur la formation et la distribution des richesses*. L'histoire éditoriale de cet ouvrage toutefois, dans laquelle Dupont de Nemours est impliqué en tant qu'éditeur, révèle des détails singuliers qui permettent de saisir des aspects intéressants au niveau du rapport dialectique qui existait souvent entre les théoriciens qui travaillaient en étroite collaboration.

Le cinquième chapitre, *Condorcet et Smith : l'esclavage et la société commerciale*, s'arrête plus particulièrement sur les réflexions de Condorcet et de Smith qui concernent l'esclavage. Tous deux y sont totalement opposés, mais Condorcet, à la différence de Smith, s'engage en personne sur le plan politique aussi pour faciliter l'affranchissement des esclaves. Cela le pousse à examiner à fond le problème, en l'analysant sous tous les angles possibles : philosophique, législatif, économique.

Néanmoins, du point de vue économique, et Condorcet et Smith posent comme fondement principal en faveur de l'abolition de l'esclavage le même critère : le travail libre et salarié est la seule typologie de travail en mesure de favoriser la formation d'une société commerciale qui garantisse à la fois la croissance économique et l'émancipation sociale, dans le contexte d'une dynamique de la structure sociale ordonnée et équilibrée. Il suffit d'ailleurs de confronter la productivité des travailleurs libres avec celle des esclaves pour se rendre compte que la première est toujours supérieure à la seconde.

Avant de conclure, qu'il me soit permis de remercier Marie Gabrielle Rognon, pour le travail accompli ensemble pour la traduction et la révision du texte en français.

LA RENCONTRE ENTRE ADAM SMITH ET LE MARQUIS DE CONDORCET

Un épisode à élucider

Dans le cadre d'une reconstruction des rapports entre les penseurs qui ont promu les Lumières, ce chapitre reviendra sur la présumée relation directe entre Adam Smith et Marie Jean Antoine Nicolas Caritat de Condorcet, compte tenu notamment de l'influence significative de Smith sur un grand nombre d'écrits de Condorcet[1]. En effet, aujourd'hui encore, de nombreux aspects de cette relation méritent d'être réexaminés.

Le rapport entre les deux penseurs a fait l'objet de réflexions épisodiques aussi bien dans le passé que plus récemment. Dans la littérature de la fin du XIXe et du XXe, on a insisté sur le fait que les relations scientifiques entre eux étaient aussi le résultat de rapports personnels directs, cultivés dans la période où Smith avait séjourné en France (1764-1766)[2].

Récemment, on est revenu sur le lien scientifique entre Condorcet et Smith en amplifiant son incidence sur la diffusion de l'économie politique. Emma Rothschild, par exemple, continue dans la tradition du passé, soutenant que les relations scientifiques entre les deux étaient fondées sur des rapports personnels directs :

> Condorcet et Turgot étaient amis intimes, comme Smith et Hume ; les rapports entre Smith et Condorcet ou entre Smith et Turgot, furent de correspondance, d'étude réciproque, ou de considération superficielle. (Rothschild, 2002 [2001], p. 33)

1 Comme on le sait, il existe une très vaste bibliographie sur Smith, mais – récemment – l'intérêt pour Condorcet s'est ranimé (*cf.* Pagden, 2010, p. 1-6). Une contribution importante est certainement fournie par l'« Inventaire Condorcet », librement accessible en ligne.

2 Voir, à ce sujet, Guillois, 1897 ; Badinter-Badinter, 1988 ; Boissel, 1988 ; Dawson, 1991 ; toutes ces références bibliographiques sont présentes, à propos du sujet en question, in Brown-McClellan, 2008.

Amartya Sen est plus prudent ; si d'une part il souligne la présence des idées de Smith dans les élaborations scientifiques de Condorcet et l'importance du travail de ce dernier pour la diffusion en France de l'économie politique classique, de l'autre il ne se réfère pas à leurs rapports directs :

> Au moment de sa mort, en juillet 1790 à Édimbourg, Adam Smith était plus célèbre et apprécié en France qu'en Angleterre. Les révolutionnaires d'Outre-manche, le Marquis de Condorcet par exemple, invoquait fréquemment les idées de Smith, et la présence du philosophe et économiste écossais était consolidée dans les milieux intellectuels français. (Sen, 2010)

Ce que nous entendons démontrer dans la première partie de ce livre est que, alors que le rapport de Condorcet avec Smith est de grande importance sur le plan épistémologique et sur celui des finalités scientifiques amplement partagées (le développement de l'homme, sa relation avec la richesse sociale, le rôle du progrès technique dans les nouveaux procédés productifs, etc.), l'hypothèse d'un rapport direct entre eux n'a pas été prouvée. Elle se fondait sur l'idée d'une rencontre qui aurait eu lieu durant le séjour de Smith en France, par l'intermédiaire de Sophie de Grouchy, la femme de Condorcet.

Sur la base de recherches plus approfondies, cette circonstance – très présente dans les publications – n'est pas confirmée. Dans les pages suivantes, nous chercherons à confirmer et la rencontre manquée entre Condorcet et Smith, et l'absence d'un échange épistolaire entre eux. À ce propos, nous reconstruirons tout d'abord les péripéties du voyage de Smith en Europe continentale et certains événements de la vie de Sophie de Grouchy.

LE VOYAGE DE SMITH ET LA DIFFUSION DE LA *THEORY OF MORAL SENTIMENTS*

Un premier compte rendu de la vie et des œuvres d'Adam Smith nous est donné par Dugald Stewart, ami et biographe de son compatriote[3].

Adam Smith est le fils d'Adam Smith père, mort quelques mois avant sa naissance (5 juin 1723) et de Margaret Douglas de Strathenry.

3 Pour la biographie de Smith, voir aussi : Lecaldano, 2009 ; Roncaglia, 2006.

Enfant, Smith fréquente l'école Burgh que dirige David Miller, dans sa ville natale (Kirkcaldy, dans le comté de Fife en Écosse).

De quatorze ans (1737) à dix-sept ans (1740), il étudie à l'Université de Glasgow où il fréquente – entre autres – les cours de Philosophie morale que donne Francis Hutcheson, à qui il succédera plus tard.

Puis, une bourse d'études en poche (la Snell), il s'installe à Oxford et continue ses études au Balliol College. Smith n'aime guère l'Université Anglaise qu'il trouve traditionaliste et autoritaire, raison pour laquelle – après six années très laborieuses – il décide de la quitter. Il retourne dans la tranquille Kirkcaldy, où il vit avec sa mère pendant deux ans. En 1748, il s'établit à Édimbourg où, jusqu'en 1751, il tient une série de conférences publiques sur la rhétorique et sur la littérature Anglaise, obtenant un certain succès auprès du public. La popularité ainsi acquise lui vaut la chaire de Logique (1751) puis celle de Philosophie morale (1752) à l'Université de Glasgow, dont il sera Recteur de 1787 à 1789. Smith définira les treize années qui suivent comme les plus belles de sa vie.

Profondément influencé par Hutcheson et par Hume, élève du premier et ami intime du second, Smith écrit la *Théorie des sentiments moraux* (1759[4]). Parmi les nombreux lecteurs de cet ouvrage, Charles Townshend qui en est positivement surpris, au point de proposer à Smith d'accompagner son beau-fils – Duc de Buccleuch –, en qualité de tuteur, dans son voyage de formation en Europe continentale. Ayant accepté cette fonction pour une rente de trois cents livres par an, en janvier 1764 Smith quitte Londres en compagnie du jeune Duc, à destination Paris. Il voyage entre la capitale et Toulouse jusqu'en septembre 1765 ; de septembre à octobre de la même année il se déplace dans le sud de la France ; d'octobre à décembre il réside en Suisse ; en décembre 1765 il retourne à Paris et y reste jusqu'en octobre 1766 quand, n'étant plus au service du Duc de Buccleuch, il retourne à Londres. Là, il collabore avec Townshend lui-même à différents projets sur le système fiscal. En mai 1767 il retourne vivre à Kirkcaldy, avec sa vieille mère. Dans les années suivantes, il vivra entre Kirkcaldy, Londres et Édimbourg où il mourra et sera enterré le 17 juillet 1790.

La période que Smith passe entre la France et la Suisse revêt une grande importance aux fins de l'analyse que nous voulons développer,

4 Ce n'est que la première d'une série d'éditions à succès, revisitées et enrichies par Smith jusqu'à sa mort, en 1790, année où la sixième et dernière est publiée.

mais il s'agit – plus en général – d'une expérience fondamentale qui marquera fortement la vie personnelle et intellectuelle du philosophe et économiste écossais. Pour Smith, ce voyage représente l'opportunité d'une confrontation fructueuse avec les physiocrates[5]. « Smith avait décidé qu'il était grand temps de reconsidérer certaines réflexions sur la jurisprudence, l'ordre public et l'économie politique qu'il s'était promis de discuter avec François Quesnay et les *Économistes* » (Phillipson, 2010, p. 188). En outre, Smith saisit cette occasion pour débattre longuement avec Turgot « sur des sujets politiques et économiques », étant tous deux « occupés à écrire leurs œuvres les plus importantes sur ces mêmes sujets », comme le témoigne Morellet (Rae, 2009 [1895], p. 182). À vingt ans de son retour de France, il se souvient encore des noms des personnages les plus illustres de la société française avec qui il avait discuté de philosophie comme d'économie.

1er mai 1786, c'est la date de la lettre partie d'Édimbourg, destinée à l'abbé André Morellet pour lui recommander son ami sir John Bruce – professeur de Logique – qui arrivera à Paris peu de temps plus tard, en qualité de tuteur d'un jeune gentilhomme, Mr Dundas. Bruce s'apprête donc, à remplir le même rôle que celui que Smith avait exercé de 1764 à 1766, en accompagnant le Duc de Buccleuch.

En cette occasion, Smith écrit à Morellet :

> Permettez-moi d'exprimer ma grande tristesse pour les nombreuses et lourdes pertes que la Société, où j'ai souvent eu le plaisir de vous rencontrer dans ces vingt dernières années, a subies avec la mort de si grand représentants, comme Helvetius, M. Turgot, Mlle D'Espinasse, M. D'Alembert, M. Diderot. Je n'ai pas de nouvelles du Baron d'Holbach depuis deux ou trois ans. J'espère qu'il est heureux et en bonne santé. Je vous prie de vous assurer qu'il reçoive mon souvenir le plus affectueux et respectueux, et qu'il sache que je n'oublierai jamais sa gentillesse à mon égard durant mon séjour à Paris. (Mossner-Ross, 1977, lettre n. 259, p. 295)[6]

5 Bien sûr, les économistes français eux aussi trouvèrent la confrontation avec Adam Smith profitable, vu leur intérêt envers le processus de modernisation de l'économie anglaise, surtout du secteur agricole (Piettre 1966, p. 62), le *free trade* (Quesnay in Schelle, 1908, p. 150 ; Turgot in Schelle, 1913, t. I, p. 602) et envers les règles pour obtenir les titres de noblesse (Rich-Wilson, 1978, p. 659).

6 Ici, Smith saisit une phase de transition en France dans les années 1770-1790, caractérisée par la mort, – en rapide succession – des « grands meneurs du jeu philosophique » (Rivaud, 1962, p. 48) : « Helvétius meurt en 1771 ; Voltaire et Rousseau s'éteignent tous deux en 1778, suivi par Condillac en 1780 et Turgot en 1781 ; deux ans plus tard, c'est

Selon Ian Simpson Ross, auteur de la précieuse biographie intitulée *The Life of Adam Smith*, Smith aurait eu plusieurs bonnes raisons d'entreprendre son voyage en Europe continentale. Certainement la généreuse rétribution de Townshend a dû compter ; mais la France exerce une attraction non négligeable, en tant que patrie d'hommes de lettres parmi les plus appréciés de Smith. De plus, il est communément admis que Smith avait déjà commencé à ébaucher sa recherche sur la richesse des nations, de ce fait la possibilité d'étudier un pays « avec une population trois fois supérieure à celle de la Grande Bretagne, un système politique différent, fondé sur l'absolutisme, et une gamme d'économies régionales diversifiées était en elle-même un attrait pour un chercheur social » (Ross, 2010, p. 212). Enfin, la France commençait à apprécier la *Theory of Moral Sentiments* (depuis lors, *TMS*). Il convient toutefois de préciser qu'au départ, seul un nombre inévitablement restreint de personnes a dû apprécier la *TMS*, à savoir les intellectuels français en mesure de lire et comprendre la langue anglaise.

À l'époque de sa première publication (1759), la *TMS* fut annoncée en France sur la revue « Encyclopédique », avec un ton admiratif pour un livre qui présentait un « système moral enraciné dans la nature humaine » (*ibid.*). Quelques années plus tard, plus exactement le 28 octobre 1762, Hume écrivait à Smith de Fontainebleau pour lui communiquer que D'Holbach supervisait la traduction de la *TMS*[7]. La première traduction française de la *TMS*, faite par Eidous[8], ne parait en deux volumes qu'en 1764. Toutefois, Smith est profondément déçu par cette traduction, si bien que – quelques années plus tard (1772) – dans une lettre envoyée à Mme De Boufflers d'Édimbourg ou de Kirkcaldy (le lieu n'est pas bien identifié) il en parlera encore :

> C'était une grande mortification pour moi de voir la manière dont mon livre (Théorie des Sentiments Moraux) avait été traduit dans la langue d'une nation où je n'ambitionne sûrement pas d'être estimé plus que je ne le mérite. (Mossner-Ross, 1977, lettre n. 130, p. 161)

---

le tour d'Alembert ; en 1784 la mort surprendra aussi Diderot ; Buffon et d'Holbach, les deux survivants mourront peu après, le premier en 1788, l'autre en 1789. » (Moravia, 1986 [1968], p. 14).

7 *Cf.* Mossner-Ross, 1977, lettre n. 77, p. 96-98.

8 Il s'agit de la traduction à laquelle se réfère Hume. *Cf.* Mossner-Ross, 1977, lettre n. 77, p. 98.

Il poursuit, soulagé, ayant appris qu'une autre personne avait entrepris la traduction de la *TMS*, sous la direction de Mme de Boufflers elle-même qui, selon une note à cette lettre, « la compare avec l'original du début jusqu'à la fin » :

> Votre bonté généreuse m'a délivré de cette peine, et m'a rendu le plus grand service qu'on puisse rendre à un homme de lettres. Je me promets un grand plaisir à lire une traduction faite, parce que vous l'avez désirée. Si ce n'est pas bien aise de savoir le nom de la personne qui m'a fait l'honneur de me traduire. (*ibid.*)

La bonne traduction de Blavet en deux volumes, à laquelle se réfère Smith dans cette lettre, bat de vitesse une traduction, jamais publiée, faite sous la direction du duc de la Rochefoucauld. C'est le duc lui-même qui donne à Smith la nouvelle de la publication manquée, dans une lettre envoyée de Paris le 3 mars 1778, affirmant :

> [...] J'avois eu peut-être la témérité d'entreprendre une traduction de votre *Théorie;* mais comme je venois de terminer la première partie, j'ai vu paroitre la traduction de M. l'Abbé Blavet, et j'ai été forcé de renoncer au plaisir que j'aurois eu de faire passer dans ma langue un des meilleur ouvrages de la vôtre. (*ibid.*, lettre n. 194, p. 233)

La traduction que publie Blavet en 1774 reste donc la plus appréciée. Après elle, rééditée en 1782, il faudra attendre vingt-trois ans pour lire la traduction dirigée par Sophie de Grouchy, à l'époque déjà veuve de Condorcet depuis quatre ans.

SOPHIE DE GROUCHY ET CONDORCET

> Condorcet, plusieurs années avant son mariage, avait été conduit par Turgot, chez Mme Helvétius, dans cette petite maison d'Auteuil « où l'on fêtait encore les saints de *L'Encyclopédie* ». Dupaty, Roucher, Franklin s'y donnaient rendez-vous et, dans cette calme retraite, Condorcet avait goûté, avec les joies de l'amitié, la douceur des longues causeries dans un milieu sympathique où sa timidité n'avait rien à redouter. (Guillois, 1897, p. 94)

La rencontre entre Condorcet et Sophie, qui bientôt deviendra sa femme, est à attribuer – au moins indirectement – à Roucher. Comme nous l'avons dit, ce dernier fréquente la maison des de Grouchy au point de pouvoir dire qu'il « était presque de la famille » (*ibid.*, p. 25) ; il était surtout proche de l'oncle de Sophie, le magistrat Charles Dupaty « qui continuait les batailles de Voltaire, en défense des droits de l'homme, et à qui était dédiée la traduction de la *Wealth of Nations* » (Faccarello-Steiner, 2002, p. 22).

Au début de l'été 1786, Condorcet passe « ses jours et ses nuits avec Dupaty à préparer la défense des trois roués » (Badinter-Badinter, 1988, p. 239) ; dans cette même période, il rencontre pour la première fois Sophie, à l'hôtel de la rue de Gaillon. Bien qu'étant plus vieux qu'elle de vingt ans, Condorcet tombe immédiatement amoureux de cette jeune femme, non seulement belle, mais extrêmement intelligente et pleine d'esprit.

Envoyée, en 1784, par sa mère pour étudier au couvent laïc de Neuvelle-en-Bresse quand elle possédait encore « toutes les vertus d'une jeune filles naïve et croyante », elle en était revenue deux ans plus tard plus mûre et manifestement différente :

> philosophe et radicalement athée. Sa mère, effrayée d'une telle transformation, exigea qu'elle brûlât devant elle tous les livres de Rousseau et de Voltaire qu'elle avait rapportés. En vain. Sophie conserva ses idées subversives sous l'apparence de la plus grande douceur et de la meilleure éducation. Acquise aux idées nouvelles et décidée à mettre son ardeur à leur service. (*ibid.*, p. 240)

Quelques mois après leur rencontre, le 28 décembre 1786, Sophie de Grouchy deviendra Mme Condorcet et partagera avec son mari, jusqu'à la mort de ce dernier en 1794, la même passion intellectuelle et engagement public. Elle résistera, cédant à regret, quand Condorcet la poussera à demander le divorce, la seule façon de se préserver, elle-même et leur fillette, de la politique de la Terreur de Robespierre.

À peine mariés et établis à l'Hôtel des Monnaies (demeure de Condorcet depuis que Turgot, en 1775, lui a confié la charge d'Inspecteur des Monnaies), Sophie décide de tenir un salon, et malgré son jeune âge, elle réussit à obtenir un grand succès, comme l'avaient fait avant elle Julie d'Espinasse et Mme de Staël (fille de Necker, pas vraiment en bons rapports avec Sophie).

> Les soirées chez les Condorcet étaient sérieuses, et les discussions volontiers abstraites. [...] Mais tous ceux qui le fréquentaient avaient le sentiment

> exaltant de participer à un laboratoire d'idées où l'on préparait un monde nouveau. (*ibid.*, p. 250)

Le salon de Mme Condorcet accueille toute une série de personnages déjà célèbres dans la France révolutionnaire et d'autres qui le deviendront peu de temps plus tard. Son fleuron est représenté surtout par des intellectuels lettrés, économistes, politiciens provenant de l'étranger. Il est ici nécessaire de révéler l'erreur qui s'est perpétuée dans le temps quant à la reconstruction des rapports Smith-Condorcet.

Différents auteurs ont considéré le salon de Mme Condorcet comme le lieu privilégié de rencontre et de connaissance entre les deux plus grands intellectuels du temps :

> Le Marquis de Condorcet était l'un des géants des Lumières, et dans le salon prérévolutionnaire que [Sophie] dirigeait avec lui à l'Hôtel de la Monnaie sur les rives de la Seine il accueillit certains parmi les principaux penseurs et intellectuels européens, dont Smith. (Brown-McClellan III, 2008, p. XIII-XIV)
>
> Parmi les étrangers qui visitèrent le salon, il y avait Thomas Jefferson, Benjamin Franklin, Thomas Paine, et à ce qu'il parait, Adam Smith. (*ibid.*, p. XXII)

L'expression « à ce qu'il parait » de Brown et McClellan laisse entendre qu'ils ont quelques doutes à ce sujet. Ils renvoient toutefois à d'autres sources qui transmettent la même information.

> À peine installée quai Conti, Sophie donna vie au salon de l'Hôtel des Monnaies. Grâce à son charme et à son esprit, il devint le rendez-vous des philosophes et des savants de l'Europe éclairée. Adam Smith, qui avait rencontré Condorcet chez Turgot, vint peut-être saluer sa future traductrice. (Badinter-Badinter, 1988, p. 248)

Sophie et Condorcet réservent la place d'honneur aux étrangers, et Boissel le rapporte aussi :

> Leur salon devient le plus cosmopolite de la capitale. Au printemps, la rumeur se répand qu'on parle anglais à l'hôtel des Monnaies. C'est vrai. On est anglophile...et l'on parle anglais la moitié du temps, chez le Condorcet. Le salon s'érige en centre des libres penseurs, avec l'ambition avouée d'être le cœur de « l'Europe éclairée ». Il y a là Thomas Jefferson, auteur de la Déclaration d'Indépendance, Adam Smith, le grand économiste écossais qui vient d'être nommé recteur de l'université de Glasgow, Bache-Franklin, petit-fils de l'homme d'État, lord Stormont, ambassadeur de Grande-Bretagne, Destutt

> de Tracy, jeune philosophe d'origine écossaise et... colonel au régiment Royal-Cavalerie, Beccaria, heureux de revoir son traducteur préféré (Dupaty), Anarcharsis Cloots. (Boissel, 1988, p. 103)

La seule voix à contre-courant est celle de l'historien de la Révolution française Jules Michelet qui – tout en reconnaissant la capacité extraordinaire de Mme Condorcet de recevoir les plus grands intellectuels du temps – n'inclut pas parmi eux la figure de Smith :

> Son salon était le centre naturel de l'Europe pensante. Toute nation, comme toute science, y avait sa place. Tous les étrangers distingués, après avoir reçu les théories de la France, venaient là en chercher, en discuter l'application. C'étaient l'Américain Thomas Payne, l'Anglais Williams, l'Écossais Mackintosh, le Génevois Dumont, l'Allemand Anacharsis Clootz... (Michelet, 1855 [1854], p. 86)

Sophie de Grouchy connaissait sans aucun doute l'œuvre littéraire d'Adam Smith, étant la traductrice de la *Theory of Moral Sentiments* (y compris l'appendice *Dissertation on the Origin of Languages)* ainsi que l'auteur des huit *Letters on Sympathy* où elle polémique avec Smith, ne partageant pas pleinement sa théorisation du concept de « sympathie ». Elle aurait probablement aimé le connaitre personnellement, mais son désir ne peut être exaucé, de par le simple fait que la naissance de Sophie remonte aux années où Smith arrive à Paris.

La date de naissance de la petite de Grouchy, surnommée dans les premières années de sa vie « la jolie Grouchette », suscita un léger doute :

> Le docteur Robinet, dans *Condorcet : sa vie, son œuvre* dit que Sophie de Grouchy naquit « au mois de septembre 1766, et non pas en 1764 », comme dit Isambert. C'est là une erreur. D'abord, M. Isambert, ami très intime de la famille O'Connor ne pouvait pas se tromper sur un point aussi sérieux. De plus, le maréchal qui fut le second enfant du marquis de Grouchy, naquit le 23 octobre 1766, ce qui rend impossible la naissance de Sophie au mois de septembre de la même année. Enfin, Mme de Grouchy, dans une lettre datée de 1775, dit qu'elle jouit de la présence de sa fille depuis dix ans ; et Dupaty, en décembre 1777, disait que sa nièce avait près de quatorze ans. Le doute n'est donc pas possible. (Guillois, 1897, p. 8)

Quelle que soit la version exacte, considérant que Smith resta en France et en Suisse de 1764 et 1766, il est pratiquement impossible que la femme de Condorcet le reçoive parmi ses hôtes dans le salon des

Monnaies. Pour rendre la rencontre plausible, Guillois recourt à un expédient qui toutefois n'est en rien convainquant :

> Les étrangers de passage à Paris sollicitaient l'honneur d'être présentés à Condorcet et à la femme qui savait si bien faire les honneurs de sa maison. C'est ainsi que la marquise fut saluée, pendant ces années, par les souverains et les hommes d'État de toute l'Europe et de l'Amérique : [...] par Adam Smith, qui avait connu autrefois Condorcet chez Turgot et qui, *à ce second voyage*, venait admirer celle qui devait, après sa mort, traduire si éloquemment sa *Théorie des sentiments moraux*. (*ibid.*, p. 76 ; italiques ajoutés par mes soins)

L'explication aurait un sens si, en reconstruisant la biographie de Smith nous n'avions pas appris que le seul voyage qu'il fait dans toute sa vie – en dehors du Royaume Uni – est en compagnie du duc de Buccleuch entre 1764 et 1766. Après son retour, Smith se déplacera entre Kirkcaldy, Londres et Édimbourg, où il mourra le 17 juillet 1790[9].

Ainsi, s'il y eut connaissance directe entre Condorcet et Smith, ce ne fut pas grâce aux qualités d'hospitalité reconnues à Sophie de Grouchy. On peut plutôt considérer plus probable la version qui indique, comme intermédiaire entre Condorcet et Smith, la figure de Turgot, défini – avec D'Alembert et Voltaire – un de « ses trois pères » (Badinter-Badinter, 1988, p. 53). Nous verrons toutefois pourquoi, cette hypothèse n'est, elle non plus, pas tout à fait convaincante.

SMITH, TURGOT, CONDORCET

En 1762, à l'époque de l'arrivée de Smith en France, Turgot est Intendant de Limoges depuis un an (1761) et il le restera jusqu'au 19 juillet 1774, jour de sa nomination comme Ministre de la Marine. Il exerce cette dernière fonction pour un peu plus d'un mois, car en août de la même année, il est nommé contrôleur général des finances. À ses côtés – avec le poste d'inspecteur des monnaies – il choisit l'un de ses amis les plus intimes : Condorcet.

9 Pierre Dockes aussi semble faire allusion à la possibilité d'un second voyage de Smith à Paris, car il se réfère à son séjour français de 1764-1766 comme à « son premier séjour en France » (Dockes, 1989, p. 91).

Contrairement à la rencontre entre Smith et Sophie de Grouchy, celle de Smith avec Turgot semble certaine. Nous chercherons, ci-après, à la reconstruire à partir de sources diverses, partant des contemporaines des deux économistes, pour en arriver aux plus récentes.

La première à prendre en considération est sans aucun doute celle de Morellet, elle trouve un écho aussi dans la lettre que lui adresse Smith (déjà citée ici, p. 24). Dans ses *Mémoires* (1821), Morellet raconte non seulement sa rencontre avec l'économiste écossais, mais aussi la présence de Turgot durant leurs conversations passionnées sur les sujets les plus disparates :

> J'avais connu Smith dans un voyage qu'il avait fait en France, vers 1762[10] ; il parlait fort mal notre langue ; mais sa *Théorie des sentiments moraux*, publiée en 1758[11], m'avait donné une grande idée de sa sagacité et de sa profondeur. Et véritablement je le regarde encore aujourd'hui comme un des hommes qui a fait les observations et les analyses les plus complètes dans toutes les questions qu'il a traitées. M. Turgot, qui aimait ainsi que moi la métaphysique, estimait beaucoup son talent. Nous le vîmes plusieurs fois ; il fut présenté chez Helvétius : nous parlâmes théorie commerciale, banque, crédit public, et de plusieurs points du grand ouvrage qu'il méditait. (Morellet, 1821, t. I, p. 237)

Le fait que Smith et Turgot se connaissent émerge aussi dans des discours publics, comme le souligne Neymarck dans *Turgot et ses doctrines* reportant un passage du discours tenu par Michel Chevalier, à l'occasion de son cours d'économie politique au Collège de France, le 9 décembre 1873 :

> Quand bien même, dit-il, Smith n'aurait pas eu connaissance du travail de Quesnay (*Tableau économique*) à l'époque où il professait à Glasgow, il est évident qu'il en fit amplement le sujet de ses entretiens et de ses études, une fois établi à Paris en 1765-1766. Il fréquentait Quesnay ; il voyait Turgot. (Neymarck, 1885, t. 1, p. 332, note n. 1)

Jérôme Adolphe Blanqui, dans sa *Notice sur la vie et les travaux d'Adam Smith* (préface à la traduction de la *WN* faite avec Garnier) de 1776, parle du lien entre Smith et les physiocrates, parmi lesquels figure aussi, bien qu'on ne puisse vraiment le définir ainsi, le nom de Turgot :

---

10 Il s'agit de 1764, comme déjà rappelé à plusieurs reprises.

11 L'année de publication de la *TMS* est 1759.

> Il fut en relations suivies avec les auteurs de l'*Encyclopédie* et avec les principaux chefs de l'école physiocrate. Adam Smith se fut bientôt lié avec eux, nommément avec Turgot et Quesnay, et leurs doctes entretiens ne tardèrent point à l'initier aux études qui faisaient l'objet de leurs méditations. Il est impossible de douter que ses rapports avec les encyclopédistes et les économistes français n'aient exercé une influence décisive sur son esprit. (Blanqui, 1843, p. XIII)

Blanqui ajoute que « quelques-uns de ses biographes ont assuré qu'il avait entretenu avec Turgot une correspondance dont il n'est resté aucune trace » (*ibid.*, p. XXII). Il est fort probable qu'il se réfère à la célèbre *Vie de M. Turgot* de Condorcet, considérée comme l'une des principales œuvres économiques du marquis, plus qu'une véritable biographie de son ami. À propos du présumé échange de lettres entre Smith et Turgot, on y lit en effet :

> C'était par ces occupations que M. Turgot remplissait sa vie. Un commerce de Lettres avec M. Smith sur les questions les plus importantes pour l'humanité [...] lui offrait encore une occupation attachante et douce. (Condorcet 1847 [1786], t. V, p. 163)

Le premier biographe officiel de Smith, Dugald Stewart, cite l'épisode rapporté par « un des biographes de Turgot » qui le verrait engagé dans un échange épistolaire avec Smith. Stewart n'est guère convaincu de l'existence d'une telle correspondance, étant donné par ailleurs que l'on n'a pas retrouvé ces lettres : il considère « difficile d'imaginer que Smith ait pu détruire les lettres d'un correspondant tel que Turgot[12] » (Stewart, 2001 [1793], p. 49).

Et en effet, la confirmation que cela n'est pas arrivé et que, entre les deux, il n'y a eu aucun échange épistolaire suivi au retour de Smith en Écosse, réside justement dans une lettre autographe de Smith lui-même, envoyée au duc de La Rochefoucauld[13], le 1er novembre 1785 d'Édimbourg. Le début de la lettre laisse imaginer une requête faite par le duc, celle d'avoir accès à la correspondance entre Smith et Turgot (requête dont il n'est resté aucune trace) :

12 Ici, à vrai dire, Stewart se contredit. Dans les lignes précédentes, en effet, il rappelait l'anxiété de Smith de « détruire avant sa mort tous les papiers en sa possession » (Stewart, 2001 [1793], p. 48).

13 Le grand-père du duc de La Rochefoucauld, connu pour avoir écrit les *Maximes*, avait été critiqué (avec Mandeville) par Smith dans la première version de la *TMS*. Malgré cela, son petit-fils considérait la *TMS* une œuvre excellente, au point de désirer d'en entreprendre la traduction (*cf. supra*, p. 26).

> Monsieur le Duc, j'aurais certainement été heureux de transmettre à Votre Grâce toute lettre que le regretté Mr. Turgot m'eut fait l'honneur de m'écrire ; et ainsi, d'avoir l'honneur de compter parmi ses correspondants. Mais bien que j'aie eu le plaisir de faire sa connaissance, et j'en suis flatté, de recevoir son amitié et son estime, je n'ai jamais entretenu de correspondance avec lui. Il fut assez bon pour m'envoyer un exemplaire du *Procès-Verbal* de ce qui s'est passé au lit de justice sur l'enregistrement de ses six édits qui firent grand honneur à l'auteur et qui, si exécutés sans subir d'altérations, se seraient démontrés très avantageux pour son pays. Mais le cadeau (que je garde comme le plus précieux monument d'une personne dont je me souviens avec grande vénération) n'était accompagné d'aucune lettre. (Mossner-Ross 1977, lettre n. 248, p. 286)

La connaissance directe et appréciée de Turgot au temps du voyage parisien de Smith est donc confirmée ; il est toutefois certain que les contacts entre les deux ne continuèrent pas par écrit dans les années successives à 1766 (année où prend fin le voyage en Europe continentale), comme l'indique à tort Condorcet dans *Vie de M. Turgot.*

Mais, ce qui nous intéresse ici est le rôle d'intermédiaire que Turgot pourrait avoir joué entre Condorcet, son collaborateur apprécié, et Smith. Cette rencontre est rapportée comme fait certain par Franck Alengry. Condorcet est décrit comme travailleur infatigable, lecteur assidu de toutes les œuvres économiques les plus importantes publiées dans la période qui va de 1767 à 1779 (à partir de 1775, il se consacre lui-même à la rédaction de ses premières œuvres à caractère économique).

> Il a même vu Hume à son voyage à Paris en 1763. Il a connu Adam Smith qui a vécu près d'un an dans cette ville (oct. 1765-oct. 1766), après un long séjour de 18 mois à Toulouse. Au dire de Dupont de Nemours, Smith fréquentait assidûment chez Gournay où il se lia avec Turgot. [...] Condorcet était alors âgé de 23 ans ; il était lié avec d'Alembert depuis la soutenance de sa thèse d'analyse (1759) ; il fréquentait le même monde que lui, le monde des Encyclopédistes, des géomètres et des philosophes ; et c'est là qu'il connut Turgot, Smith et les autres Économistes. Condorcet étudia de très près le fameux ouvrage de Smith : *Recherches sur la nature et les causes de la richesse des nations* (1776). (Alengry, 1904, p. 692-693)

Des références biographiques plus récentes toutefois, retardent le moment où d'Alembert prend sous son aile protectrice Condorcet, en l'introduisant dans le cercle de l'Académie française. C'est vrai, D'Alembert – ainsi que Clairaut et Fontaine – fait partie du jury de la thèse de Condorcet qui prédit au jeune étudiant son entrée parmi les « futurs confrères » de l'Académie. Désormais, Condorcet étudiera à Paris, chez Mr Giraud de Kéroudou (Arago, 1847, t. I, p. IX). Là, guidé par son hôte et ancien maitre, Condorcet élabore son *Essai sur le calcul intégral* qu'il présentera à l'Académie française au mois de mai 1765. Encore une fois, d'Alembert est membre du jury et signe le rapport qui se conclut par ces mots : « L'ouvrage annonce les plus grands talents, et les plus dignes d'être excités par l'approbation de l'Académie » (*ibid.*, p. XVI). Il semble qu'à partir de ce moment-là, D'Alembert et Condorcet aient établi un rapport durable (Badinter-Badinter, 1988, p. 54). D'Alembert introduit le jeune et prometteur chercheur dans son cercle littéraire et scientifique. Dans ce contexte, Condorcet fait la connaissance de Turgot, qui ne réside pas de manière permanente dans la capitale. Toutefois, « les Intendants devaient chaque année passer quelques mois à Paris, pour prendre les ordres du Contrôleur Général et rendre compte de leur administration. C'est lors d'un ces voyages qu'il [Turgot] se lia avec le jeune marquis de Condorcet : la sympathie dut naître vive et rapide » (Henry, 1970 [1883], p. XV).

Selon Dupont de Nemours (l'autre biographe de Turgot, outre Condorcet lui-même) la rencontre aurait eu lieu justement « chez M. d'Alembert » (De Nemours, 1782, p. 107) peu après avoir été « un des Juges [qui] ont rendu justice à l'infortuné *Calas*[14] » (*ibid.*, p. 106). Cela nous permet de replacer la rencontre entre Condorcet et Turgot en 1765 ou peu de temps plus tard, écartant l'hypothèse de Perrot qui, dans un de ses « fragment de biographie intellectuelle » concernant Condorcet, date la rencontre avec le futur Contrôleur général des finances en 1770 : « l'académicien avait lié connaissance avec Turgot. Il doit à cette rencontre son initiation aux matières de gouvernement » (Perrot, 1992, p. 360). En fait, l'année 1770 marque le début de la correspondance entre Condorcet et Turgot, à un moment où leur rapport semble être à

14 Jean Calas était un riche marchand de Toulouse. Condamné injustement pour le meurtre de son fils Marc-Antoine, il subit la peine capitale le 10 mars 1762. Ayant eu vent de cette affaire, Voltaire décide de s'engager pour dédommager du tort subi au moins la veuve et les enfants de Calas. Il écrit donc un *Traité sur la tolérance à l'occasion de la mort de Jean Calas* (décembre 1763) et constitue un groupe de pression pour demander l'annulation du jugement contre Calas. Il atteint son objectif le 4 juin 1764. Quelques mois plus tard, le 9 mars 1765, le Parlement de Paris réhabilite Jean Calas et restitue ses biens à la famille.

un niveau avancé. En effet, l'un, promet à l'autre de pouvoir compter sur sa « tendre amitié » (Henry, 1970 [1883], p. 2).

Mais revenons au sujet qui nous intéresse davantage, à savoir s'il est possible que Turgot ait présenté Condorcet à Adam Smith. Pour autant que l'on sache, Smith ne fait jamais référence à sa rencontre avec ce jeune mathématicien, bien qu'il soit apprécié et totalement intégré au sein du cercle intellectuel que lui-même a fréquenté pendant son séjour entre la France et la Suisse. Mais, à l'époque, Condorcet était jeune (il n'a que 23 ans), et malgré sa surprenante maturité dans le domaine scientifique, il pourrait ne pas avoir attiré l'attention de Smith ou ne pas s'être entretenu avec lui dans de longues conversations qui justifieraient le souvenir du grand penseur écossais.

D'autre part, si cette rencontre avait bel et bien eu lieu, il semble pour le moins douteux que l'on ne mentionne pas un événement d'une telle importance dans la biographie officielle de Condorcet que rédige Arago, sous la supervision de O'Connor, gendre de Condorcet.

Selon un des biographes de Smith déjà cités, Condorcet – secrétaire perpétuel de l'Académie des Sciences de Paris – aurait envoyé un exemplaire de son *Essai sur l'application de l'analyse à la probabilité des décisions rendues à la pluralité des voix*, avec cette dédicace : « pour monsieur Adam Smith de la société royale de la part de l'auteur » (Ross, 2010, p. 388)[15]. Mais cela n'est pas forcément révélateur d'un précédent contact direct entre les deux[16]. D'ailleurs, Smith raconte lui-même – comme cité ci-dessus – avoir reçu un cadeau de Turgot, sans aucune lettre d'accompagnement. Condorcet pourrait en avoir fait de même, peut-être sollicité par Turgot ou par un autre de ses mentors de l'époque, pour au moins faire connaitre son œuvre intellectuelle

15 Voir aussi, à ce propos Mizuta, 2002.

16 La littérature récente rappelle un autre fait qui concernerait nos deux auteurs. Dans la période 1785-1789, le comte Windischgrätz – illuministe autrichien – prend contact avec un grand nombre d'intellectuels de différents pays européens, entre autres Condorcet et Smith. Il entend les impliquer dans la rédaction d'un projet européen visant au perfectionnement de la société. Selon la reconstruction d'un article très bien informé sur l'épisode, Condorcet aurait contribué de manière significative à l'organisation du projet de Windischgrätz. « C'est sur les conseils de ses nouvelles connaissances dans le monde des sciences, avant tout de Condorcet, que Windischgrätz s'oriente mieux dans le choix des personnes intéressantes par rapport à son projet » (Ondo-Grečenková, 2007, p. 456), parmi lesquelles Smith. Néanmoins, il nous semble qu'aucun élément certain ne témoigne d'une correspondance, ni même d'une connaissance directe entre Condorcet et Smith.

à celui qu'il définissait comme l'auteur d'un « ouvrage malheureusement encore trop peu connu en Europe pour le bonheur des peuple » (Condorcet, 1847 [1786], t. V, p. 54). Ouvrage auquel il reprochait toutefois de contenir certaines inexactitudes « dans son jugement sur ce qu'il appelle le système agricultural, dans ses recherches sur l'impôt, dans ses idées sur les dépenses pour l'éducation publique et le culte religieux » (*ibid.*).

Si, encore une fois, nous pouvons admettre l'existence d'une profonde connaissance de l'œuvre de Smith de la part de Condorcet, il est difficile de convenir de la totale certitude des rapports personnels entre Smith et Condorcet.

LA DIFFUSION DE LA *WEALTH OF NATIONS* EN FRANCE AVANT LA MORT DE SMITH

An Inquiry into the Nature and Causes of the Wealth of Nations (depuis lors *WN*) voit le jour, sous sa forme complète, en 1776. Il existe néanmoins de bonnes raisons de croire que Smith – avant d'arriver en France – avait déjà écrit ce qui serait ensuite connu sous le titre de *Early Draft of Wealth of Nation.* La rencontre et la confrontation avec un groupe de chercheurs français lui aurait fourni un certain nombre d'idées et d'informations pour enrichir et approfondir l'analyse commencée avec l'ébauche qui deviendra l'œuvre en cinq livres que nous connaissons.

Il semble que dans les premiers mois passés sur le continent, Smith et son élève n'aient guère eu de rapports avec les parisiens, vu leur incapacité à s'exprimer dans une langue différente de la leur[17]. Ainsi, dans les premiers temps, ils ne fréquentèrent que Hume, ami de longue date de Smith, établi en France depuis 1763 en qualité de secrétaire du comte de Hertford, ambassadeur d'Angleterre à Paris[18] (fonction qu'il conserva jusqu'en 1766) et donc bien intégré dans les cercles intellectuels français.

17 Ross, 2010, p. 210.

18 Hume, d'ailleurs, était déjà allé en France pour des études entre 1734 et 1737.

C'est justement à Hume que Smith adressera sa lettre de Toulouse, écrite le 5 juillet 1764[19], contenant – vraisemblablement – sa première référence à la *WN* :

> La vie que j'ai conduite à Glasgow était une vie plaisante et dissolue par rapport à celle que je conduis ici. J'ai commencé à écrire un livre pour passer le temps. On pourrait penser que j'ai bien peu à faire. (Mossner-Ross, 1977, lettre n. 82, p. 102)

Les événements portant sur la traduction française de *Wealth of Nations* sont, à certains égards, semblables aux faits reconstruits pour la *TMS*.

Smith, ayant eu connaissance d'une version française de l'œuvre qui le consacrera fondateur de l'économie politique, écrit à son éditeur Thomas Cadell, afin qu'il lui en procure immédiatement un exemplaire. Smith est convaincu que la traduction est à attribuer à l'abbé Morellet. Il a été informé en ce sens et se laisse convaincre par la note qui accompagne le titre « traduit de l'Anglois de M. Adam Smith, par M*** ». Il écrit en effet :

> J'apprends que l'Abbé Morellet a traduit mon livre en français et l'a publié en Hollande en quatre ou six volumes, avec de longues notes. Je vous saurais gré de me procurer un exemplaire de sa traduction et de me l'envoyer à la première occasion. (*ibid.*, lettre n. 239, p. 276)

Il sollicitera encore des informations à ce sujet dans deux lettres à Cadell, en août et en novembre 1784[20] et il découvrira qu'il a été « mal informé quant à la traduction que l'Abbé Morellet aurait faite de mon livre » (*ibid.*, lettre n. 281, p. 244).

Selon ses *Mémoires*[21], Morellet avait reçu un exemplaire de la part Smith, par l'intermédiaire de Lord Shelburne[22] et avait consacré tout l'automne 1776 à l'étude et à la traduction de la *WN*. Cette dernière cependant, restera à jamais sous forme de manuscrit, puisque – à son grand regret – Morellet est battu de vitesse par Blavet :

19 *Cf.* Mossner-Ross, 1977, lettre n. 82, p. 101.

20 *Ibid.*, lettre n. 242, p. 279-280.

21 Morellet, 1821, p. 236-238.

22 Dans une lettre de Smith à l'éditeur Cadell, il est confirmé que Shelburne avait en sa possession un exemplaire de la *WN* que lui avait envoyée l'auteur lui-même. *Cf.* Mossner-Ross 1977, lettre n. 242, p. 279.

> Un ex-bénédictin, appelé l'abbé Blavet, mauvais traducteur de la *Théorie des sentiment moraux*, s'était emparé du nouveau traité de Smith, et envoyait toutes les semaines, au journal du Commerce, ce qu'il en avait broché ; tout était bon pour le journal qui remplissait son volume, et le pauvre Smith était trahi plutôt que traduit, suivant le proverbe italien, *traduttore traditore.* (Morellet, 1821, p. 237)

Le journal auquel se réfère Morellet est le *Journal de l'Agriculture, du Commerce, des Arts et des Finances* qui propose – de janvier 1779 à décembre 1780 – la traduction de Blavet de la *WN* « à épisodes ». En 1781, la traduction est recomposée et imprimée en deux versions de six et de trois volumes, respectivement à Yverdon et à Paris[23].

Blavet a révélé avoir traduit l'œuvre de Smith uniquement pour son usage personnel, et donc – quand son ami Ameilhon (directeur du « Journal ») lui avait proposé la publication hebdomadaire – Blavet avait préféré l'anonymat. Seulement plus tard, vu le succès du public, il avait décidé de faire connaitre son nom, s'attribuant la traduction (Murray, 2000, p. 72). Une traduction qui ne devait en fait pas être si mauvaise, comme le craignait l'éditeur et comme l'annonçait Morellet – qui l'associera à celle qui suivra de Roucher, les définissant « l'un et l'autre ignorant la matière » (Morellet, 1821, p. 238) – comme Smith écrit en personne à Blavet pour le féliciter de l'« excellente traduction » :

> Je suis charmé de cette traduction et vous m'avez rendu le plus grande service qu'on puisse rendre à un auteur, en faisant connaître mon livre à la nation de l'Europe dont je considère le plus le gout et le jugement. J'étais fort content de votre traduction de mon premier ouvrage ; mais je le suis encore plus de la manière dont vous avez rendu ce dernier. Je puis vous dire, sans flatterie, que partout où j'ai jeté les yeux dessus, (car comme il n'y a que peu de jours que je suis parti de Londres, je n'ai pas encore eu le temps de la lire en entier) je l'ai trouvée, à tous égards, parfaitement égale à l'original. (Mossner-Ross, 1977, lettre n. 218, p. 259-260)

Dans la même lettre, Smith informe Blavet de l'intention du comte de Nort, colonel d'infanterie, de soumettre à l'auteur sa propre traduction de la *WN*, sans obtenir toutefois de réponse positive.

23 En 1788, à Londres et à nouveau à Paris, elle sera rééditée en deux volumes. La dernière édition, en 4 volumes parait entre 1800 et 1801. *Cf.* D. Murray, 2000, p. 72.

> Je lui écrirai par le prochain courrier que je suis si satisfait de la vôtre, et que je vous ai personnellement tant d'obligation, que je ne puis encourager ni en favoriser aucune autre. (*ibid.*, lettre n. 218, p. 260)

On ne mentionne pas dans les lettres de Smith (tout du moins celles que l'on a retrouvées) la traduction réalisée par le poète français Roucher[24], ami de la famille Grouchy[25]. La petite Sophie, qui le connait depuis l'âge de huit ans, fera avec lui des leçons d'anglais. La connaissance de cette langue semble la seule qualité qui puisse justifier l'activité de traduction de la WN qu'il entreprit : « le poète Antoine Roucher [...] n'avait aucune compétence particulière pour s'attaquer au livre de Smith, sinon sa connaissance de la langue anglaise » (Ross, 2010, p. 386).

Durant le torride été 1784, Roucher annonce à Sophie de Grouchy qu'il envisage de s'établir chez Mme Helvétius en automne, où – avec calme – il pourra se consacrer à la traduction de l'œuvre de l'économiste écossais Smith (Boissel, 1988, p. 68). À ce propos, Ross – citant Carpenter (1995) – affirme que Roucher a commencé sa traduction en 1790, se basant sur la quatrième édition anglaise de la *WN*, datant de 1786 (Ross, 2010, p. 386). Nous pouvons supposer que, par rapport à ses intentions, Roucher s'attarda à commencer l'œuvre à laquelle il avait déclaré vouloir se livrer (pour autant que ses intentions soient placées temporellement de manière correcte par Boissel), car entre 1784 et 1790, plus d'un lustre s'écoule. Et, d'autre part, sur la page de titre de Buisson – où fut imprimée la première édition de la traduction de Roucher – il est indiqué clairement que l'édition originale de référence est la quatrième, publiée seulement en 1786 (Lecaldano, 2009[4], p. 65).

Les trois premiers volumes furent prêts et publiés en 1790, le quatrième et dernier en 1791. Dans la bibliothèque personnelle de Smith figurent les volumes I et III de l'édition du poète français (Mizuta, 2002) qui font ici objet d'un intérêt tout particulier, étant donné qu'ils promettent aux lecteurs un volume supplémentaire, le cinquième, qui n'a en fait jamais paru :

> Et suivies d'un volume de Notes, par M. le Marquis de Condorcet, de l'Académie Françoise, et Secrétaire perpétuel de l'Académie des Sciences.

---

24 Célèbre pour le poème en douze chants intitulé *Les mois*.

25 Durant l'été 1772, « Roucher, le poète, et Grouchy, le militaire, jouent aux échecs dans le petit salon » (Boissel, 1988, p. 25).

On peut dire du commentaire de Condorcet qu'il est très attendu, à en juger du nombre de fois où il a été annoncé par la presse. *Le Moniteur* (un journal certainement très diffusé à l'époque), à l'occasion du premier volume de Roucher (août 1790) et puis du troisième (octobre 1790), en annonçait la sortie avec des tons enthousiastes. Enfin, le 26 mai 1791, à l'occasion de la parution imminente du quatrième volume, il écrivait que « on ne peut qu'attendre avec impatience le cinquième volume, où l'on annonce des notes d'un écrivain homme d'État, digne commentateur d'un texte qu'il aurait pu composer lui-même » (*Gazette Nationale, ou Le Moniteur Universel*, 1847, vol. 8, p. 490).

Déjà dans la seconde édition (1791-1792), « revue et considérablement corrigée[26] », l'indication concernant les notes rédigée par Condorcet disparait[27].

On ne peut savoir, sur la base de la collecte de sources bibliographiques consultées jusqu'ici, si ces notes ont jamais été écrites et ensuite perdues ou plutôt si Condorcet n'y a réellement jamais travaillé. Ce qui est certain, c'est qu'elles n'apparaissent pas dans le recueil de ses œuvres de O'Connor (époux de la fille de Condorcet, Eliza) et d'Arago, ni même qu'on y fasse allusion dans la biographie officielle de ce dernier.

Certes, on ne peut affirmer que Condorcet ignorait la traduction de la *WN* de Roucher, avec qui – par ailleurs – il entretenait des relations d'amitié. Une de ses synthèses, ou – comme le définit Diatkine (1993) – un "patchwork" de certaines de ses parties, figure dans le troisième et quatrième volume de l'année 1790 de la *Bibliothèque de l'homme ou Analyse raisonnée des principaux ouvrages françois et étrangers*. Il est intéressant aussi de redonner le long sous-titre de la publication, pour mieux comprendre que ce journal s'occupait d'un très vaste ensemble de domaines, se penchant *Sur la Politique en général, la Législation, les Finances, la Police, l'Agriculture et le Commerce en particulier, et sur le Droit naturel et public*. Sur la page de titre, parmi les éditeurs figure : *M. Condorcet, Secrétaire perpétuel de l'Académie des Sciences, l'un des Quarante de l'Académie Françoise, et autres Gens de Lettre*. Parmi ces derniers on peut citer de Peyssonel et Le Chapelier, mais le groupe d'intellectuels concernés était sans doute plus nombreux. Les intentions initiales de l'opération conduite par la rédaction de la *Bibliothèque de l'homme*, sont bien sûr admirables,

26 Comme indiqué sur la page de titre de la seconde édition, toujours publiée chez Buisson.

27 Elle n'apparait bien sûr pas non plus dans les deux éditions successives, de 1792 et 1794.

s'adressant à la formation et à l'enrichissement de citoyens informés dans une France des Lumières, totalement nouvelle. Faccarello et Steiner expliquent bien de telles finalités :

> Son objectif, à une époque où tout citoyen aurait pu être impliqué dans les décisions publiques et encouragé à assumer ses responsabilités, était de contribuer à l'instruction publique en publiant des analyses de travaux très connus, aussi bien anciens que modernes. (Faccarello-Steiner, 2002, p. 82)

Quant à la non-parution du volume de notes rédigé par Condorcet, diverses hypothèses ont été avancées dans la littérature.

Dans un article plutôt récent, Ruth Scurr considère comme fort probable que Condorcet ait été trop occupé et préoccupé de jouer un rôle fondamental dans la politique révolutionnaire française pour même seulement penser de commencer à travailler à un volume de notes sur la *WN*. Si une hypothèse de ce genre est acceptable, nous ne sommes – en revanche – pas d'accord avec la supposition qui suit immédiatement et que reprend Scurr :

> En alternative, Whatmore a suggéré que Condorcet aurait pu abandonner son commentaire sur la *Wealth of Nations* après 1790 se rendant compte que la *Theory of Moral Sentiments* était plus pertinente du processus de renouveau social qui très vite était en train d'acquérir de l'importance dans la Révolution. (Scurr, 2009, p. 444)[28]

Se référant à Whatmore, Scurr persiste apparemment dans la lecture séparée des deux principales œuvres de Smith qui a longtemps caractérisé le débat concernant la présumée incompatibilité entre les travaux philosophiques et économiques de Smith, jusqu'à définir ce que l'on connait comme *Das Adam Smith Problem*[29]. Ce débat a été alimenté par la vision d'une relation conflictuelle entre les mouvements du *self-interest* (*WN*) et ceux de la *sympathie* (*TMS*). Mais si l'on revient à une vision d'ensemble qui caractérise les théoriciens des Lumières, en insistant sur leur conception de l'homme

---

28 Les passages de Whatmore auxquels se réfère Scurr sont les suivants : « Condorcet abandonna peut-être l'étude de la *Wealth of Nations* parce qu'il avait commencé à se focaliser sur la *Theory of Moral Sentiments* comme texte plus adéquat pour l'analyse de la culture politique et les moyens pour moraliser cette dernière » (Whatmore, 2002, p. 84).

29 Pour ce qui est de l'origine de l'*Adam Smith Problem*, formulé pour la première fois par l'École historique allemande et notamment par August Oncken (1897), *cf.* Tribe, 2008 ; Montes, 2003 ; Nieli, 1986 ; Raphael, 1985, p. 87-90.

et de la société, le problème des interprétations du XIXe siècle disparait. L'*Adam Smith problem* n'est qu'un « faux problème » (Raphael-Macfie, 1976, p. 20) et « il n'y a plus de place pour un Smith schizophrénique » (Vaggi, 1996, p. 107)[30]. De ce fait, l'interprétation de Scurr ne peut certes pas être acceptée, ne serait-ce que par le fait que Smith a constamment remanié la *TMS*, jusqu'à sa mort en 1790, bien au-delà de la publication en 1776 de la *WN*, qui le consacrerait comme fondateur de l'économie politique.

Une autre supposition est que le nom de Condorcet comme auteur du volume de notes en complément de la traduction de Roucher, n'ait été utilisé que pour profiter de cette publicité et assurer plus de succès au projet. À ce propos, selon Lalande, « on pensa que son nom pouvait donner plus de crédit à l'entreprise » (Lalande, 1796, p. 155) et Faccarello déclare que « non seulement Condorcet "s'occupa peu" de ces notes sur Smith, mais qu'il autorisa, en quelque sorte, que l'on utilise son nom à des fins publicitaires » (Faccarello, 1989, p. 125).

En ce sens, il est difficile de dire si Condorcet, au-delà de son grand intérêt et de son admiration pour le travail de l'économiste écossais, a vraiment eu l'intention d'écrire un commentaire complet de la *WN*.

L'HÉRITAGE FRUCTUEUX DES RAPPORTS INTELLECTUELLES ENTRE SMITH ET CONDORCET

Nous pouvons assurément dire que le séjour d'Adam Smith en France a été profitable pour diverses raisons.

Pour ce qui est du premier aspect, Smith, en France a renforcé sa vision sur la méthode et les objectifs de l'économie politique à travers ses discussions avec les *Économistes* (Quesnay, Turgot et d'autres Physiocrates) et les philosophes qu'il a souvent rencontrés. En outre, il a saisi l'occasion de ce voyage pour analyser de manière comparative, différents modèles de relations économiques, sociales et politiques consolidant sa tendance réformiste : « Dans aucune autre société probablement Smith n'aurait pu mieux percevoir la condition d'oppression des paysans et la nécessité de profondes réformes » (Rae, 2009 [1895], p. 168).

30 Sur cet aspect, on peut trouver d'intéressantes considérations in Wakatabe, 2015, p. 5.

En ce qui concerne le second aspect, nous avons pris en compte les deux principales raisons qui, dans la littérature, soutiennent l'idée d'une connaissance directe des deux auteurs. La première est liée au rôle de la femme de Condorcet, Sophie de Grouchy ; la seconde à une éventuelle médiation de Turgot, qui rencontre Smith à plusieurs reprises. Pour ce qui est de la première raison, nous avons ici démontré que l'hypothèse d'une Sophie de Grouchy accueillant Smith dans son salon littéraire est sans fondement, car lors du séjour de Smith en France, de Grouchy venait de naitre. J. Rae se trompait lorsqu'il affirmait que « on a tellement écrit sur les salons littéraires de Paris au siècle dernier qu'il n'est pas nécessaire d'en dire plus, sinon de décrire le lien de Smith avec ces derniers » (*ibid.*, p. 179). Il est maintenant clair que, certaines reconstructions concernant cet aspect du séjour de Smith à Paris sont inexactes.

La référence à Turgot est plus réaliste et plausible. Toutefois, ni dans la correspondance de Turgot ni dans celle de Smith, on ne trouve confirmation d'une éventuelle rencontre entre Smith et Condorcet, promue par Turgot. Ainsi, à ce stade de la recherche, cette hypothèse aussi peut être exclue.

Enfin, nous avons cherché des preuves soutenant l'hypothèse d'une rencontre entre les deux, dans les œuvres et les correspondances des philosophes et des économistes proches de Condorcet, et plus généralement, dans la littérature de l'époque. Mais aucune confirmation n'a été trouvée.

Bien sûr, au-delà de la connaissance directe, il ne fait aucun doute que Condorcet connaissait à fond les œuvres de Smith, notamment la *WN*, comme le soulignent certaines références explicites dans sa *Vie de M. Turgot* (1786). D'autre part, l'influence de Smith sur Condorcet est évidente dans nombre de ses écrits économiques, bien qu'il soit difficile de trouver des références bibliographiques précises. Comme on le sait, à l'époque, il n'était pas inhabituel que les chercheurs les plus influents puisent dans les œuvres des autres sans y faire de référence spécifique[31].

31 Comme l'écrit Enrique Fuentes Quintana : « l'année de la publication, l'œuvre et son auteur se convertirent – à partir de là – en termes obligatoires de référence : pour dater la naissance d'une science : l'économie politique, pour signaler le livre d'économie de plus grand succès parmi tous ceux publiés jusqu'alors, et trouver la figure la plus célèbre parmi les économistes de tous les temps » (Fuentes Quintana, 1976, p. 249-250).

Il reste à développer une analyse plus vaste et systématique des ressemblances et des différences entre Condorcet et Smith sur le plan purement économique[32], à partir de la traduction de Roucher.

32 À ce sujet, voir au moins Alengry, 1904, Caillaud, 1970 [1908] et, plus récemment, Gioia-Bevilacqua, 2013, p. 134-136.

LIBRE CIRCULATION DES GRAINS ET ÉQUILIBRES DE MARCHÉ

Outre quelques curieuses correspondances biographiques[1], un autre point commun rapproche Smith et Condorcet, celle de ne pas avoir toujours été interprétés de façon adéquate quant à la signification globale de leur œuvre et à leurs intentions analytiques. Smith, de formation philosophique, a été considéré surtout (et pendant longtemps exclusivement) comme l'auteur de la *WN*[2] ; Condorcet, connu comme *philosophe*, auteur de mémoires sur l'instruction, mathématicien, et même chimiste, n'a guère été considéré (sauf en de rares occasions[3]) en tant qu'économiste.

En fait, à partir de la seconde moitié du XIXe siècle, on a considéré les penseurs des Lumières soit dans l'optique des répartitions spécialisées des sciences sociales soit dans le but de trouver chez ces penseurs les précurseurs d'idées, de catégories et de visions qui mûrissent au XIXe. Cependant, l'on n'a pas considéré la façon dont ils travaillaient, la vision d'ensemble à travers laquelle ils considéraient les phénomènes sociaux et surtout, la conception de l'homme qui orientait leurs recherches. Là où les lumières imaginaient construire des relations organiques et

---

1 Tous deux grandissent orphelins de père (celui de Smith mourra avant même sa naissance, alors que Condorcet perdra le sien avant ses quatre ans) ils sont ainsi influencés, même si c'est de façon différente, par leur mère. Adultes, ils vivent un rapport pas toujours facile avec les femmes : Smith n'aura jamais de compagne de vie et pour une grande partie de son existence, il partagera sa demeure avec sa mère et une cousine ; Condorcet rencontrera Sophie de Grouchy à quarante-trois ans. Pour des informations sur la vie de Condorcet, voir surtout la biographie de Arago qui ouvre les *Œuvres de Condorcet* de O'Connor-Arago.

2 Nombreuses sont les contributions littéraires consacrées à Adam Smith. Considérons, seulement pour en citer quelques-unes, la première biographie de son élève D. Stewart 1829 [1793], d'autres plus connues Rae, 2009 [1895] ; Scott, 1937 ; ou plus modernes West, 1976 ; Winch, 1978 ; Roncaglia, 2005 ; Roncaglia, 2006 ; Phillipson, 2010. À ces dernières, s'ajoutent les essais significatifs sur le rapport entre *TMS* et *WN*, dont nous reparlerons plus avant.

3 Voir Alengry, 1904 ; Caillaud, 1970 [1908] ; Crépel-Gilain, 1989.

convergentes entre différents phénomènes (individu et société, propension de l'homme à s'enrichir et processus d'émancipation aussi bien individuelle que collective, etc.), au XIXe siècle on élaborait, sur ces mêmes thèmes, des catégories et des visions dichotomiques.

Comme l'a souligné Friedrich Jonas, l'interprétation de Smith et des autres lumières, passe nécessairement à travers la reconstruction de leur façon de voir le monde qui les entourait. En ce qui concerne le rapport entre individu et société notamment, il est absurde d'attribuer à l'économiste écossais le concept d'individualisme qui caractérise le XIXe.

> Il est pour lui naturel que, dans ses actions, l'homme soit orienté par des normes sociales. Le débat entre individualisme et collectivisme souvent engagé sur les travaux de Smith suppose une manière de penser fondamentalement non sociologique, qui n'a rien à voir avec Smith. Cette opposition présume une conception de la société qui progresse en tant que totalité, alors que l'individu est conçu indépendamment de tout lien ou contrainte sociale. (Jonas, 1975, vol. I, p. 108)

Il suffit de rappeler, par exemple, ce qu'écrit Diderot dans l'article *Droit naturel* de l'*Encyclopédie* en 1740 :

> … l'homme qui n'écoute que sa volonté particulière est l'ennemi du genre humain ; …la volonté générale est dans chaque individu un acte pur de l'entendement qui raisonne dans le silence des passions sur ce que l'homme peut exiger de son semblable, et sur ce que son semblable est en droit d'exiger de lui ; …cette considération de la volonté générale de l'espèce et du désir commun est la règle de la conduite relative d'un particulier à un particulier dans la même société, d'un particulier envers la société dont il est membre, et de la société dont il est membre envers les autres sociétés ; …que la soumission à la volonté générale est le lien de toutes les sociétés, sans en excepter celles qui sont formées par le crime… (Diderot, 1818, t. XI, p. 388)

On comprend donc comment Adam Smith considérait le rapport entre le mobile du *self interest* (*RN*) et celui de la *sympathy* (*TMS*) qui, interprétés de manière dichotomique au cours du XIXe, ont alimenté le *Adam Smith problem*. Ce n'est pas un hasard si, comme l'a observé Tiziano Raffaeli, lorsque l'on rétablit la vision d'ensemble qui caractérise l'approche des théoriciens des Lumières – à commencer par Adam Smith – en se focalisant sur leur conception de l'homme et de la société, le problème qui découle des interprétations du XIXe n'a plus de fondements : la « (dis)solution de *l'Adam Smith problem* est à rechercher […] dans le refus smithien » de reconnaître « *self-interest* et *sympathy* comme étant deux sources internes distinctes auxquelles attribuer cas par cas l'action selon les intentions de l'agent » (Raffaelli, 2001, p. 19-20). En effet, Smith est convaincu que souvent, les mobiles de nos actions échappent même à qui les accomplit, sauvegardant ainsi et les règles explicatives qu'il adopte, et l'importance du « discours moral [...] avec la conclusion qu'en tirait un Mandeville sceptique, l'impossibilité d'isoler le mobile vertueux » (*ibid.*, p. 20)[4]. À propos de l'inconsistance de l'*Adam Smith problem*, la conclusion à laquelle parviennent, dans leur introduction D. D. Raphael et A. L. Macfie, éditeurs de la *TMS*, est plus nette : « Le soi-disant *Adam Smith problem* était un faux problème fondé sur l'ignorance et le malentendu » (Raphael-Macfie, 1976, p. 20). Une telle interprétation a bien sûr été de grande importance pour reconstruire la manière dont Adam Smith considérait les relations interindividuelles, les relations entre individu et société et celles qui se réfèrent au rapport entre individus et contextes institutionnels (formels et informels). Comme on l'a souligné, l'*economics* et les sciences sociales ont considérablement réduit leur capacité explicative, renonçant à la richesse et à la complexité du concept d'individu chez Smith (North, 1997 [1990], p. 86 *sqq.*)[5]. À ce propos l'observation de Nathan Rosenberg apparaît efficace : « Ne pas avoir insisté sur la relation entre la conception plus ample de la nature humaine de Smith et l'ordre institutionnel, à propos de laquelle il était très inquiet, porte à créer un problème d'interprétation et "réconciliation" qui n'est pas essentiel » (Rosenberg, 1960, p. 559)[6].

Bien qu'en des termes quelque peu différents, l'interprétation de Condorcet a connu les mêmes obstacles ; considéré tantôt mathématicien, tantôt philosophe de l'histoire, ou théoricien de l'instruction publique, etc., sous-évaluant le fait que ces intérêts dérivaient tous des mêmes exigences de connaissance, clairement énoncées d'ailleurs dans le cadre d'une révision radicale du statut épistémologique des « sciences

4 Sur la reconstruction du débat Mandeville-Smith, voir aussi Dumont, 1984, p. 109-133.

5 À ce propos, voir aussi Sen, 2009, notamment p. 3.

6 Sur la lecture controversée des deux principaux ouvrages d'Adam Smith, voir aussi le classique de Jacob Viner, 1927, p. 201 et p. 216-217. Pour une reconstruction synthétique du débat sur le *Adam Smith problem*, outre Raffaelli, 2001, p. 16-20, voir Raphael-Macfie, 1976, p. 20-25, notamment p. 25 (où les deux éditeurs fournissent une vaste bibliographie pour un réexamen du problème) ; Montes, 2003 et Montes, 2004, p. 15-56 ; Rodríguez Braun, 2016, notamment p. 243-248.

morales ». Ces dernières, comme l'affirme Condorcet, sont en retard par rapport aux sciences naturelles, mais elles peuvent être organisées de manière efficace autour de « principes aussi simples et aussi sûrs que ceux des sciences physiques », surmontant les préjugés et l'ignorance (Condorcet, 1847-1849, vol. II, p. 411). Et il ajoute :

> La science de l'économie qui n'a pas fait encore autant de progrès que la science de la nature ; au moins est-il bien clair à tout homme qui a rassemblé quelques idées sur cette matière qu'il y a encore une infinité des phénomènes à expliquer, de causes à rechercher, un grand nombre d'erreurs à détruire, et beaucoup de vérités à prouver et même à découvrir. (*ibid.*, p. 410 *sqq.*)

Cette vision est réaffirmée dans l'*Esquisse*, lorsque Condorcet souligne que nous sommes désormais en mesure d'étudier le mouvement du progrès social en nous appuyant sur « l'état actuel des lumières » et en identifiant les « obstacles » que nous devons « craindre », de manière à élaborer tous les « moyens » nécessaires pour « les surmonter » (Condorcet, 1971 [1793-1794], p. 86). Ainsi, s'il est essentiel de mettre en valeur tous les apports analytiques de Condorcet sur des questions autres que les sciences sociales, on ne peut négliger le fait que ces derniers sont considérés par l'auteur comme les éléments d'une même vision globale de l'homme, du développement humain et de l'évolution sociale. Dans un tel contexte on doit aussi récupérer l'ensemble des contributions économiques (analyse économique et propositions de politique économique) de Condorcet, à savoir un nombre consistant d'œuvres consacrées, plus ou moins directement, à l'économie[7], pour lesquelles Caillaud a reconnu à Condorcet le rôle de « vulgarisateur ingénieux et élégant » de la science économique, même si rarement porteur d'idées originales[8] (Caillaud, 1970 [1908], p. 21). Dans ce travail, il serait impossible de prendre en compte, dans son intégralité, le nombre considérable d'écrits de caractère économique de Condorcet, cela n'en est d'ailleurs pas le but.

7 Beaucoup se présentent sous la forme de *pamphlet* ou de discours tenus en qualité d'*Inspecteur des Monnaies* ou durant les réunions de l'*Académie des sciences*.

8 Rappelons que, en ce qui concerne la *WN* de Smith aussi, on a souvent parlé d'une vaste synthèse des connaissances économiques produites jusqu'au moment de sa publication, sans contributions partielles originales, puisque – comme le souligne Schumpeter – « la *Wealth of Nations* ne contient, quant à l'analyse, pas la moindre idée, le moindre principe ou la moindre méthode qui soit totalement nouvelle en 1776 » (Schumpeter, 2005 [1954], vol. I, p. 223).

Nous voulons plutôt nous arrêter sur une sélection d'œuvres qui nous permette de saisir l'importance que Condorcet attribuait à l'économie politique comme instrument utile au progrès de la société. D'autre part, nous nous proposons de vérifier les rapports existant entre les réflexions économiques de Condorcet et celles de Smith (dont Condorcet connaissait parfaitement l'œuvre), en soulignant aussi bien les principales affinités que les différences d'orientation sur des thèmes significatifs (pensons par exemple à l'analyse de la rente et celle qui concerne la réforme fiscale).

La production économique de Condorcet est constituée principalement d'« œuvres de circonstances » (*ibid.*, p. 25), mais cela n'empêche pas qu'elles visent toutes à un unique objectif général, manifesté à plusieurs reprises : diffusion des lumières et soutien au processus d'émancipation de l'homme. Se référant à la pensée de Turgot, de qui il hérite la vision générale, Condorcet écrit : « il était persuadé que le seul moyen sûr et vraiment efficace de procurer aux hommes un bonheur durable, c'est de détruire leurs préjugés et de leur faire connaître et adopter les vérités qui doivent diriger leurs opinions et leur conduite » (Condorcet, 1847 [1786], t. V, p. 18-19). Dans l'effort de fournir à l'homme ordinaire les instruments pour la connaissance de la vérité, Condorcet lui-même commence à ébaucher – dans ses œuvres – les principes directeurs et les méthodes les plus appropriées pour y arriver : « Un homme éclairé est celui qui, abstraction faite des opinions qu'on lui conteste, est reconnu, même par ses adversaires, pour avoir sur une telle science des connaissances étendues et approfondies, pour en avoir étudié les principes et les méthodes » (Condorcet 1847 [1788], t. VIII, p. 124).

Le choix des travaux sur lesquels concentrer notre attention, se fonde sur le critère que Condorcet adopte pour définir les catégories analytiques qui permettent de connaître l'économie de l'époque et les réformes à adopter pour soutenir le processus d'accélération de la croissance économique. Comme nous le verrons, Condorcet et Smith ont en commun une ferme opposition à l'égard du mercantilisme et de toute forme de protectionnisme. Dans leurs analyses, ils réfléchissent sur les raisons générales qui permettent à la liberté des échanges d'assurer une croissance économique accélérée et durable. Ils se penchent sur la dynamique des prix, le coût du travail, l'augmentation de la production du travail et l'expansion du marché.

Au libre-échange est liée aussi la réforme du système fiscal, comme nous le verrons plus en détail dans le chapitre suivant. Ici, nous nous limiterons à dire qu'il s'agit d'un débat central durant l'époque des Lumières, car – comme le souligne Francesco Ferrara – à l'époque, la question des impôts était « intimement liée » à celles du libre-échange et de la croissance de la production. En effet, l'extension de la production établissait comme priorité de résoudre le « problème des douanes qui bloquaient la circulation des marchandises » (Ferrara, 1955 [1850], p. 56).

SUR LA LIBRE CIRCULATION DES BIENS

Condorcet écrit ses premiers travaux de caractère économique dans la première moitié des années soixante-dix environ, entrant de manière impétueuse dans le débat sur le protectionnisme.

Déjà Boisguillebert et Vauban[9], dont les œuvres paraissent entre la fin du XVIIe et le début XVIIIe, avaient attiré l'attention sur la production de choses utiles à la vie[10] (surtout le blé) et vanté le libre-échange, non seulement entre deux provinces d'une même nation, mais aussi entre des nations différentes. La défense du *free trade* semblait une condition *sine qua non* pour l'élargissement du commerce intérieur et pour la croissance économique, mais elle devait surmonter plusieurs obstacles. Il fallait tout d'abord balayer les préjugés inculqués au peuple qui, fondés sur l'idée que l'exportation produisait une diminution des approvisionnements nationaux, avaient engendré une profonde hostilité envers le commerce

9 Francesco Ferrara, dans son ouvrage de la *Biblioteca dell'economista* consacré à la physiocratie dit que : « La France elle-même avait vu chez Vauban et Boisguillebert les premiers efforts contre l'esprit de fiscalité et les obstacles que celui-ci élevait autour de l'action de l'industrie humaine » (Ferrara, 1955 [1850], p. 6).

10 Selon Alengry, si la tâche de l'économie politique est de considérer la richesse en tant que masse de biens nécessaires à la satisfaction des besoins de la population d'un pays, les mercantilistes n'auraient pas centré la question, confondant la « richesse [...] avec l'argent, la monnaie » (Alengry, 1908, p. 689). Cela, comme on le sait, n'est vrai que dans le cas des premiers mercantilistes (*bullionistes*) qui identifiaient la richesse avec les métaux précieux ; ceux de la deuxième génération en revanche, savaient bien que l'argent était un moyen pour s'assurer un bon niveau de consommation et pas une richesse en elle-même. Sur ce thème, voir Perrotta, 1988, p. 32-39 ; *cf.* notamment la critique du chrysohédonisme à p. 36 *sqq.*

international (Alengry, 1908, p. 690). En outre, les théories mercantilistes de la première partie du XVIIIe en France, avaient répandu l'idée que la richesse de son propre État ne pouvait croître qu'aux dépends de celle des autres :

> Le mercantilisme impliquait [...] une guerre économique où les États cherchaient par tous les moyens à devenir le plus autosuffisants possible, contraignant les nations concurrentes à la dépendance économique. De tels objectifs comportaient, d'une part la création de leurs propres industries et la réduction ou l'interdiction des importations ; de l'autre, la tentative de monopoliser autant que possible les sources de matière premières, les transports et les ressources techniques. (Rich-Wilson, 1978, p. 660)

Pour cette raison, Quesnay et Turgot accusent les mercantilistes d'avoir fait de la « désinformation » sur le plan économique et contestent l'idée que l'enrichissement d'une nation dépende de l'appauvrissement des autres pays : « ils ont montré au contraire la solidarité des intérêts économiques de tous les peuples et la nécessité de la paix et de la liberté dans les échanges[11] » (Alengry, 1908, p. 712). Certes, à ce niveau, on ne peut sous-évaluer l'influence de Gournay, surtout sur Turgot, qui – comme Ferrara l'a souligné – ne manifeste aucune « aversion ou jalousie envers l'étranger travailleur et pacifique » (Ferrara, 1955 [1850], p. 10).

Les réflexions en matière de libre circulation des biens de Quesnay, Turgot et Gournay ne sont pas un cas isolé ; ils se situent dans un contexte intellectuel qui semble avoir accueilli favorablement la théorie du *doux commerce*, élaborée par Montesquieu (mais déjà idéalement présente au siècle précédent[12]). Dans l'*Esprit des lois* (1748), Montesquieu pose comme « règle générale, que partout où il y a des mœurs douces il y a

---

11 Quesnay est tout particulièrement intéressé à la libre circulation au niveau du commerce extérieur qu'il juge producteur de richesse, contrairement au commerce intérieur qui se limite – à ses dires – à faire circuler la richesse produite dans le secteur agricole. Turgot, comme en témoigne Condorcet, « croyait que la destruction des douanes intérieures devait précéder celle des douanes sur les frontières », il attribuait donc un rôle fondamental au commerce intérieur aussi (Condorcet, 1847 [1788], t. VIII, p. 372).

12 Déjà au XVIIIe, il est en effet possible de retrouver des allusions à l'utilité du commerce, non seulement pour l'opportunité de consommer des biens produits dans d'autres pays, mais aussi pour la capacité de ce dernier de créer et renforcer des rapports amicaux entre les hommes. Dans la première page de son « manuel » pour hommes d'affaires *Le parfait négociant*, Jacques Savary se référait au commerce comme à un « échange constant de tous les biens de la vie [...] qui fait toute la *douceur* de la vie » (Hirschman, 1979 [1977], p. 49 et note).

du commerce, et que partout où il y a du commerce, il y a des mœurs douces » (Montesquieu, 2008 [1748], t. 4, vol. II, p. 499). Hirschman, bien que reconnaissant à Montesquieu un rôle fondamental dans la diffusion de cette théorie, doute de la portée des avantages que le philosophe français lui attribue : « on ne comprend pas clairement si la *douceur* induite par le commerce est un produit des transformations qui touche uniquement les préposés aux échanges ou aussi, plus en général, tous ceux qui utilisent et consomment les biens que le commerce met à leur disposition » (Hirschman, 1979 [1977], p. 49-50). Il nous semble sensé d'opter pour cette dernière interprétation, d'abord parce que nous imaginons que Montesquieu se réfère à des populations entières lorsqu'il affirme que « le commerce [...] adoucit les mœurs barbares, comme nous le voyons tous les jours » (Montesquieu, 2008 [1748], t. 4, vol. II, p. 500), mais aussi parce que – comme Hirschman lui-même le relève avec justesse – « on doit peut-être rechercher le terme *doux* dans le sens "non commercial" de *commerce* » (Hirschman, 1979 [1977], p. 50)[13].

Ce n'est donc pas un hasard si, Turgot Contrôleur général des Finances (nommé par le roi Louis XVI en 1774) avance toute une série de propositions significatives en faveur de la libre circulation des biens[14]. Turgot s'était d'ailleurs déjà exprimé sur cet aspect dans son article *Foires et marchés* (1756) publié par *l'Encyclopédie*, dans l'*Éloge de Gournay* (1759) et dans les sept écrits *Sur la liberté du commerce des grains* (1770). En particulier, dans l'*Éloge de Gournay* – écrit en 1759 pour rappeler l'œuvre de son ami disparu prématurément dans la même année (à l'âge de 47 ans) – il exprime son appréciation pour ses idées en matière de libre circulation des marchandises et expose de manière synthétique ses principes[15].

---

13 Au XVIIIe siècle, la langue française comme la langue anglaise utilisaient fréquemment le terme *doux commerce* se référant aussi à des relations de type personnel (*ibid.*, p. 50).

14 Rappelons notamment, l'édit du 13 septembre 1774 par lequel Turgot annonce que le blé peut circuler librement, sans aucune exception, dans tout le pays, il peut de même être exporté à l'étranger, à moins que la survenue de circonstances extraordinaires ne produise la crainte d'un préjudice – passager – à la nation. Cet édit sera fortement critiqué par son successeur Necker et deviendra terrain de confrontation entre ce dernier et Condorcet qui reviendra sur le sujet à l'occasion de la *Lettre d'un laboureur de Picardie a M. N**** (Condorcet, 1847 [1775], t. XI, p. 23).

15 Gournay, né à Saint-Malo en 1712 et mort en 1759, fut destiné par son père – célèbre commerçant – aux activités commerciales. Pour garantir sa formation, il fut envoyé à dix-sept ans à peine (en 1729) à Cadix, où il enrichit ses connaissances dans le domaine

Turgot se montre disposé à poursuivre l'effort, entrepris par Gournay, pour libérer l'économie française de l'excès de réglementation qui avait prévalu dans la période du colbertisme. Il s'agit, souligne-t-il, d'émanciper l'individu (en tant que producteur et en tant que consommateur) de toutes les contraintes artificielles qui s'étaient stratifiées au cours du temps, finissant par constituer un obstacle considérable à la croissance économique : « M. de Gournay pensait que tout homme qui travaille mérite la reconnaissance du public » (Turgot, 1913-1923 [1759], t. I, p. 600). Il considérait impossible que, sur le plan théorique, production et commerce non réglementés par l'intervention de l'État, génèrent un contraste sans solution entre « intérêt particulier » et « intérêt général ». Généralement, avec le libre-échange, c'est justement le contraire qui se produisait, dans la mesure où dans l'économie, se manifestait une convergence entre les dynamiques des intérêts particuliers et celles de l'intérêt général. Ainsi, souligne Turgot, « lorsque l'intérêt des particuliers est précisément le même que l'intérêt général, ce qu'on peut faire de mieux est de laisser chaque homme libre de faire ce qu'il veut » (*ibid.*, p. 602).

D'autre part – poursuivait-il, en insistant sur la pensée de Gournay – « s'occuper de régler le cours de chaque denrée, proscrire un genre d'industrie pour en faire fleurir un autre, assujettir à des gênes particulières la vente de provisions les plus nécessaires à la vie, défendre de faire des magasins d'une denrée dont la récolte varie tous les ans et dont la consommation est toujours à peu près égale ; défendre la sortie d'une denrée sujette à tomber dans l'avilissement, et croire s'assurer l'abondance du blé en rendant la condition du laboureur plus incertaine et plus malheureuse que celle de

---

des activités industrielles et commerciales (Turgot, 1913-1923 [1759], p. 596 ; Dupont de Nemours, 1966 [1808], p. 258-259). En 1744, il revint à Paris sur sollicitation du *contrôleur général* Maurepas, et entreprit une carrière dans l'administration publique, assurant la charge de conseiller au Grand Conseil (1749) et plus tard la fonction d'Intendant du Commerce, entrant ainsi au sein du Bureau du Commerce, duquel il démissionnera en 1758 pour des motifs de santé et des raisons politiques. La discussion sur la proximité de Gournay aux positions des physiocrates semble fondée sur des malentendus, puisque déjà Dupont de Nemours dans sa *Notice sur les Économistes*, avant-propos de l'*Éloge de Gournay*, faisait référence à deux écoles – même si « fraternelles…, qui n'ont eu l'une pour l'autre aucune sentiment de jalousie, et qui se sont réciproquement éclairées ». La première dirigée pas Gournay comptait Morellet, Herbert, et d'autres ; la seconde que dirigeait Quesnay, comprenait Mirabeau, Le Trosne, Saint-Peravy, etc. (*ibid.*, p. 260-261). Les thèmes en commun étaient nombreux (à commencer par le célèbre *Laissez faire et laissez passer*, une formule de Gournay, mais les différences aussi étaient significatives (Gournay ne partageait pas l'opinion de Quesnay quant à la stérilité du secteur industriel).

tous les autres citoyens, etc. » (*ibid.*, p. 601), tout cela n'a aucun sens et est contraire aux intérêts généraux de la France.

Bien sûr, ajoute-t-il, Gournay était conscient de la possibilité d'« abus », mais c'est, quoi qu'il en soit, une erreur que de demander l'intervention publique pour prévenir des distorsions auxquelles le marché lui-même, dans son libre fonctionnement, peut remédier. D'ailleurs, demander l'intervention du gouvernement serait comme l'inviter à fournir « des bourrelets à tous les enfants qui pourraient tomber » (*ibid.*, p. 603). En somme, le recours à l'intervention publique pour éviter des abus et des escroqueries signifierait imaginer un monde utopique, qui ne pourrait être organisé de manière parfaite et harmonieuse qu'en fonction d'un régulateur externe au marché. Encore une fois, cela signifierait « sacrifier à une perfection chimérique tous le progrès de l'industrie » (*ibid.*, p. 603-604). En effet, bloquer la libre concurrence signifie introduire des obstacles à la mise en place des processus créatifs et de renouvellement des structures productives que celle-ci justement peut réaliser. Cela veut dire « resserrer l'imagination des artistes dans les limites étroites de ce qui se fait, [...] interdire toutes les tentatives nouvelles » (*ibid.*, p. 604).

En outre, ce genre d'intervention porterait inévitablement à la naissance et à la diffusion de pratiques monopolistiques contraires et aux intérêts généraux des consommateurs et à ceux de la grande majorité des producteurs, désavantagés par des réglementations introduites par le gouvernement. En somme, « la liberté générale d'acheter et de vendre est [...] le seul moyen d'assurer, d'un côté, au vendeur, un prix capable d'encourager la production ; de l'autre, au consommateur, la meilleure marchandise au plus bas prix » (*ibid.*, p. 603).

Aux effets négatifs sur la croissance de l'économie s'ajoutent ceux, tout aussi négatifs, qui concernent la finance publique. Contrairement à ce que l'on croit, l'excès de réglementation de l'économie de la part de l'État comporte à moyen terme une réduction de l'assiette fiscale (et donc une réduction du flux des recettes) et à court terme une hausse des coûts, comme conséquence directe des contrôles inhérents aux mécanismes de régulation adoptés :

> ces règlements, ces inspecteurs, ces bureaux de marque et de visite entraînent toujours des frais ; que ces frais sont toujours prélevés sur la marchandise, et par conséquent surchargent le consommateur national, éloignent le consommateur étranger... (*ibid.*, p. 273)

Au cours de son expérience au Ministère, Turgot veut à ses côtés son fidèle ami Condorcet[16] (depuis 1775, *Inspecteur des Monnaies*), grand connaisseur de la littérature économique, surtout d'empreinte physiocrate[17]. Turgot lui-même est tellement proche des physiocrates qu'il n'est pas rare que des historiens de la pensée économique le comptent parmi les composantes de la « secte ». Dupont de Nemours toutefois, le plaçait « entre les deux écoles, [celle de Quesnay et celle de Gournay], profitant de l'une et de l'autre, mais évitant avec soin de paraître tenir à aucune » (De Nemours, 1966 [1808], p. 260).

De Nemours, comme on le voit, anticipe des jugements ultérieurs sur Turgot, à commencer par celui de Schumpeter, qui remarquait que « Turgot ne doit pas être classé comme physiocrate avec des réserves, mais comme un non physiocrate avec des sympathies physiocrates » (Schumpeter, 2005 [1954], vol. I, p. 295 ; voir aussi Finzi, 1978, p. XXII). Turgot se distingue de Quesnay par son idée de productivité du « travail humain appliqué » non seulement à la terre mais aussi à l'industrie[18] (Alengry, 1904, p. 692) et par une vision générale, en matière de philosophie de l'histoire (comme on l'appellerait aujourd'hui), fondée sur la confiance dans le progrès. Ce dernier élément est l'héritage de Condorcet, au point de constituer les fondements de son œuvre. Il reconnaît en effet à Turgot un rôle prédominant, avec Price et Priestley, dans le courant d'avant-garde qui promouvait l'idée de progrès de l'homme (Finzi, 1978, p. XXXVII).

Souvent plus impulsif et direct que son ami Turgot, Condorcet n'épargne pas de dures attaques aux défenseurs des mesures protectionnistes. Dans

16 Dupont de Nemours parle de Condorcet comme du collaborateur de Turgot « qui partageait plus particulièrement sa confiance, à qui il faisait essayer la rédaction de ses projets, comparant d'ailleurs leur travail et finissant par tout refaire lui-même » (Lettre de Dupont au *Journal de Paris*, 2 juillet 1787, cit. in Weulersse, 1950, p. 16).

17 D'après les informations de Caillaud, Condorcet avait déjà lu Quesnay (*Le Tableau économique*), Le Mercier de la Rivière (*Ordre naturel et essentiel des sociétés politiques*), Dupont de Nemours (*Origine et les progrès d'une science nouvelle*), La Trosne (*Ordre social, de l'Intérêt social, de l'Administration provinciale et de la réforme de l'impôt*) et l'abbé Baudeau (*Première introduction à la philosophie économique et Explication du Tableau économique*), mais aussi Condillac et, parmi les étrangers, Smith e Hume (Caillaud, 1970 [1908], p. 21-22).

18 Turgot empruntera aussi à Vincent de Gournay l'idée que « la seule richesse réelle que l'État possède est le produit annuel de sa terre et de l'industrie de ses habitants » et que la totalité des recettes annuelles produites dans le Pays correspond au « bénéfice de chaque parcelle de terre et le produit net de l'industrie de chaque individu » (Meek, 2010 [1973], p. 16).

une lettre à son mentor, datée 13 décembre 1773, il dira en se référant à Colbert ne pouvoir penser à lui sans se « mettre en colère » (Condorcet, 1849a [1773], t. I, lettre n. 37, p. 222). Dans une autre lettre, adressée trois ans plus tard à Voltaire (qui, en revanche, partageait les idées de Colbert[19]), il en parlera comme de celui qui « a fait tout le bien qu'il a pu, en faisant tout le mal qui lui était nécessaire pour conserver sa place. [...] il fut un tyran » (Condorcet, 1849b [1777], t. I, lettre n. 73, p. 142). Il avait été despote, auteur d'innombrables tyrannies, dont l'imposition des *corvées* que Turgot s'était chargé d'abolir, l'imposition du monopole de droit (appliqué aux sel et tabacs) et du monopole de fait (appliqué au commerce du blé) par lequel il avait établi l'interdiction de vendre les denrées alimentaires ailleurs qu'au marché d'origine[20] (Alengry, 1904, p. 702-703).

Si Colbert représente, pour les physiocrates et pour Condorcet, la soi-disant « bête noire » (*ibid.*, p. 702), c'est contre Jacques Necker que le marquis écrit ce qui est peut-être son premier discours explicitement économique : *Lettre d'un laboureur de Picardie, à M. N***, auteur prohibitif* (1775)[21]. Condorcet est un chercheur scrupuleux et un observateur attentif de la réalité, il suit donc avec attention les développements théoriques et pratiques de son temps, lisant aussi les œuvres d'auteurs dont il ne partage pas les positions. Eh bien, Necker se rend coupable – selon lui – d'avoir écrit un *Éloge de Jean-Baptiste Colbert* (1773) et d'avoir soutenu avec insistance les politiques de Colbert dans *De la législation et du commerce des grains* (1775)[22].

---

19 À son sujet, il écrira justement à Condorcet : « ses premières opérations furent de diminuer la taille de deux millions, et de faire baisser le prix du pain en temps de famine. [...] Il créa en peu de temps une marine formidable qui ne serait pas inutile aujourd'hui. Je l'ai toujours regardé comme un très grand homme, quoi qu'il eût des défauts, et même des ridicules. [...] je ne puis abandonner Jean-Baptiste » (Condorcet, 1849a [1776], t. I, lettre n. 69, p. 136).

20 Dans cette opposition radicale entre Colbert et les antiprotectionnistes, Smith se prononce en faveur des « personnes les plus éclairées en France » qui comprennent que « la politique de M. de Colbert, qui, malgré ses grands talents, paraît en cela s'être laissé persuader par les raisonnements sophistiqués des marchands et des manufacturiers, toujours ardents à solliciter des monopoles contre leurs compatriotes » ne peut être bénéfique pour son propre pays (Smith, 1979 [1776], vol. I, p. 467).

21 Condorcet se fait passer pour un modeste travailleur de la région Picardie qui, après avoir durement travaillé pendant six jours, consacre le septième jour de la semaine à la lecture d'ouvrages qui puissent fournir à ses propres enfants des connaissance utiles à leur développement culturel (Condorcet, 1847 [1775], t. XI, p. 3).

22 Cet ouvrage de Necker, « dont Turgot se faisait scrupule de gêner le moins du monde la diffusion », est présenté au public le 3 mai 1775, le jour où explose la dite « guerre

Dans cet ouvrage, à la recherche du « choix du meilleur système applicable au commerce des grains » (Necker, 1820-1821 [1775], p. 4), il avait posé la question de définir des politiques économiques qui puissent surmonter les différences d'opinion entre experts et hommes politiques, en conciliant les intérêts, non convergents de prime abord, de trois classes distinctes : « le seigneur de terre [qui] invoque les droits de la propriété ; le marchand, ceux de la liberté ; le peuple, ceux de l'humanité » (*ibid.*, p. 5)[23]. L'argument central de Necker est qu'il fallait relier la croissance et la diversification de la base industrielle au développement de l'agriculture. Cela ne pouvait être fait de manière durable qu'à condition de favoriser la circulation intérieure du blé, et parallèlement d'en décourager l'exportation (*ibid.*, p. 39). Bien sûr, écrit Necker, « la force souveraine peut bien empêcher les propriétaires de vendre leurs bleds au dehors, mais elle ne peut pas les obliger à cultiver leurs terres avec activité, s'ils n'ont pas l'espoir d'échanger les denrées qui leur sont inutiles contre des objets agréables ». Selon lui, pour encourager la croissance de l'agriculture, il est indispensable que « le pays soit rempli de métiers, d'arts, de manufactures, et de tous les établissements d'industrie qui peuvent plaire aux propriétaires des bleds » (*ibid.*, p. 41). Ainsi le circuit vertueux entre extension de la base industrielle et progrès de l'agriculture deviendra un fait structurel, qui incitera les grands propriétaires terriens à développer et améliorer leurs cultures, permettant la consommation des fruits de la terre pour la majeure partie de la population.

Selon Caillaud, Condorcet admire l'approche méthodologique de Necker mais il est en profond désaccord avec ses propositions prohibitionnistes. Ainsi, l'objectif qu'il se fixe est d'expliquer au peuple les effets négatifs qu'il devrait supporter si l'on adoptait les propositions de Necker, démontant ainsi ses arguments. Il part de la critique de l'assertion de Necker et aux conséquences qu'il en tire en termes d'évolution des prix et de comportements des acteurs impliqués dans les processus de

---

des farines » (Weulersse, 1950, p. 25). Pour ce qui est de l'appui explicite de Necker aux politiques de Colbert, voir Necker 1820-1821 [1775], p. 42. Par ailleurs, ce n'est pas un hasard si « pour Condorcet, le Genevois est l'héritier direct de Colbert et le principal responsable de la disgrâce de Turgot, un an auparavant. Condorcet vise… Necker dans sa lettre ostensible en faisant allusion à un "second Colbert" » (Menudo-Rieucau, 2016, p. 659).

23 À ce sujet, on doit ajouter ceux qui vivent sans rien faire et qui prennent le parti tantôt de l'un, tantôt de l'autre.

production et circulation des biens. Dans la *Lettre*, Condorcet se concentre sur les idées de Necker contraires à la liberté du commerce :

> Vous dites que pour soulager le peuple, le Gouvernement n'a presque d'autre moyen que d'ordonner de ne vendre le bled qu'au marché lorsqu'il passera un certain prix ; de défendre aux marchands d'en acheter à moins qu'ils ne promettent de ne pas le revendre dans le pays ; de forcer les boulangers à avoir chez eux des provisions ; de fournir des fonds à des marchands de bled privilégiés ; de ne laisser sortir que des farines, et seulement lorsque le bled sera à bon marché ; enfin, de n'ordonner tout cela que pour dix ans. (Condorcet, 1847 [1775], t. XI, p. 5)

Il définit les limites de la vision de Necker en ces termes :

- En premier lieu, affirmer qu'« il y a des marchés dans presque tous les villages » est totalement faux. Au contraire, un marché se trouve souvent à plusieurs lieues de l'autre (*ibid.*, p. 32-33). Cela oblige « le peuple des campagnes » à se rendre dans des marchés éloignés, pour acheter, « argent comptant » et à des prix plus élevés, le blé qu'il aurait pu acheter près de chez lui, à des prix inférieurs et souvent, à crédit (*ibid.*, p. 8). Necker en outre, se trompe lorsqu'il croit que les consommateurs plus pauvres peuvent se permettre à chaque fois, l'achat d'une grande quantité de blé, afin de réduire les occasions de se rendre dans les marchés éloignés pour s'approvisionner. Leurs achats sont en effet, nécessairement limités par leur disponibilité d'argent (*ibid.*, p. 32) ;
- En second lieu, la crainte de Necker que – en l'absence d'interdiction de vendre des denrées alimentaires en dehors des marchés – « les gens des villes » soient obligés d'aller de campagne en campagne pour se ravitailler en denrées alimentaires, n'est pas fondée. Il ignore que « les magasins des marchands de bled, les greniers des propriétaires sont presque tous dans les villes » (*ibid.*, p. 33). En conséquence, ce sont encore une fois les habitants des campagnes qui doivent se rendre en ville pour acheter du pain chez les boulangers, qui en possèdent d'importantes réserves.

Bien sûr, l'art de conserver le blé produit des bénéfices importants, déterminant des effets d'équilibrage aussi bien pour sa circulation, que – par conséquent – pour son prix, à moins qu'il ne donne lieu à des pratiques monopolistiques. Si les boulangers sont obligés de garder une réserve pour une certaine période de l'année, qui paiera ces frais ? Cela ne finira-t-il pas par retomber sur les consommateurs qui achèteront le pain ? Et peser ainsi, dans une plus large mesure, sur le peuple ?

Condorcet propose, par référence à la France, une approche qu'Adam Smith dans la *WN*, traitant le thème du découragement de l'agriculture au cours du Moyen-âge, définira en termes généraux. « L'ancienne politique de l'Europe », inspirée par des intentions protectionnistes, résultait désavantageuse et pour l'extension des cultures, et pour leur amélioration. Ce qui, dans cette période-là, empêcha les améliorations en agriculture fut, tout d'abord, « la prohibition générale d'exporter des grains sans une permission spéciale », considérée comme un « règlement très universellement reçu » : en second lieu, toutes « les entraves qui furent mises au commerce intérieur », qui concernaient non seulement le blé mais aussi d'autres produits du secteur primaire (Smith, 1979 [1776], vol. I, p. 396).

En outre, Smith confirme l'idée de Condorcet sur deux aspects fondamentaux : dans un pays producteur de blé, là où existe la « liberté de commerce et de communication entre toutes ses parties, jamais la disette causée par les plus mauvaises années ne peut être assez grande pour amener une famine ». Dans ce cas, en effet, même « la plus misérable récolte, ménagée avec économie et avec frugalité, fera subsister, pendant toute l'année, le même nombre de gens qui, dans les années d'abondance moyenne, sont nourris plus largement » (*ibid.*, p. 526). Enfin, Smith s'inscrit dans la ligne de l'idée de Condorcet : en présence d'une libre circulation des biens, une « ligue entre les vendeurs de blé » qui puisse maintenir le prix du blé artificiellement élevé, voir même provoquer une « famine », est impossible.

Selon Smith, le nombre de propriétaires et travailleurs concernés par la production du blé est « dans tout pays civilisé » très élevé, car le blé est « la marchandise dont la consommation annuelle est la plus forte ». Ainsi, « les vendeurs de blé dans l'intérieur, y compris le fermier ainsi que le boulanger, sont nécessairement plus nombreux que les vendeurs de toute autre denrée ». Ils sont « disséminés dans tous les différents coins du pays » et « la manière dont ils sont dispersés » est telle qu'elle rend « absolument chimérique toute possibilité d'une ligue générale entre eux ». Donc, ajoute Smith,

> si, dans une année de disette, quelqu'un d'eux venait à s'apercevoir qu'il eût par-devers lui une plus grande quantité de blé qu'il ne pourrait espérer d'en débiter au prix courant avant la fin de l'année, il ne s'aviserait jamais de chercher à maintenir le prix élevé à son propre détriment et pour le bénéfice seul de ses rivaux et de ses concurrents ; mais, au contraire, il le ferait aussitôt baisser, pour pouvoir se défaire de tout son blé avant la rentrée de la nouvelle récolte. (*ibid.*, p. 526)

De ce fait, le commerçant de blé, en présence de la concurrence et du libre-échange, se comporte comme tout autre commerçant, et oriente ses comportements en fonction du niveau moyen des prix du marché.

Telles sont les conclusions générales d'Adam Smith :

> Si toutes les nations venaient à suivre le noble système de la liberté des exportations et des importations, les différents États entre lesquels se partage un grand continent ressembleraient à cet égard aux différentes provinces d'un grand empire. De même que parmi les provinces d'un grand empire, suivant les témoignages réunis de la raison et de l'expérience, la liberté du commerce intérieur est non seulement le meilleur palliatif des inconvénients d'une cherté, mais encore le plus sûr préservatif contre la famine ; de même la liberté des importations et exportations le serait entre les différents États qui composent un vaste continent. [...] il serait alors d'autant plus probable que la disette d'un des pays serait soulagée par l'abondance de quelque autre. (*ibid.*, p. 538-539)

Il ajoute toutefois : « très peu de pays ont entièrement adopté ce généreux système » à cause de « règlements tellement absurdes, que souvent ils aggravent les malheurs inévitables d'une cherté, jusqu'à faire naître le terrible fléau de la famine », ou à cause d'une « police très vicieuse d'un pays » et de certains « préjugés » et limites culturelles qui empêchent d'instaurer « un système raisonnable » concernant la libre circulation du blé (*ibid.*, p. 539)[24].

Condorcet lui aussi considère que les préjugés ainsi qu'une considération inadéquate de l'esprit de discernement du peuple et de ses besoins réels sont à l'origine d'attitudes comme celle de Necker : « Je ne vois rien dans tout cela qui tende à soulager le peuple » (Condorcet, 1847 [1775], t. XI, p. 8), étant donné que ses propositions de loi se fondent sur l'idée

24 Smith est convaincu que, à cause des préjugés et des distorsions culturelles, « les lois relatives au blé peuvent généralement être comparées aux lois relatives à la religion ». Les unes comme les autres tireraient profit d'un comportement libéral et « raisonnable » (Smith, 1979 [1776], vol. I, p. 539).

que le peuple est stupide, qu'il s'agite à la moindre hausse des prix et que par conséquent, il ne peut être calmé que si l'on montre que l'on frappe les commerçants avec le protectionnisme. Les gens, selon Necker seraient induits à haïr les commerçants de blé, les percevant comme leurs ennemis, or – souligne-t-il – le peuple ne hait pas les commerçants, mais les monopolistes. Et il déteste aussi les *financières* « qu'il appelle maltôtier » et les marchands d'argent « qu'il appelle usuriers » (*ibid.*, p. 12). Il ajoute en outre :

> Le peuple est stupide, sans doute ; mais ce n'est pas sa faute. [...] les erreurs de l'ignorance sont plus aisées à détruire que celles de l'intérêt et de l'orgueil ; et voilà pourquoi je crois que le peuple sera guéri de ses fausses opinions sur le commerce des bleds, longtemps avant les hommes plus éclairés qui partagent ses préjugés. (*ibid.*, p. 8-9)

Ceux qui veulent laisser le peuple dans l'ignorance, le font uniquement parce qu'ils redoutent le renversement de l'ordre constitué. En outre, devant adopter des mécanismes de distribution de la richesse plus équitables, susceptibles de favoriser les couches plus basses de la population, ils craignent que les riches ne perdent leurs privilèges. Mais, explique Condorcet, les travailleurs des campagnes ne sont pas animés par l'espoir de s'enrichir, comme les commerçants des grandes villes. Ils cherchent plutôt « la liberté et la paix », une existence honnête, quelques économies pour vivre tranquillement leur vieillesse et pouvoir marier leurs enfants (*ibid.*, p. 20). Condorcet réitère ces orientations dans les trois *Lettres sur le commerce des grains* (1774), où il anticipe l'étude plus poussée qu'il développera dans les *Réflexions sur le commerce des bleds* (1776). C'est une question qui restera centrale dans les élaborations économiques de Condorcet et qu'il approfondira jusqu'à la fin de sa vie. Ce n'est pas un hasard si, en mars 1792 (deux ans avant sa mort) il écrit *Sur la liberté de la circulation des subsistances*, pour expliquer encore une fois que le problème du manque de denrées alimentaires est fictif, comme cela résulterait clairement si l'on permettait à la France d'accéder au libre-échange non seulement au niveau national mais aussi international.

> Des inquiétudes sur les subsistances se sont manifestées dans plusieurs départements ; l'assemblée nationale s'est assurée qu'elles n'avaient point de fondement réel, que les secours du commerce intérieur suffiraient pour faire disparaître une rareté locale et momentanée, et que ceux du commerce

> extérieur, préparés par les administrations, achèveraient de dissiper jusqu'à l'ombre du danger. (Condorcet 1847 [1792], t. X, p. 359)

L'agriculture française produit plus que nécessaire pour nourrir sa propre population, de sorte que dans les années de mauvaises récoltes on pourra toujours compter sur « les grains réservés de l'année précédente », qui pourront être plus que suffisants (*ibid.*, p. 361). Le problème réside plutôt dans la répartition inégale des récoltes sur le territoire : alors que dans certains cantons (ou provinces ou régions) les récoltes sont abondantes, dans d'autres elles peuvent être mauvaises (ou absentes) à cause des intempéries ou à cause d'emplois alternatifs de la terre. De telles complications seraient toutefois, faciles à surmonter si l'on adoptait les mesures suivantes :

- abolir les lois prohibitionnistes, permettant ainsi le transfert des denrées alimentaires venant des régions où elles dépassent les besoins de la population vers celles où, au contraire, elles s'avèrent insuffisantes ;
- à travers le libre-échange, défendre le pays de la présence de personnages comme le « monopoleur [...] qui voudrait s'emparer seul du commerce d'une denrée » et l'« accapareur [...] qui s'assure d'avance, par des marchés sur lesquels il donne des arrhes, d'une quantité assez grande d'une marchandise, pour en augmenter la rareté et le prix » (*ibid.*, p. 367) ;
- pourvoir à la construction et à la manutention d'entrepôts où conserver le blé en excès des années de récoltes abondantes, en évitant que cela ne se traduise en un instrument d'exploitation de la part des boulangers ;
- réaliser des travaux publics qui facilitent les transports, préférence étant donnée aux déplacements fluviaux plutôt que ceux par voie terrestre : ces derniers en effet, prévoient des coûts particulièrement élevés et déterminent nécessairement une hausse des prix.

PRIX ET ÉQUILIBRE DE MARCHÉ

Dans le cadre de ses réflexions sur le commerce du blé, Condorcet – toujours en désaccord avec Necker – se penche sur la question des prix. Le point de départ de son raisonnement est la contestation des affirmations du banquier suisse, selon lequel la détermination des prix du blé est différente de celle des autres biens : « le prix des grains est exposé à des variations dont celui des autres denrées n'est pas susceptible » (Necker, 1820-1821 [1775], p. 57). Et cette particularité vaut en général, pour la détermination du prix de toutes les denrées alimentaires.

Selon Condorcet au contraire, le prix du blé dépend, comme toujours, du rapport entre la quantité offerte et la quantité demandée : « le prix varie d'une année à l'autre, selon que la quantité de la reproduction a été plus ou moins grande. Il varie aussi d'un pays à l'autre, selon le rapport de la consommation de ces pays, avec leur fécondité » (Condorcet, 1847 [1776], t. XI, p. 128).

Le libre-échange aurait comme effet de rééquilibrer les prix entre les différentes régions et entre les différents pays : ils augmenteraient là où ils étaient trop bas et vice versa, ils baisseraient là où ils étaient trop élevés. Ainsi, la différence de prix, finirait par dépendre exclusivement des coûts liés aux systèmes de transport et diminuerait avec l'amélioration de ces derniers. L'écart des prix d'une année à l'autre, dans le cadre du même pays, dépendrait en revanche des frais de stockage et de conservation des denrées. Dans ce cas aussi, le progrès technique jouerait un rôle décisif, car il contribuerait à une baisse progressive des coûts et un équilibre tendanciel des prix, au-delà des évolutions conjoncturelles normales. Cette référence au rôle décisif du commerce intérieur et international et à la fonction de stabilisation du marché libre souligne ultérieurement la distance entre Condorcet et Necker. Ce dernier en effet, avait affirmé que l'exportation de blé, même en faible quantité, aurait inévitablement produit d'importants déséquilibres dans la structure des prix du marché intérieur : « l'exportation d'une petite quantité de blés (égale si l'on veut, à la centième partie de la consommation totale), suffira très-souvent pour doubler le prix des grains » (Necker, 1820-1821 [1775], p. 57). Il semblait donc attribuer de tels effets, non pas à la pénurie totale de blé sur le marché, mais bien à la situation psychologique qui se propagerait parmi les consommateurs français. Ils percevraient l'exportation de cette quantité de blé comme une réduction significative de l'offre nationale. Pris de panique, ils imagineraient que le pain ne suffirait plus à nourrir la population autochtone. En fonction de cette situation psychologique ils seraient amenés à acheter plus que nécessaire, disposés aussi à accepter des prix plus élevés. Les boulangers, en présence d'une hausse soudaine de la demande et profitant des craintes des consommateurs, n'auraient aucun scrupule à augmenter le prix du pain.

À ces arguments Condorcet réplique en rappelant les effets de la hausse des prix injustifiée sur l'évolution de la demande d'un bien :

> si les vendeurs de pain le renchérissent trop considérablement le peuple consommera moins à proportion pendant quelques jours : celui qui a des effets, les vendra à perte ; les autres auront recours à la charité des riches. Ce sera un état de souffrance, mais non de famine pour le peuple, et cet état cessera bientôt sans qu'il en résulte aucun profit pour les marchands : car, au bout de quelques jours, il se présentera des vendeurs de pain ; et celui qui aura voulu profiter du besoin instantané, perdra ses pratiques. (Condorcet, 1847 [1776], t. XI, p. 127-128)

Sur cet aspect, la correspondance avec Smith est évidente, ce dernier est convaincu que la consommation de blé – journalière, hebdomadaire ou mensuelle – doit être proportionnée le plus précisément possible à l'offre de la saison. Il est donc avantageux pour le vendeur d'assurer un prix équilibré, qui ne soit ni trop élevé ni trop bas. En effet, en augmentant trop son prix, le blé resterait invendu au risque de se détériorer, et de devoir le vendre à un prix très inférieur à celui auquel il aurait pu être vendu auparavant (Smith, 1979 [1776], vol. I, p. 524-525).

La stabilité des prix, selon Condorcet, ne peut être obtenue que grâce au libre-échange et a en outre d'importantes répercussions sur une autre question, celle qui concerne la stabilité du coût du travail. À ce niveau aussi, émerge la divergence de Condorcet avec Necker. Celui-ci était convaincu que, pour encourager l'agriculture et garantir aux consommateurs la possibilité de continuer à acheter des biens de subsistance, il fallait de baisser le prix du blé, le rendant compatible avec le niveau des salaires :

> Que gagnera donc un propriétaire, à vendre les subsistances dont il dispose pour une valeur d'argent plus ou moins considérables si le travail qu'il veut

> acheter en échange renchérit en proportion ? Quel encouragement aura-t-il de plus à cultiver ? [...] Lorsque le pain étoit un prix modéré, l'artisan nourrissoit sa famille et ménageoit une petite réserve pour le cas de maladie ; si le prix vient à monter sensiblement, il est contraint de renoncer à cette épargne salutaire ; il faut peut-être qu'il diminue la nourriture habituelle de ses enfants il faut qu'il se rende sourd à leurs larmes ou, qu'il se prive lui-même de la subsistance nécessaire à l'entretien de ses forces. (Necker, 1820-1821 [1775], p. 70-74)

Condorcet raisonne en termes inverses, soutenant la nécessité d'augmenter le taux des salaires par rapport au niveau des prix des subsistances, laissant aux ajustements du marché non seulement l'équilibre entre la demande et l'offre des denrées alimentaires mais aussi celui « entre le prix des subsistances et celui des journées » (Condorcet, 1847 [1775], t. XI, p. 26) :

> Ce qui importe vraiment aux citoyens pauvres, ce n'est pas de payer le blé très-bon marché, mais de le payer toujours à peu près le même prix. *C'est sur le prix commun ordinaire du blé que se règle celui des salaires.* [...] C'est encore la liberté, la sûreté du commerce qui, seules, peuvent maintenir cette constance dans les prix, parce que ces opérations en préviennent tour à tour l'avilissement ou la hausse exagérée. Elles ne laissent subsister que ces variations nécessaires à l'existence même du commerce ; variations qui, lorsqu'il est libre, sont trop petites pour jamais rendre insuffisants les salaires une fois bien établis. (Condorcet, 1847 [1792], t. X, p. 362-363 ; italiques ajoutés par mes soins)

Compte tenu du niveau des salaires – conclut Condorcet – les oscillations des prix sur le marché libre ne seront jamais en mesure de rendre, dans des conditions normales, les salaires insuffisants par rapport aux besoins des consommateurs. Comme il le précisera plus tard dans des *Réflexions sur le commerce des blés*, ces dynamiques du marché assureront la juste « proportion » entre prix des denrées alimentaires et salaires. La tâche du gouvernement en revanche, est de créer les conditions qui puissent assurer « au pauvre du travail et un salaire proportionné aux prix des denrées, et il en coûtera toujours moins au trésor public pour mettre le pauvre en état d'acheter du blé, que pour faire tomber le blé à la portée du pauvre » (Condorcet, 1847 [1776], t. XI, p. 231).

D'autre part, poursuit Condorcet, la hausse du niveau des salaires (qui même sans régulations extérieures des prix, est liée à l'équilibre de marché) est d'un côté, une condition nécessaire pour le cours normal de l'offre et de la demande des denrées alimentaires et de l'autre, elle est révélatrice d'un progrès diffus de l'économie et de la société.

Comme nous pouvons le constater, il s'agit précisément des thèmes que nous trouvons chez Smith, dans le chapitre où il se penche sur ces questions, la rétribution du travail, le rapport niveau salarial-subsistance et la relation entre dynamique salariale et progrès social. Smith lui aussi est convaincu que les bas salaires sont déterminés par une économie sans croissance, ou – comme il la qualifie – stationnaire. Il se déclare donc favorable à une politique de hauts salaires pour les raisons qu'il illustre dans la *WN* :

> Un salaire qui donne au travail une récompense libérale du travail est à la fois l'effet nécessaire et le symptôme naturel de l'accroissement de la richesse nationale ; celui qui ne fournit à l'ouvrier pauvre qu'une chétive subsistance est l'indication d'un état stationnaire ; et, enfin, celui qui ne lui donne pas même de quoi subsister et le réduit à mourir de faim signifie que les richesses décroissent avec rapidité. (Smith, 1979 [1776], vol. I, p. 91)

Dans ce cas aussi, les salaires élevés sont considérés et comme effet du processus de croissance et comme l'un des éléments fondamentaux d'un progrès social répandu et durable. Dans ce sens, Smith avance les mêmes critiques que Condorcet à l'égard du point de vue conservateur, exprimé aussi par Necker, qui insiste sur les nombreuses « plaintes » que le luxe, déterminé par la hausse des salaires, se propageant aussi dans « dernières classes », risque de mettre en discussion les rapports entre les classes et la stabilité de l'ordre social. Face à de tels arguments, Smith se pose rhétoriquement la question suivante : « Cette amélioration survenue dans la condition des dernières classes du peuple doit-elle être regardée comme un avantage ou comme un inconvénient pour la société ? ». Voici les conclusions de Smith :

> Au premier coup d'œil, la réponse paraît extrêmement simple. Les domestiques, les ouvriers et artisans de toute sorte composent la plus grande partie de toute société politique. Or, peut-on jamais regarder comme un désavantage pour le tout ce qui améliore le sort de la plus grande partie ? Assurément, on ne doit pas regarder comme heureuse et prospère une société dont les membres les plus nombreux sont réduits à la pauvreté et à la misère. La seule équité, d'ailleurs, exige que ceux qui nourrissent, habillent et logent tout le corps de la nation, aient, dans le produit de leur propre travail, une part suffisante pour être eux-mêmes passablement nourris, vêtus et logés. (*ibid.*, p. 96)

De plus, « la récompense libérale du travail » se présente comme une « cause d'accroissement de la population », l'une des caractéristiques majeures d'une société qui progresse, qui a des effets significatifs sur la tendance générale du coût du travail (qui tend à se maintenir plus bas vu l'abondance de son offre) (*ibid.*, p. 99)[25]. Ajoutons à cela le fait que la rémunération libérale du travail, se posant dans un contexte dynamique, déterminé par la concurrence, par l'élargissement du marché et par le progrès technique, comporte aussi de continuelles incitations à la hausse du niveau d'instruction de la part des couches croissantes des travailleurs (*ibid.*, p. 119-120).

Comme on le sait, c'est là qu'émerge chez Smith une contradiction entre effets de la division du travail et processus d'émancipation des hommes : « Dans les progrès que fait la division du travail, l'occupation de la très majeure partie de ceux qui vivent de travail, c'est-à-dire de la masse du peuple, se borne à un très petit nombre d'opérations simples, très souvent à une ou deux » (Smith 1979 [1776], vol. II, p. 781). Le travailleur perd « naturellement l'habitude » d'appliquer sa propre intelligence à des opérations de travail plus complexes et « devient, en général, aussi stupide et aussi ignorant qu'il soit possible à une créature humaine de le devenir ». Smith considère que seule l'instruction publique peut contribuer à restituer au travailleur le plein exercice du droit de citoyenneté, en compensant les effets négatifs de la division du travail (*ibid.*, p. 782).

Sur ce point, Condorcet se montre en désaccord avec Smith. Selon lui, l'économiste écossais aurait sous-évalué le rapport entre division du travail, spécialisation, niveau d'instruction majeur et développement de l'homme. Un niveau d'instruction élevé est une condition essentielle aussi bien pour le développement du système industriel que pour le progrès d'émancipation de l'homme, puisque « les lois prononcent l'égalité dans les droits, les institutions pour l'instruction publique

25 « Ces bornes tendront naturellement à s'agrandir par une récompense plus libérale du travail, qui mettra les parents à portée de mieux soigner leurs enfants et, par conséquent, d'en élever un plus grand nombre. Il est bon d'observer encore qu'elle opérera nécessairement cet effet, à peu près dans la proportion que déterminera la demande de travail. Si cette demande va continuellement en croissant, la récompense du travail doit nécessairement donner au mariage et à la multiplication des ouvriers un encouragement tel, qu'ils soient à même de répondre à cette demande toujours croissante par une population aussi toujours croissante. » (Smith, 1979 [1776], vol. I, p. 98).

peuvent seules rendre cette égalité réelle » (Condorcet, 1847 [1791], t. VII, p. 192). Toutefois poursuit Condorcet, pour que ces processus d'émancipation se réalisent, ils doivent se fonder sur la dynamique des mécanismes productifs et pas représenter des éléments supplémentaires imposés de l'extérieur (par l'État). D'autre part, ajoute-t-il, sans ce rapport positif et nécessaire entre niveau d'instruction et transformation des systèmes productifs, même la possibilité d'une croissance économique durable serait remise en cause. En effet, « l'ouvrier ignorant ne produit que des ouvrages défectueux », et seul un niveau d'instruction élevé est en mesure de « porter une sorte de perfection dans les productions des arts, même les plus communs », consentant le plein déploiement des effets positifs de la concurrence (*ibid.*, p. 176). Ainsi, contrairement à la résignation de Smith qui estime que l'« engourdissement des... facultés » créé par la division du travail est une condition où l'ouvrier « doit tomber nécessairement, à moins que le gouvernement ne prenne des précautions pour prévenir ce mal » (Smith, 1979 [1776], vol. II, p. 782), Condorcet envisage un circuit vertueux entre spécialisation, augmentation de l'instruction, croissance de la richesse matérielle et développement de l'homme.

On retrouve le plein accord entre Condorcet et Smith sur la question du traitement du commerce extérieur et de l'analyse des avantages que ce dernier assure à la croissance économique d'un pays. En effet, Condorcet – après avoir affronté le thème de la liberté de commerce du blé à l'intérieur du pays – s'arrêtera aussi, en accord avec Turgot, sur l'importance du commerce international : « en appelant les secours de l'étranger dans les années malheureuses », la France pourra bénéficier ultérieurement de la liberté de commerce et échapper aux conséquences négatives causées par les saisons de pauvres récoltes.

Dans son écrit sur l'*Influence de la révolution d'Amérique sur l'Europe*, Condorcet revient sur ce thème, se penchant sur les avantages « que la révolution d'Amérique peut faire par le commerce à l'Europe et à la France en particulier[26] ». Parmi les bénéfices qu'une nation peut tirer du commerce avec l'étranger, les suivants méritent d'être rappelés :

– un pays peut s'assurer, à travers l'importation, les denrées qui résultent insuffisantes et, où cela est possible, les obtenir à un prix

26 *Cf.* chapitre IV, intitulé ainsi.

inférieur à celui présent sur le marché intérieur à ce moment donné (Condorcet, 1847 [1786], t. VIII, p. 31) ;

- un flux majeur de marchandises encourage aussi bien les agriculteurs que les artisans à produire davantage : « l'industrie et l'activité des manufacturiers [...] ne peuvent s'accroître sans influer sur la quantité du produit net des terres, et par conséquent sur la richesse réelle » (*ibid.*, p. 31-32) ;
- il s'ensuit qu'un peuple avec une faible quantité de terres pourra malgré tout accroitre sa propre richesse réelle en exportant ses propres produits artisanaux et industriels dans d'autres pays et « recevant [...] pour prix de son travail ou de ses spéculations de commerce, une portion du revenu territorial d'une autre nation » (*ibid.*, p. 32) ;
- chaque nation arrivera de manière naturelle à se spécialiser dans la culture ou dans la fabrication des produits pour lesquels elle montre avoir un niveau majeur de productivité (*ibid.*, p. 34).

Comme on le voit, Condorcet, bien qu'emphatisant le rôle de l'agriculture dans le commerce extérieur, ne sous-évalue pas l'apport de l'industrie, qu'Adam Smith prend comme point de départ dans son quatrième livre de la *WN*, *Of Systems of Political Œconomy*. Ainsi, l'un et l'autre considèrent nécessaire le concours de tous les secteurs productifs aux fins du développement d'une orientation économique « progressive », en mesure de produire un accroissement de la richesse fonctionnelle au développement national. Tous deux insistent sur le fait que pour atteindre de tels résultats, il est nécessaire de se débarrasser des logiques protectionnistes qui ont caractérisé les vieux systèmes économiques et qui sont encore reproposés à leur époque :

> La différence de la marche progressive de l'opulence dans des âges et chez des peuples différents a donné naissance à deux systèmes différents d'économie politique sur les moyens d'enrichir le peuple. On peut nommer l'un *Système mercantile*, et l'autre *Système de l'Agriculture*. (Smith, 1979 [1776], vol. I, p. 138)

Le commerce extérieur est un remède efficace contre l'étroitesse du marché intérieur qui empêcherait la division du travail de l'artisanat d'atteindre le plus haut degré de perfection : « En ouvrant un marché plus étendu pour tout le produit du travail qui excède la consommation intérieure, il encourage la société à perfectionner le travail, à en augmenter la puissance productive, à en grossir le produit annuel, et à multiplier par-là les richesses et le revenu national » (*ibid.*, p. 447). Il n'en demeure pas moins que, qui a du capital à investir préfère le faire pas trop loin, dans son propre pays, dont il connait mieux les usages et les lois en mesure de garantir son investissement[27]. Ce faisant, il offre une occupation et un revenu à un nombre d'habitants de sa propre nation majeure de ce qu'il ferait en investissant son capital dans d'autres pays. Dans un tel contexte, dans le but probablement de démontrer que – dans des conditions normales – l'entrepreneur privilégie le choix le plus avantageux et moins risqué pour lui, répondant aussi aux exigences de caractère général, Smith introduit la célèbre métaphore de la « main invisible[28] » :

> En préférant le succès de l'industrie nationale à celui de l'industrie étrangère, il ne pense qu'à se donner personnellement une plus grande sûreté ; et en dirigeant cette industrie de manière à ce que son produit ait le plus de valeur possible, il ne pense qu'à son propre gain ; en cela, comme dans beaucoup d'autres cas, il est conduit par une *main invisible* à remplir une fin qui n'entre nullement dans ses intentions ; et ce n'est pas toujours ce qu'il y a de plus mal pour la société, que cette fin n'entre pour rien dans ses intentions. Tout en ne cherchant que son intérêt personnel, il travaille souvent d'une manière bien plus efficace pour l'intérêt de la société, que s'il avait réellement pour but d'y travailler. (*ibid.*, p. 456 ; italiques ajoutés par nous)

27 À ce propos, voir ce que J. S. Mill écrit dans le chapitre IV du livre IV de son *Principles of Political Economy*, lorsque, à propos des « tendances des profits vers un minimum », il souligne que les entrepreneurs préfèrent investir dans des conditions sûres, même quand cela peut entraîner un faible niveau de profit : « diminution du risque » et prudence justifient des investissements à l'intérieur du pays, même si des investissements extérieurs et dans des milieux plus risqués pourraient leur garantir des profits beaucoup plus élevés (Mill, 1962 [1848], p. 695).

28 Notons que Smith emploie la métaphore de la "invisible hand" trois fois en tout (dans la *WN*, Smith, 1979 [1776], p. 456 ; dans la *TMS*, Smith, 1976 [1759], p. 184 ; dans les *Essays on Philosophical Subjects*, Smith 1980 [1795], p. 49), deux fois seulement dans le sens économique. À ce propos, Clark emphatise le rapport entre cette métaphore et la théologie naturelle du penseur écossais. Voir notamment, Clark, 1988, p. 69-72. Pour une réflexion générale sur main invisible et ordre naturel, voir Fiori, 2001, p. 119-129. Sur cet aspect, voir aussi Skousen, 2007, p. 21-23. Pour une critique de caractère général des « habituelles interprétations libérales » de la pensée politico-économique de Smith, fondée sur une excessive mise en évidence du rôle de la main invisible, nous renvoyons à Winch, 1978, notamment p. 80 *sqq.* et Winch, 1991, p. 3-27. En ce qui concerne le rôle de la métaphore de la main invisible dans la *WN*, *cf.* Fiori, 2001, p. 70-92 et Roncaglia, 2005.

Ici, le double niveau de la réflexion de Smith sur le libre-échange est tout à fait compréhensible. Il nie de manière catégorique l'utilité d'un monopole intérieur, puisque cela signifierait « en quelque sorte diriger les particuliers dans la route qu'ils ont à tenir pour l'emploi de leurs capitaux ». Et cette « règle de conduite » serait « presque toujours inutile ou nuisible ». D'un autre côté, il ne sous-évalue pas le fait que, dans des conditions normales, les dynamiques du libre-échange justement montrent la préférence des entrepreneurs à investir leurs capitaux en productions intérieures, puisque cela les expose à des risques mineurs, leur garantissant en même temps le niveau de profits désiré et la croissance économique nationale (*ibid.*, p. 456).

Cette attitude est transposée aussi au niveau du commerce international, dès lors que ce qui vaut pour le marché « dans la conduite de chaque famille en particulier, ne peut guère être folie dans celle d'un grand empire » (Smith 1979 [1776], vol. I, p. 457). Dans ce cas aussi, l'exécution des transactions devra porter à un *avantage absolu* (*ibid.*, p. 456) :

> Si un pays étranger peut nous fournir une marchandise à meilleur marché que nous ne sommes en état de l'établir nous-mêmes, il vaut bien mieux que nous la lui achetions avec quelque partie du produit de notre propre industrie, employée dans le genre dans lequel nous avons quelque avantage. [...] Certainement, elle n'est pas employée à son plus grand avantage quand elle est dirigée ainsi vers un objet qu'elle pourrait acheter à meilleur compte qu'elle ne pourra le fabriquer. Certainement, la valeur de son produit annuel est plus ou moins diminuée quand on la détourne de produire des marchandises qui auraient plus de valeur que celle qu'on lui prescrit de produire. D'après la supposition qu'on vient de faire, cette marchandise pourrait s'acheter de l'étranger à meilleur marché qu'on ne pourrait la fabriquer dans le pays ; par conséquent, on aurait pu l'acheter avec une partie seulement des marchandises, ou ce qui revient au même, avec une partie seulement du prix des marchandises qu'aurait produites l'industrie nationale, à l'aide du même capital, si on l'eût laissée suivre sa pente naturelle. (*ibid.*, p. 457)

Il s'agit là d'une approche que nous retrouvons chez Condorcet, selon lui « naturellement... chaque pays arrive plus promptement à ne cultiver, à ne fabriquer que ce qu'il peut cultiver ou fabriquer avec le plus d'avantage » (Condorcet, 1847 [1786], t. VIII, p. 34). Or, poursuit Condorcet, si les citoyens français ne se rendent pas compte des bénéfices qu'ils pourraient tirer du libre-échange, et au contraire le craignent, il est évident que cela n'a rien à voir avec les exigences du développement de la richesse nationale et avec celles du progrès social. On ne peut attribuer une telle méfiance qu'à des distorsions produites par les représentants du peuple, censés avoir la tâche « d'instruire les citoyens par la raison » et le devoir « de les éclairer », les libérant des inquiétudes produites par des « préjuges isolés de quelques hommes » (Condorcet, 1847 [1792b], t. X, p. 359-360). L'objectif implicite dans tous les écrits de Condorcet réapparait, à savoir la « diffusion des lumières » parmi les gens ordinaires, comme instrument primaire de destruction des préjudices, pour favoriser l'adoption de comportement appropriés à un développement harmonieux et équitable de la vie économique et sociale.

SUR LES IMPÔTS

Nous avons déjà fait allusion aux interprétations qui concernent la présumée conviction des mercantilistes selon laquelle l'enrichissement d'un pays dériverait d'une sorte de jeu à somme nulle où un État qui veut s'enrichir doit nécessairement le faire au détriment des autres concurrents[1] : le protectionnisme représente l'arme principale dans la poursuite de cet objectif, à laquelle s'ajoute « l'augmentation des forces armées et la mobilisation de ressources à des fins militaires » (Rich-Wilson, 1978, p. 664). Les spécialistes ont longtemps débattu sur le rôle plus ou moins actif des mercantilistes français dans la promotion du développement économique ; il semble évident que Colbert a su garantir à son pays de maintenir « une armée et une flotte plus grandes que celles de tout autre État contemporain, mais aussi de garder l'Europe, et donc le monde, sous la menace de la domination française ». Ses ambitions

1 Pour d'autres interprétations, *cf.* Hirschman, 1979 [1977] et Perrotta, 1988. « La littérature sur la théorie mercantiliste a porté à croire que la pensée économique avant Hume et Adam Smith, considérait le commerce comme un jeu à somme nulle dans lequel le pays ayant un excédent des exportations sur les importations enregistrait un gain et celui qui se trouvait dans la position inverse une perte égale. Mais qui ne se limite pas à une discussion sur la balance commerciale et observe l'ensemble des considérations sur le commerce et les échanges formulées dans les écrits du XVIIe et du XVIIIe arrivera au contraire à la conclusion que *tous* s'attendaient à ce que des effets bénéfiques importants et généralisés découlent de l'exportation des commerces » (Hirschman, 1979 [1977], p. 44). « Les mercantilistes pensaient, dit Blaug, que les intérêts des nations étaient antagonistes [...] ils auraient donc une conception statique de l'activité économique comme jeu à somme nulle [...]. Cette interprétation est tellement extensive et "trompeuse" qu'elle en résulte pour le moins arbitraire. Elle est tout d'abord réfutée par les théories présmithiennes quant à la production de la richesse et au surplus. De plus, l'idée sur laquelle elle se fonde (que le gain d'un pays est la perte d'un autre) n'est guère présente dans la littérature économique avant Smith [...]. En fait, les historiens qui ont cherché à attester la présence de cette thèse dans la littérature présmithienne n'ont pas été en mesure de fournir suffisamment de preuves documentaires. Cette conviction semble appartenir surtout à l'opinion commune, d'une part comme résidu de la culture prémercantiliste, de l'autre comme suggestion dictée par l'expérience commerciale de l'époque » (Perrotta, 1988, p. 73-74).

impérialistes ont toutefois produit des effets négatifs sur la croissance économique et sur le développement du commerce international, portant « à de considérables destructions de richesse ». On assiste ainsi, durant le colbertisme, à une réduction significative du niveau des échanges internationaux de l'économie française, et on constate que « l'agriculture s'est gravement affaiblie » (*ibid.*, p. 663-664). Colbert n'accorde aucune attention au secteur agricole puisqu'il considère toute intervention favorable au développement de l'agriculture une cause perdue. Les physiocrates, comme on le sait, manifestent une position opposée. Ils évaluent les effets négatifs de la politique économique de Colbert, en indiquant justement le développement de l'agriculture comme fondement de la richesse nationale et de son accroissement. De ce fait, l'emphase sur la valorisation de l'agriculture comme unique source du *surplus* porte les physiocrates à définir une politique économique radicalement opposée à celle de Colbert. Si le secteur primaire représente la source de la richesse nationale, sachant que le monde extra rural ne fait que transférer de la richesse à des particuliers sans contribuer à la multiplier (tout en utilisant, en partie, les produits agricoles)[2], il est évident qu'il faut partir de là pour envisager une solide croissance économique pour la France[3]. Bien sûr, un nouveau modèle de politique économique ne peut faire abstraction d'une analyse détaillée des causes de la crise agricole française de la seconde moitié du XVIIIe. Sur cette question, comme on le sait, François Quesnay et les autres physiocrates se sont interrogés sans relâche.

Francesco Ferrara, revient sur ces passages fondamentaux de l'analyse de Quesnay et se référant plus précisément aux *Fermiers* (*Encyclopédie*, 1756), souligne :

> Après avoir longuement discuté [...] la question de la petite et de la grande culture, dont avant-hier encore, l'écho parvenait jusqu'à nous, Quesnay en arrive à considérer plusieurs causes de prospérité ou de décadence plus déterminantes

2 Romani, 1975, p. 459.

3 « Aussi bien les physiocrates appelaient-ils *"stériles"* les classe commerçantes. Rappelons à leur excuse que l'agriculture fournissait alors plus des trois quart du revenu national » (Piettre, 1966, p. 62). Il est utile de préciser que le commerce international (auquel les physiocrates sont favorables) concourt à la hausse du produit net, si on exporte les quantités de matière première en excès par rapport aux besoins nationaux ; il permet en outre d'accéder à des produits manufacturés nécessaires, bien que n'étant pas produit à l'intérieur (Romani, 1975, p. 461).

> et plus générales dans le travail de la campagne, et dans son élan s'attaque à deux piliers de la législation économique : la liberté dans le commerce, la modération dans les impôts. (Ferrara, 1955 [1850], p. 13)

Si la liberté de commerce favorise la réduction du prix des biens et l'amélioration de la productivité du travail à travers la concurrence, le thème de la modération des impôts devient déterminant pour trouver des capitaux qui puissent être investis dans le secteur primaire. Selon Quesnay, ce n'est qu'avec un programme d'investissements massifs dans le secteur agricole que l'on pouvait tenter de guérir la « société malade », souffrant d'un malaise économique généré par la non conversion dans le sens capitaliste du système agricole français. Une telle transformation supposait une profonde révision des structures foncières dans certaines zones du pays, qui les rende plus fonctionnelles à la modernisation technologique et productive. Dino Fiorot reconstruit le processus de parcellisation des grandes propriétés terriennes qui, selon les physiocrates, est en partie à l'origine de la crise qui touchait le pays dans cette phase historique :

> Dès les derniers siècles de l'empire Romain, dans une grande partie de la Gaule, la grande propriété avait commencé à disparaître. En effet, de nombreux colons, à qui on avait alloué les terres tributaires, avaient acquis sur ces dernières droit de propriété ; les terres des maîtres aussi, cultivées pour le compte du seigneur par les serviteurs ou à travers les "corvées" furent partagées et attribuées en fermage ou en métayage, ou cédées à des colons libres. Cela avait déterminé un considérable morcellement de la propriété qui, restée pratiquement inchangée jusqu'au XVIIIe siècle, se retrouvait entre les mains de petits propriétaires cultivateurs, petits métayers ou colons partiaires. (Fiorot, 1954, p. 12)

Le système agricole français, fragmenté de la sorte, n'était pas en mesure d'égaler la production de richesse que la grande propriété avait assurée jusqu'alors. Dans le nord de la France, ce système est encore caractérisé par les grandes propriétés des seigneurs, gérées par une classe de fermiers riches et entreprenants aux méthodes essentiellement capitalistes, et « consent la formation d'un *produit net* de loin supérieur à celui que l'on pouvait obtenir de n'importe quel autre genre de conduction ». Le système agricole du sud en revanche – caractérisé par la petite propriété paysanne, le métayage et des critères de travail, d'emploi et d'administration dépassés et improductifs – n'était pas à même d'en faire autant (Romani, 1975, p. 462)[4]. Comme le soulignait Quesnay, que « les terres employées à la culture des grains soient réunis, autant qu'il est possible, en grandes fermes exploitées par de riches laboureurs ; car il y a moins de dépense pour l'entretien et la réparation des bâtiments, et à proportion beaucoup moins de frais, et beaucoup plus de produit net dans les grandes entreprises d'agriculture, que dans les petites » (Daire, 1844, vol. II, p. 96-97)[5].

Selon Quesnay, un autre problème est à l'origine du « mal incurable » qui affligeait l'économie : l'insuffisance des capitaux. Les capitaux sont nécessaires non seulement pour construire et gérer les « grandes fermes », pour assurer du bétail de qualité à exploiter à bon escient dans les champs, et pour faire face aux imprévus auxquels est sujet le travail agricole, mais aussi et surtout pour entreprendre sa mécanisation. Une fois reconstituée une dimension d'exploitation en mesure d'optimiser les effets de la mécanisation, productivité du travail et surplus pourront croître. Ainsi, le progrès technique peut vraiment faire la différence entre petite et grande culture et peut permettre la production de denrées destinées non seulement à l'autoconsommation mais aussi à la vente sur le marché. Le modèle auquel pensent les physiocrates est le modèle anglais[6], où de grands fermiers, comme l'affirme Turgot dans une de ses contributions publiée dans les *Éphémérides*, est indiqué comme exemple à suivre par des auteurs comme Cantillon, Hume, Voltaire, Forbonnais. L'Angleterre n'est pas la seule[7], l'Écosse et la Suède aussi ont vu leur gouvernement engagé dans la création et la recomposition de fonds de grandes dimensions, afin de consentir une variété de culture

4 Sur ce point, *cf.* Fiorot, 1954, p. 19 ; voir aussi Napoleoni, 1977, p. 22.

5 Sur ce point, *cf.* Marx, 1954 [1862], p. 61-65.

6 « Or les campagnes étaient alors dans une situation difficile contre laquelle ils ont voulu réagir, suivant en cela l'exemple de l'Angleterre où l'agronomie était en plein essor » (Piettre, 1966, p. 62).

7 L'Angleterre est aussi à l'avant-garde par rapport à la France pour ce qui est de la libre exportation des grains : « Les Anglais, mieux instruits que nous sur les avantages du commerce étranger et sur les dépenses qu'exige la production des denrées commerçables, ne perdent point de vue les dépenses et le profit du cultivateur dans les arrangements de leur commerce » (Quesnay, 2005 [1757], p. 224). Se référant aux mesures prohibitionnistes et au monopole, dans son *Éloge de Gournay*, Turgot écrira que « toutes les personnes éclairées, soit en Hollande, soit en Angleterre, regardaient ces abus comme des restes de la barbarie gothique et de la faiblesse de tous les gouvernements, qui n'avaient ni connu l'importance du commerce, ni su défendre la liberté publique des invasions de l'esprit monopoleur et de l'intérêt particulier » (Turgot, 1913, p. 602).

qui assure la hausse des rendements et une « plus grande stabilité de revenu » (Fiorot, 1954, p. 20).

C'est justement la stabilité du revenu des propriétaires qui constitue la clé de voûte de la politique fiscale des physiocrates, associée à d'autres éléments que Luigi Cossa a défini comme « les bases du système » physiocratique : le *produit net*[8] (ou surplus). L'accroissement annuel de la richesse nationale est la quantité de richesse qui reste au fermier une fois soustraites au produit brut les dépenses pour la culture (y compris les gains des « producteurs », à savoir des « fermiers, métayers, salariés »). De celle-ci on obtient les ressources nécessaires pour rénover le capital, d'une part, et pour satisfaire les besoins de l'État, de l'autre (Cossa, 1892, p. 290). La hausse du produit net d'année en année est facilitée par la libre concurrence – elle aussi préconisée par l'école des physiocrates – car elle permet une réduction des dépenses soutenues par la classe productive. Puisque les physiocrates considèrent que la libre concurrence doit avoir comme « effet nécessaire… la réduction des salaires et des profits à un *minimum non imposable* », il va de soi que le prélèvement fiscal (pour satisfaire les besoins de l'État) ne peut que peser sur les revenus fonciers[9]. L'hypothèse finale avancée par les physiocrates est donc « la subrogation des multiples impôts par un impôt unique et direct sur le produit net, qui permettrait de diminuer les frais de perception et aussi de supprimer les complications d'onéreuses répercussions autrement inévitables » (*ibid.*, p. 291-292).

La proposition de Quesnay sur l'impôt unique est le résultat d'une élaboration graduelle. Dans l'article *Impôts* (1757-1758)[10], il pense encore

8 Quesnay nous donne la définition du produit net dans son article *Impôts* : « Les richesses annuelles qui constituent les revenus de la nation sont les produits qui, toutes dépenses reprises, forment les profits que l'on retire des biens-fonds » (Quesnay, 2005 [1757], p. 218).

9 En référence au raisonnement de Quesnay sur cette question, voir Cartelier, 1976, p. 70-77, notamment p. 71.

10 L'article *Impôts*, que Quesnay prépare pour l'*Encyclopédie* (1757-1758) tout comme *Fermiers* et *Grains* (1757), n'est pas publié. L'auteur préfère suspendre sa collaboration avec les *philosophes* à la suite de l'attentat contre Louis XV. Si, d'un côté, aux yeux du public « les économistes étaient les amis et les frères des philosophes » (Bachaumont, *Mémoires secrètes*, 27 mai 1776, cit. in Weulersse, 1950, p. 14), de l'autre Quesnay – médecin personnel de Mme de Pompadour – était très proche de l'entourage du roi. L'article, resté inédit jusqu'en 1908, est actuellement conservé aux « Archives de la Haute-Vienne ». Sur les informations concernant la rédaction des *Impôts*, voir G. Schelle 1908 et l'introduction actualisée de l'article de Théré, Loïc et Perrot, 2005, p. 213.

que les impôts peuvent être « établis sur les propriétaires, sur les marchands, sur les artisans » et qu'« ils ne seront point destructifs, pourvu qu'ils ne portent point sur les cultivateurs et les négociants » (Quesnay, 2005 [1757], p. 225). Commentant cette affirmation, Turgot dira que « M. Quesnay s'est corrigé ; il sait bien que l'impôt unique ne doit porter sur les marchands, ni sur les artisans, mais sur les propriétaires seuls » (*ibid.*, note de Turgot en marge du texte). Or, il est vrai que dans cet article, Quesnay n'a pas encore formulé l'idée de l'impôt unique, il est tout aussi vrai toutefois qu'il ne confond pas le revenu du propriétaire terrien avec le profit des exploitants agricoles et avec les salaires des ouvriers agricoles : « ce sont les frais et les profits des colons qui assurent la culture et les revenus. [...] ce n'est pas sur les richesses productives des colons qu'il faut asseoir les impôts, car ce serait détruire les moyens nécessaires à la production des richesses annuelles de la nation » (*ibid.*, p. 232). De plus, il reconnait qu'il est impossible d'imposer une taille proportionnelle sur tous les revenus qui proviennent du travail de la terre. Il ne faut pas oublier que les réflexions de Quesnay partent justement de la distinction entre l'agriculture de type capitaliste (*grande culture*) et l'agriculture arriérée (*petite culture*)[11]. Il considère donc que, pour la première, la « taille imposée à une somme convenable se trouve être à peu près égale à un tiers du revenu des propriétaires » (Quesnay 1888 [1757], p. 225), alors que pour la seconde « [la taille] serait juste... si elle était environ égal au quart du revenu » (*ibid.*, p. 226)[12]. La formalisation définitive de l'impôt unique nous est fournie par Quesnay dans la cinquième de ses *Maximes générales du gouvernement économique d'un royaume agricole* (1758)[13] :

11 Cette distinction, amplement traitée dans l'article *Fermiers*, est reprise dans les articles *Grains* e *Impôts*.

12 Walter A. Eltis reprochait à Quesnay une excessive simplification du fonctionnement du secteur agricole français dans son *Tableau économique* : il aurait « sous-évalué les effets négatifs de la chute des revenus agricoles sur la croissance ». La croissance annuelle prévue de cent pour cent aurait été garantie uniquement par la « *grande culture* qui dépend de l'existence de riches exploitants agricoles », alors que la *petite culture* – à laquelle on serait revenu à la suite d'une taxation excessive sur les investissements agricoles – aurait rapporté seulement trente pour cent (Eltis, 1975, p. 340). En réalité, comme nous l'avons vu, Quesnay ne néglige pas la différence entre les deux types de culture, au point de prévoir des pourcentages différents de taxation. Sur cet aspect de l'analyse de Quesnay, voir aussi Steiner, 1987, p. 1117-1118.

13 Quesnay reprend la question de l'impôt unique – même si pas toujours de manière directe – en diverses occasions : a) dans les notes au *Bref état des moyens pour la restauration de l'autorité*

> *Que l'impôt ne soit pas destructif, ou disproportionné à la masse du revenu de la nation ; que son augmentation suive l'augmentation du revenu ; qu'il soit établi immédiatement sur le produit net des biens-fonds*, et non sur le salaire des hommes, ni sur les denrées, où il multiplierait les frais de perception, préjudicierait au commerce et détruirait annuellement une partie des richesses de la nation. Qu'il ne se prenne pas non plus sur les richesses des fermiers des biens-fonds ; car les avances de l'agriculture d'un royaume doivent être envisagées comme un immeuble qu'il faut conserver précieusement pour la production de l'impôt, du revenu et de la subsistance de toutes les classes de citoyens : autrement l'impôt dégénère en spoliation et cause un dépérissement qui ruine promptement un État. (Quesnay 1846 [1758], p. 83)

Cette proposition fiscale – qui s'inspire de la conviction que « la rente nette de la terre est l'unique revenu net et que tout impôt, en dernière analyse, retombe quoi qu'il en soit sur elle[14] » –, associée à la norme du *laissez faire*[15], représente pour Quesnay le moyen d'éliminer dans la société française de son temps « toute sorte de privilège et… nombre de choses qui leur semblaient être des abus » (Schumpeter, 2005 [1954], vol. I, p. 277) : « L'impôt unique ne détruit pas seulement l'exemption fiscale des nobles et du clergé, mais aussi bien l'ensemble du système de privilèges dont bénéficiaient aussi nombre de bourgeois » (Steiner, 1987, p. 1121)[16] .

---

du Roi et de ses finances de Mirabeau, où il soutient l'abolition « de toute imposition sur le laboureur » (Weulersse, 1913, p. 193) et reconfirme que « l'impôt doit se tirer du revenu, et doit être payé par le propriétaire » (*ibid.*, p. 199) ; b) dans le *Second problème économique*, où il déplore le fait que – refusant l'idée de l'impôt unique sur la rente – « les propriétaires fonciers […] se sont attirés en outre les impositions indirectes dont les détériorations progressives, et inévitables, anéantissent leurs revenus, ceux du souverain, et les richesses de la nation » (Quesnay, 1888 [1767], p. 720) ; c) dans la *Philosophie rurale* où il reconnait les caractères négatifs « communs à tous les genres d'impositions indirectes, à la différence que celle dont il s'agit actuellement est la plus simple, la plus claire dans son produit, et moins dispendieuse dans sa perception » (Mirabeau-Quesnay, 1763, p. 265). Rappelons que la *Philosophie rurale* est le fruit d'« une collaboration très étroite » avec Mirabeau (Hecht, 2005, p. 1381).

14 L'instauration d'un impôt unique que doit payer le propriétaire a comme objectif d'abolir les autres impôts qui décourageaient l'initiative individuelle (Schumpeter, 2005 [1954], vol. I, p. 284). Si la rente de la terre est l'unique revenu net disponible dans la société, les autres revenus (salaires et profit) ne sont que des coûts qui, dans le premier cas sont nécessaires à reproduire la force-travail, dans le second à reconstruire le capital (*ibid.*, p. 287).

15 L'expression *laissez faire*, remarque Schumpeter, est peut-être trompeuse par rapport à la politique, tout autre que passive, que Quesnay suggère au gouvernement français, « puisque que ces abus ne pouvaient être éliminés sans une bonne dose d'"interférence" du gouvernement » (*ibid.*, p. 230).

16 Voir aussi Samuels, 1961, p. 107 et Napoleoni, 1977, p. 34.

À la lumière de ces considérations, la critique de Paul Harsin, selon qui – « exclusivement préoccupé d'établir le circuit du produit net et adoptant un mode d'exposition entièrement original, Quesnay ne s'attache pas à ce qui n'est qu'une des conséquences logiques de sa conception » – apparaît excessive. Il est certain en revanche, suite à sa collaboration avec Quesnay, que son disciple Mirabeau a produit « une *Théorie de l'impôt* vraiment détaillée et parfaitement conforme à l'orthodoxie nouvelle » (Harsin, 1958, p. 10).

Dans cet ouvrage, Mirabeau confirme que l'imposition fiscale doit frapper seulement le surplus produit dans le secteur agricole. On sait en effet qu'« imposer le travail, c'est débiliter les forces et ralentir l'action qui vivifie l'État. [...] On ne peut donc imposer le travail : il ne reste après que le produit. [...] L'imposition ne peut porter que sur le produit ; mais dans le produit encore, il faut discerner ce qui est travail, et ce qui est profit au-delà de la rétribution due au travail et de la restitution des frais, pour respecter l'immunité du premier, et tirer uniquement sur le second » (Mirabeau, 1760, p. 117-119).

Ainsi, pour Mirabeau également, il est nécessaire de procéder immédiatement à une réforme fiscale qui se fonde sur trois points : l'imposition doit être

1. « établie immédiatement à la source des revenus »
2. « dans une proportion connue et convenable avec ces même revenus »
3. « ne... point surchargée des frais de perception » (*ibid.*, p. 131).

L'auteur réaffirmera ses convictions quant à l'opportunité de l'impôt unique dans son *Supplément à la Théorie de l'impôt*, mémoire adressé au roi de Suède, en 1776.

TURGOT : L'ÉCONOMIE POLITIQUE ET LES RÉFORMES POSSIBLES

Animé d'un profond esprit réformateur, Turgot incarne l'espoir de réalisation politique du dessein des physiocrates[17]. Durant son mandat d'intendant à Limoges, il se soucie de visiter et d'observer de près les zones et les couches sociales les plus faibles du territoire qu'on lui a confié, pour en connaître à fond les problèmes et concevoir des propositions efficaces pour les résoudre. Les conditions de misère que doivent endurer les ouvriers des villes et les paysans des campagnes – harcelés par la corvée, « une des servitudes les plus cruelles, et un des impôts les plus onéreux auxquels un peuple puisse être condamné » (Condorcet, 1847 [1786], t. V, p. 34), par les dîmes et par des impositions en tout genre – le frappent profondément. Lorsqu'il est nommé contrôleur général des finances il ne perd pas de temps : « Les édits de réforme se succèdent coup sur coup [...] Turgot frappait sur tout : nobles, financiers, bourgeois, prêtres, gens de loi, monopoleurs » (Blanqui, 1860, p. 92). Son intention n'est pas de se débarrasser de la noblesse une fois pour toute, mais plutôt de changer le principe de fond de son existence. Dans ce cas-là aussi, le modèle est britannique, là où les titres nobiliaires ne sont accordés que pour deux raisons : pour l'association d'individus à des titres de propriétés de biens fonciers ou pour d'importants services rendus à l'État ; on n'y prévoit pas de « privilèges sociaux juridiquement garantis » (Rich-Wilson, 1978, p. 659). Que Turgot ait l'intention de procéder dans cette direction semble évident dès sa première lettre en qualité de ministre adressée au roi Louis XVI (14 août 1774) : « ne doit pas enrichir même ceux qu'elle aime, aux dépens de la subsistance de son peuple » (Condorcet, 1847 [1786], t. V, p. 56). Un peuple, qui est déjà dans la misère, doit être allégé au maximum de la pression fiscale à laquelle il est soumis. Les impératifs « point de banqueroute, point d'augmentation d'impôts, point d'emprunts » constituent la politique du nouveau ministre des finances (*ibid.*, p. 51). Au niveau théorique,

17 À ce propos Blanqui écrira : « le plus incontestable honneur qui revienne à Turgot, sera toujours d'avoir ouvert le champ des expériences aux premières théories qui aient été hardiment formulées en économie politique » (Blanqui, 1860, p. 105).

Turgot avait depuis longtemps déjà développé ses convictions en matière de réforme du régime fiscal français. En 1759, dans l'*Éloge de Gournay*, il se montrait tout à fait d'accord avec son approche, et soulignait que l'on ne peut ignorer qu'un système fiscal inefficace finit par représenter un grave obstacle au « progrès de l'industrie ». Par conséquent, il est essentiel de simplifier la fiscalité, en libérant le pays de « cette multitude de taxes que la nécessité de subvenir aux besoins de l'État a fait imposer sur tous les genres de travail » (Turgot, 1913-1923, t. I, [1759], p. 607-608). En outre, le grand nombre, l'hétérogénéité et, dans certains cas, le caractère injustifié des impôts déterminent une situation d'incertitude qui rend difficile d'exercer des activités économiques sur le marché ; il suffit de penser à « l'arbitraire de la taille, la multiplicité des droits sur chaque espèce de marchandises, la variété des tarifs, l'inégalité de ces droits dans le différentes provinces, les bureaux sans nombre établis aux frontières de ces provinces… » (*ibid.*, p. 608). S'y ajoute le fait qu'une telle quantité de taxes en tout genre rend leur perception problématique, longue et difficile, au point que les coûts de perception sont « quelquefois encore plus onéreu[x] que la taxe elle-même » (*ibid.*).

Inévitablement, les fermes intentions réformatrices de Turgot ne peuvent que susciter la préoccupation de tous ceux qui voyaient leur position de privilégiés menacée, provoquant une certaine hésitation de la part du souverain qui craignait de s'attirer les antipathies de qui vivait à la cour[18]. Turgot, toutefois, n'agit pas de façon draconienne. Au début de son mandat, conscient du fait que la priorité consistait à éviter une réduction drastique des entrées de l'État, et afin d'empêcher l'augmentation de la dette publique, il décide de maintenir inchangés tous les impôts jusqu'à ce qu'une adéquate base financière soit atteinte. « La finance est nécessaire, puisque l'État a besoin de revenus ; mais l'agriculture et le commerce sont, ou plutôt l'agriculture animée par le commerce est la source de ces revenus. Il ne faut donc pas que la finance nuise au commerce, puisqu'elle se nuirait à elle-même » (*ibid.*).

Il intervient cependant dès le début, sur les procédures de perception des impôts trop compliquées et onéreuses. Il prétend en outre que les

18 Turgot arrivera à vaincre les résistances timorées de Louis XVI et le poussera à supprimer les rentes non justifiées concédées par son prédécesseur à différents personnages, ses favorites entre autres (Mme de Pompadour d'abord, Mme Du Barry ensuite) et par son épouse Marie Antoinette, surnommée – non sans raison – *Madame Déficit* (Zweig, 2013, p. 182), qui dispensait à ses amis pensions, privilèges et bénéfices.

chefs de chaque département le consultent (en qualité de contrôleur général, c'est à lui d'évaluer l'effective nécessité d'octroyer des fonds) avant de demander tout financement au souverain (Gomel, 1892, p. 96-99). Dans la deuxième phase de son programme de réforme des finances publiques, Turgot se propose d'éliminer les impôts indirects qui pèsent « sur tous les genres d'industrie et que les embarras de la perception rendent quelquefois encore plus onéreuses » (Turgot, 1913-1923, t. I, [1759], p. 608) : il entreprend donc l'abolition de certaines taxes, réduisant les coûts de perception pour l'État. La première mesure[19] reprend à l'échelle nationale l'abolition des corvées, que Turgot avait mise en place dans le territoire de sa compétence, alors qu'il était intendant de Limoges[20]. Le ministre justifie cet acte en expliquant que le travail de construction des routes, bien qu'utile pour faciliter le commerce, ne doit pas soustraire la main d'œuvre au secteur agricole *source des richesses* (Delmas, 2009, p. 86) : « Les opérations de la culture sont si variées, si multipliées, qu'il n'est aucun temps entièrement sans emploi... Prendre leur temps sans les payer est un double impôt » (Turgot, 1913-1923, t. I, [1759], p. 608). Dans l'édit d'abolition des différentes sortes de corvées, « un ensemble de charges encore plus lourd » (Weulersse, 1950, p. 63), Turgot ajoute des « considérations d'ordre psychologique et professionnel » (*ibid.*, p. 65) :

> L'homme qui travaille par force et sans récompense travaille avec langueur et sans intérêt ; il fait, dans le même temps, moins d'ouvrage, et son ouvrage est plus mal fait. Les corvoyeurs, obligés souvent de faire 3 lieues ou davantage pour se rendre à l'atelier, autant pour retourner chez eux, perdent, sans fruit, une grande partie du temps exigé d'eux...Ainsi l'ouvrage coûte au peuple et à l'État, en journées d'hommes et de voitures, deux et souvent trois fois plus qu'il ne coûterait s'il s'exécutait à prix d'argent... (Turgot, 1966 [1776], t. II, p. 288)

19 Il s'agit d'un édit émis par Turgot en février 1776, annulé juste après sa destitution en mai de la même année.

20 Déjà en 1774, lorsque Turgot était ministre depuis un mois environ, Condorcet l'exhortait à intervenir au niveau national afin d'abolir l'odieuse taxe : « J'attends avec bien de l'impatience un édit ou arrêt sur les corvées. [...] Toutes les provinces attendent de vous le même bien que vous avez fait au Limousin » (Condorcet, 1849a [1774], t. I, p. 252 ; lettre du 23 septembre 1774). La question de l'abolition des corvées implique aussi, bien qu'au niveau local, Voltaire qui, se référant à cette mesure, écrit au conseiller d'État M. Fargès : « Nous attendons l'édit des corvées comme des forçats attendent la liberté » (lettre du 9 février 1776). En ce qui concerne l'engagement de Voltaire pour l'abolition des corvées dans le village de Gex, voir Weurlesse, 1950, p. 63-67.

L'édit de février 1776 n'est que l'un des six que propose Turgot, par lesquels il annonce, au-delà de l'abolition des *corvées*, celle des corporations, l'abattement de toute une série d'autres impôts, la libre circulation des grains, etc. Quand Turgot perd la faveur du roi et est destitué de son rôle de Contrôleur général des Finances (12 mai 1776), il a comblé le déficit que son prédécesseur avait laissé dans les caisses du règne et a ramené le budget en excédent. Malgré son « esprit de justice et d'humanité » et ses initiatives en faveur du libre-échange, qui s'étaient traduites par une hausse de la consommation et par des avantages significatifs pour le peuple (Condorcet, 1847, t. V, p. 93), Turgot est accusé d'avoir réduit les recettes de l'État justement en raison de la suppression des impôts. Évidemment, sa chute détermina l'échec du projet d'introduction « de l'*impôt unique*, à savoir un seul impôt sur le revenu foncier à la place de tous les impôts qui existaient jusqu'alors » (Marx, 1954 [1862], vol. I, p. 65). Le fait que ce point spécifique de son programme de réformes n'ait pas été réalisé est facile à comprendre, si l'on pense à l'hostilité qu'il suscitait chez les aristocrates français et à son impopularité auprès de certaines franges de la population : « les financiers et les privilégiés s'étaient unis aux intolérants, sans se coaliser ostensiblement, pour renverser le Contrôleur général » (Schelle, 1922, t. IV, p. 60).

LE DÉBAT SUR L'IMPÔT UNIQUE
Turgot, Voltaire, Morellet, Condorcet et Smith

Comme nous l'avons vu, le ministre Turgot est en quelque sorte l'exécutant de la théorie fiscale des physiocrates. Marx l'a défini « le ministre bourgeois radical [...] qui prépare la Révolution française » (Marx, 1954 [1862], vol. I, p. 54). Se fondant sur l'approche de Quesnay, il tenta de réduire toutes les taxes à une seule, qui ne frappe que le produit net dérivant chaque année de la terre[21]. Il motiva explicitement son adhésion à l'idée de Quesnay, en soulignant que « c'est... sur le *revenu*

21 Aux yeux de Turgot, affirme Condorcet, tout homme « qui croyant de bonne foi l'impôt territorial impraticable ou injuste, ne pouvait avoir de véritables lumières en administration » (Condorcet, 1847 [1786], t. V, p. 172 ; note 1).

que l'imposition doit porter, et non sur les capitaux » (Turgot, 1914 [1763], t. II, p. 301) et durant son mandat il tenta d'aller dans cette direction, transférant « tous les impôts sur le revenu foncier » (Marx, 1954 [1862], vol. II, p. 53)[22].

> Son plan était d'en consacrer une partie aux contributions et de laisser l'autre aux mains des propriétaires, distributeurs nés du salaire, selon la théorie de Quesnay. Mais les propriétaires s'effrayèrent justement d'une expérience qui attaquait leur revenu dans sa source et qui avilissait leurs propriétés, devenues le point de mire de toutes les taxes. (Blanqui, 1860, p. 100)

Blanqui adresse deux critiques à Turgot, l'une au niveau des contenus, l'autre au niveau des procédures opérationnelles. D'une part, il attribue à Turgot l'erreur de la doctrine physiocratique selon laquelle l'unique source de richesse serait le secteur agricole[23]. Il lui reproche d'autre part, la présomption d'appliquer trop précipitamment une théorie « aussi hasardeuse et aussi radicalement fausse, comme si l'exactitude en eût démontrée avec une rigueur mathématique » (*ibid.*). Aucune de ces deux évaluations critiques à l'égard de Turgot n'apparaît acceptable.

En premier lieu, nous avons déjà vu que, sur le plan analytique, Turgot considère que le secteur industriel aussi est productif. Il maintient en revanche, une approche spécifiquement physiocratique sur le plan des politiques économiques. Ce n'est pas par hasard qu'il poursuit l'idée d'un système fiscal simple et direct[24] qui ne touche que le revenu des propriétaires terriens, étant convaincu qu'il s'agit là du seul moyen de libérer des ressources utilisables en fonction d'un développement capitaliste plus soutenu. Il est évident, en tout cas, qu'il refuse la voie

22 Luigi Einaudi aussi est d'accord : « l'impôt ne doit pas se soucier de frapper tous les revenus. Ce n'est pas le revenu des citoyens, mais le surplus créé par l'État qui est l'objet propre de l'impôt » (Einaudi, 1941, p. 345). Sur cet aspect, *cf.* aussi p. 346.

23 « Quel était donc le produit net des autres industries ! Ici commencent les erreurs de ces hommes ingénieux, car à leurs yeux les autre industries étaient improductives et ne pouvaient rien ajouter, selon eux, ni à la masse des choses sur lesquelles elles s'exerçaient, ni au revenu général de la société » (Blanqui, 1860, p. 75).

24 La position de Turgot, contraire à un système fiscal trop complexe, est explicitement exprimée dans un passage de son *Éloge de Gournay* : « Le second genre d'obstacles aux progrès de l'industrie dont M. de Gournay pensait qu'il était essentiel de la délivrer au plus tôt, était cette multitude de taxes que la nécessité de subvenir aux besoins de l'État a fait imposer sur tous les genres de travail, et que les embarras de la perception rendent quelquefois encore plus onéreuses que la taxe elle-même… » (Turgot, 1913-1923 [1759], t. I, p. 608).

alternative qu'avait pratiquée Colbert, qui avait fait allusion surtout à l'État comme sujet actif dans la création de nouveaux capitaux[25]. La résistance de Turgot à une intervention excessive de la part de l'État est certainement due à son affinité avec Gournay. Le fait que, dans son *Éloge à Gournay* justement, Turgot indique quelles sont les tâches – précises et limitées – de l'État quant à l'activité économique d'un pays n'est pas fortuit :

> L'État ne peut s'intéresser au commerce que sous deux points de vue. Comme protecteur des particuliers qui le composent, il est intéressé à ce que personne ne puisse faire à un autre un tort considérable, et dont celui-ci ne puisse se garantir. Comme formant un corps politique obligé à se défendre contre les invasions extérieures, et à employer de grandes sommes dans des améliorations intérieures il est intéressé à ce que la masse des richesses de l'État, et des productions annuelles de la terre et de l'industrie, soit la plus grande qu'il est possible. (Turgot, 1913-1923 [1759], t. I, p. 602)

Une fois garantis ces deux principes généraux, que l'État reconnaît comme « les fins qui lui sont propres » (Finzi, 1978, p. XXXII), toute autre intervention spécifique de sa part, ne serait-ce que pour éviter des fraudes entre particuliers ou pour établir la quantité de biens à produire ou à importer/exporter chaque année, signifierait « sacrifier à une perfection chimérique tous les progrès de l'industrie » (Turgot, 1913-1923 [1759], t. I, p. 603-604).

Pour en revenir aux critiques de Blanqui, à propos du deuxième aspect, Turgot n'avait aucune intention d'agir avec « précipitation » : il était au contraire pleinement conscient que certaines opérations préliminaires étaient incontournables, comme la constitution d'un cadastre mis à jour par des assemblées provinciales (qui elles-aussi devaient être instituées), avant de passer à l'application effective de l'impôt unique[26]. La position de Condorcet aussi confirme cette circonspection, il fallait selon lui procéder de manière graduelle et attentive à l'instauration de l'impôt unique : il s'agit d'une opération complexe qui requiert la plus grande prudence, la constitution d'un cadastre[27] et l'estimation, dans

25 Sur cet aspect, voir Sombart : « souvent, en temps de faible formation de capitaux, seul l'État possédait les moyens suffisants pour lancer un grand projet » (Sombart, 1978, p. 243).

26 À propos de l'idée de Turgot que la réforme foncière et l'impôt unique sont nécessairement liés, voir Alimento, 2008a, p. 346 e p. 359-364.

27 Sur la proposition de Condorcet pour la formation d'un cadastre, voir aussi son *Essai sur la Constitution et les fonctions des Assemblées Provinciales* (1788).

chacun des cantons de l'État, des impôts indirects qu'il faut substituer et de leur montant (Condorcet-Beaumarchais, 1879 [1784], p. 321-322 ; note n. 3).

Les premiers impôts directs qu'il faut supprimer sont les plus onéreux pour le peuple, notamment à cause de leurs coûts de perception élevés (liés aux nombreux *financiers*)[28], les plus immoraux et les plus inégalement répartis. Leur suppression progressive aurait dû se produire en cinq phases, chacune ayant pour objet un certain nombre d'impôts indirects à regrouper selon la partition des coûts prévus pour le prélèvement fiscal[29]. En fait, « la pensée de la réalisation *immédiate* d'un tel projet n'entra jamais dans son esprit. [...] Turgot n'a pas révolutionné, avec la précipitation d'un *sectaire*, le système financier de son époque » (Daire, 1844, p. 72, note n. 1).

Plutôt que de nous arrêter sur les critiques à l'égard de la rapidité avec laquelle Turgot aurait agi pour tenter de réaliser un système fiscal simplifié, qui ne s'appuie que sur l'impôt unique, il nous semble intéressant de reprendre le débat qui anima la seconde moitié du XVIIIe quant à l'idée d'un « souverain copropriétaire du *produit net* de toutes les terres de sa domination », que Le Mercier de la Rivière introduit dans son œuvre principale : *L'ordre naturel et essentiel des sociétés politiques* (1767). Il y propose non seulement une justification économique, dans la mesure où l'impôt unique serait « la seule forme de recouvrement en mesure de ne pas compromettre le processus de reproduction sociale du revenu », mais aussi une motivation théorique, de manière à justifier « au même niveau que le droit, la prérogative de l'imposition de la part de l'autorité politique » (Di Rienzo, 1994, p. 353). L'intérêt du souverain

28 Quesnay avait déjà exprimé la même position, il « estimait que le coût pour percevoir ce genre d'impôts correspondait à la moitié des sommes payées aux percepteurs » (Eltis, 1975, p. 339).

29 On aurait ainsi converti progressivement en impôts directs la gabelle (ou taxe sur le sel) et les douanes internes ; les taxes sur la loterie royale et les entrées de biens dans la ville ; la taille et la capitation ; les droits sur les transferts de propriété (censés empêcher jusqu'alors le fractionnement des grandes propriétés infructueuses, en petites propriétés plus productives) ; les douanes aux frontières nationales et la taxe sur le tabac. Dans la phase successive, on réduira aussi les taxes sur les habitations, qui « ne rapportant aucun produit réel, ne doivent point payer d'impôts » (Condorcet-Beaumarchais, 1879 [1784], p. 325 ; note n. 1) et on éliminera totalement celles qui grèvent les biens immobiliers utilisés comme activités productives (les ateliers des artisans par exemple), de façon à ce que l'intervention de l'État n'entrave pas l'initiative des entrepreneurs.

pour la rentabilité maximale des terres dérive en effet de l'hypothèse de la copropriété : « c'est la terre qui paye la portion du Souverain » (La Rivière, 1910 [1767], p. 115). Comment pourrait-on prélever la portion qui revient au roi, sinon à travers l'impôt direct sur le produit net, c'est-à-dire l'impôt unique ?

Le volume que publie Le Mercier de la Rivière inspira *L'homme aux quarante écus* (1768), la critique de Voltaire exprimée – comme à son habitude – à travers un récit au ton sarcastique. L'auteur imagine un gouvernement composé de physiocrates et leurs programmes fiscaux transformés en édits. « Les nouveaux ministres disaient encore dans leur préambule qu'on ne doit taxer que les terres, parce que tout vient de la terre, jusqu'à la pluie, et que par conséquent il n'y a que les fruits de la terre qui doivent l'impôt » (Voltaire, 1879 [1768], p. 309). L'homme au quarante écus se plaint de devoir céder la moitié de son revenu foncier aux caisses du Souverain, copropriétaire de ses terres, alors que ceux qui se sont enrichis en commerçant des tissus (faits avec son chanvre), des étoffes (cousues avec sa laine) ou du blé (qu'ils revendent à un prix plus élevé) ne sont nullement frappés par les taxes[30]. Voltaire utilise le protagoniste de son récit pour manifester la principale critique que l'on adresse aux physiocrates. Son objectif est de « dénoncer l'aspect paradoxal d'une théorie qui, pour défendre l'agriculture, limite la charge fiscale aux seuls propriétaires des terres, en écartant de l'assiette de l'impôt les gains des manufacturiers, artisans, négociants et surtout les financiers[31] » (Delmas, 2009, p. 93). Ce que Voltaire semble ne pas avoir compris est que les physiocrates veulent créer les conditions pour une libre circulation des capitaux et une augmentation des investissements, concevant l'impôt unique comme instrument principal pour garantir de telles conditions.

En effet, Luigi Einaudi a commenté ce propos, où « avec quelques incertitudes dans la réflexion et beaucoup d'extravagance dans la forme,

---

30 Condorcet rétorque qu'en tout état de cause, ce ne serait pas aux artisans ou aux commerçants de payer les taxes, mais bien aux consommateurs finaux « qui achètent d'eux » ou leurs fournisseurs « qui leur vendent » (Condorcet-Beaumarchais, 1879 [1784], p. 319 ; note n. 1).

31 Quant au rôle réduit des percepteurs des taxes, nous pouvons citer aussi la note de Condorcet et de Beaumarchais : « Celle des financiers n'est qu'une plaisanterie, puisqu'il n'y aurait plus alors de financiers, mais seulement des hommes chargés, moyennant des appointements modiques, de recevoir les deniers publics » (*ibid.*).

les physiocrates ont jeté [...] les bases de la théorie pure de l'impôt » (Einaudi, 1941, p. 360). Dussard aussi semble d'accord sur cet aspect, tout en relevant la difficulté d'application de l'impôt unique, il souligne qu'« il n'y a rien dans les principes de la science économique, dans les principes purs et absolus, qui se révolte à l'idée de faire supporter à la terre tout le fardeau de l'impôt. Il y a plus, c'est que cet unique impôt serait, en le supposant établi, absolument à l'abri de tous les inconvénients qu'on lui suppose, et que l'équité s'en accommoderait sans peine » (Dussard, 1966 [1844], p. 2).

L'affaire de la polémique entre Voltaire et Le Mercier de la Rivière offre des pistes intéressantes. D'un côté elle suscite une question : pourquoi Turgot, une fois ministre, aurait-il proposé au roi de charger de la rédaction d'« un essai de l'impôt unique[32] », justement celui qui l'avait défini impôt *inique*[33] ? Il est vrai que plusieurs années se sont écoulées entre la publication du récit et le mandat de Turgot, des années où Voltaire aurait pu tout simplement changer d'avis. Mais il est probable aussi que le récit de 1768 n'ait été qu'une réaction irritée à l'*esprit de système* qui caractérisait les physiocrates[34]. C'est tout du moins ce que soutiennent Condorcet et Beaumarchais dans l'*Avertissement* à *L'homme aux quarante écus*, dans l'édition de Kehl qu'ils commentent ainsi : « C'est dans un moment d'humeur contre ces systèmes qu'il s'amusa à faire ce roman » (Condorcet-Beaumarchais, 1879 [1784], p. 305). Plus que de tenter d'expliquer les motivations d'un tel changement de la part de Voltaire, il nous semble utile – dans ce travail – d'examiner les remarques critiques qu'avance Condorcet pour rétorquer aux opinions du philosophe de Ferney, des opinions qui « ont pour objet des questions très importantes au bonheur public, et [qui sont destinées] à être

32 Voir Weurlesse, 1950, p. 67.

33 Pour Turgot, l'impôt unique n'est pas seulement le plus économique du point de vue des frais de recouvrement, mais il est aussi le plus juste : il n'est dû que par le « propriétaire des terres, parce que lui seul gagne un revenu net » (Turgot, 1914 [1763], t. II, p. 295).

34 Il faut toutefois rappeler que Voltaire s'était déjà exprimé en ces termes dans son *Dictionnaire philosophique*, dont la première édition remonte à 1764, sous la rubrique « Impôts » : « Plus un pays est riche, plus les impôts y font lourds. Des spéculateurs voudraient que l'impôt ne tombât que sur les productions de la campagne. Mais quoi ! J'aurai semé un champ de lin qui m'aura rapporté deux cents écus ; et un gros manufacturier aura gagné deux cents mille écus en faisant convertir mon lin en dentelles ; ce manufacturier ne payera rien, et ma terre payera tout, parce que tout vient de la terre ? » (Voltaire, 1785, t. 53, p. 44).

lu[es] par les hommes de tous les États dans l'Europe entière » (*ibid.*, p. 306-307). « L'impôt sur le produit des terres » est l'une des questions ayant la plus grande influence sur le bonheur des hommes : c'« est le plus utile à celui qui lève l'impôt, le moins onéreux à celui qui le paye, le seul juste parce qu'il est le seul où chacun paye à mesure de ce qu'il possède, de l'intérêt qu'il a au maintien de la société » (*ibid.*, p. 306)[35]. Animé, comme toujours, de son esprit relativiste, Condorcet n'attribue pas exclusivement la faute à ceux qui n'ont pas accepté l'instrument de l'impôt unique comme la seule solution pour arriver à un système fiscal à la fois équitable et rentable. Il considère que si les partisans de l'impôt unique avaient mieux expliqué les avantages de son application pour l'économie comme pour la société, les hommes éclairés qui le réfutent auraient été d'un autre avis[36]. D'autre part, si ces derniers l'avaient analysé de manière plus approfondie, ils n'auraient pu que partager l'idée de ceux qui le proposaient : « ils auraient senti que les impôts annuels, de quelque manière qu'ils soient imposés, sont levés sur le produit de la terre[37] ; qu'un impôt territorial ne diffère d'un autre parce qu'il est levé avec moins de frais » (*ibid.*).

Voltaire attribue notamment à Le Mercier de la Rivière, à tort, la prétention que tous les propriétaire terriens versent exactement la moitié de leur revenu dans les caisses du souverain, compte tenu de la condition de copropriété de tous les biens exercée par le pouvoir législatif et exécutif : ce que l'on prétend, rétorque Condorcet, est seulement « la portion nécessaire pour défendre l'État et le bien gouverner » (*ibid.*, p. 315 ; note n. 2). Or, la seule répartition juste qui réponde au critère de proportionnalité de l'impôt est celle qui correspond au produit net ; en recourant aux impôts indirects sur la consommation, on ne respecterait pas la

35 En ce qui concerne le partage des idées physiocratiques sur l'impôt unique, *cf.* Menudo-Rieucau, 2014, p. 662.

36 Voltaire jouit sans aucun doute de l'estime de Condorcet, à qui le lient des rapports personnels d'amitié. C'est un « éclairé », il semble pourtant ignorer la distinction que font physiocrates, à commencer par Quesnay, entre les petits propriétaires terriens et les grands propriétaires fonciers. Alors que le petit propriétaire terrien va jusqu'à être assimilé au secteur stérile, c'est sur le grand propriétaire foncier que l'on doit appliquer l'impôt unique.

37 On trouve des propos quasiment identiques dans *Vie de M. Turgot* : « il est démontré que sous quelque forme qu'un impôt soit établi, il se lève en entier sur la partie de la reproduction annuelle de la terre qui reste après qu'on en a retranché tout ce qui a été dépensé pour l'obtenir » (Condorcet, 1847 [1786], t. V, p. 124).

proportionnalité, garantie uniquement et exclusivement par l'impôt direct (impôt unique). D'ailleurs, si l'on considère que le prélèvement fiscal doit être annuel, la seule richesse produite suivant ce rythme est précisément le produit de la terre (Condorcet, 1847 [1786], t. V, p. 125).

Il est également utile de rappeler brièvement la position de Morellet quant à l'impôt unique. Il est fermement contraire à l'excessive prolifération et à l'hétérogénéité des impôts indirects et, en ce qui concerne l'adoption de l'impôt unique, il se range du côté de Turgot, critiquant durement ceux qui, au Parlement (1776) sapent les tentatives de réformes fiscale avancées par son illustre protecteur (Di Rienzo, 1994, p. 363).

Aux deux arguments de Necker relatifs à la nécessité d'adopter une variété d'impositions fiscales sur base territoriale et à sa critique contre l'impôt unique qui aurait créé une hausse des prix agricoles, Morellet répond ainsi : indépendamment des régimes adoptés, toute la charge fiscale de la nation est en fait payée par les propriétaires en leur qualité d'uniques producteurs de revenu. Ce débours augmente proportionnellement à l'irrationalité et à la prolifération des impôts indirects. À l'objection de Necker que l'impôt unique aurait déterminé une brusque augmentation des prix des produits agricoles avec des effets négatifs sur les salaires, Morellet répond en reprenant, avec quelques variantes, l'argumentation physiocratique classique selon laquelle, à moyen terme, le marché ramènerait à leur point d'équilibre le niveau des prix et la dynamique salariale (sur ce point, *cf.* Di Rienzo 1994, p. 366 *sqq.*)[38].

Outre-Manche, Smith ne participe pas directement à la diatribe française sur l'opportunité ou non de l'impôt unique ; toutefois, Condorcet – qui tout en considérant la *WN* un « ouvrage malheureusement encore trop peu connu en Europe pour le bonheur des peuples » – polémique avec lui sur ce point :

> …son jugement sur ce qu'il appelle le système agricultural, dans ses recherches sur l'impôt […] nous a paru n'avoir ni la même exactitude, ni la même précision qu'on admire dans le reste de son ouvrage. Nous attribuons encore à la même cause l'espèce de légèreté avec laquelle il traite soit les auteurs qu'il

38 Morellet a adopté cette position comme contestation générale d'un système fiscal trop compliqué et antiéconomique et par gratitude à l'égard de Turgot, preuve en est qu'en 1790, intervenant dans le débat législatif sur la réforme fiscale, il aboutira à un « volteface brusque et immotivée », en affirmant que l'impôt unique serait une véritable « spoliation » vis-à-vis des propriétaires fonciers et que ce décaissement plus élevé ne pourrait en aucun cas être rééquilibré par les dynamiques du marché (Di Rienzo, 1994, p. 378).

> désigne sous le nom d'Économistes Français, soit la question de l'établissement d'un Impôt unique, ce qui l'a entrainé dans quelques erreurs, et lui a fait commettre quelques injustices. (Condorcet, 1847[1786], t. V, p. 45 ; note n. 1)

Condorcet attribue la cause de la *légèreté* des analyses de Smith sur certains points au fait qu'il n'a pas fait appel à la « force irrésistible de la raison et de la vérité » (*ibid.*, p. 45). En fait, la vision smithienne des impôts diffère de celle des physiocrates pour deux types de raisons. D'un côté, ils définissent le *surplus* de manière différente : s'il est vrai qu'il constitue dans les deux cas la base d'imposition sur laquelle calculer l'impôt, il est vrai aussi que les *Économistes* d'une part, et Smith de l'autre, se réfèrent à deux dimensions distinctes. Les premiers l'identifient avec la production agricole en termes physiques[39], le second avec le travail cristallisé des marchandises. Sur ce point, l'explication de Napoleoni est intéressante :

> Smith ne nie pas, bien sûr, que la terre a la capacité d'une certaine production originelle, qui a lieu indépendamment de l'intervention du travail de l'homme, mais *en acceptant précisément la définition physiocratique de la productivité comme capacité à générer du produit net*, il affirme que cette capacité réside dans le travail et uniquement dans le travail ; il n'existe pas pour lui, de circonstances externes au travail et précédant le travail, auxquelles on puisse attribuer une quelconque productivité originelle, mais chacune des circonstances (la fertilité de la terre par exemple) à laquelle on doit reconnaître la capacité de contribuer au développement du produit net, ne peut apporter cette contribution que si soutenue par le travail. (Napoleoni, 1977, p. 54)

D'un autre côté, alors que les *Économistes* soutiennent que « tous les impôts [...] retombent en dernière analyse sur le revenu de la terre », Smith considère en revanche que les taxes peuvent être divisées entre celles « qui tombent en définitive sur le revenu de la terre » et celles qui « tombent sur quelque autre source de revenus » (Smith, 1979 [1776], vol. II, p. 675).

---

39 « Si, comme cela arrive aux physiocrates, on se limite à considérer seulement l'aspect physique de la production, et pas la production comme création de valeurs, alors l'activité productive menée hors de l'agriculture apparaît tout simplement comme la transformation de certains objets en d'autres objets, alors que l'activité productive agricole se présente comme un processus qui, partant de certains objets, donne lieu à la création d'une masse supérieure d'objets de la même espèce ; en conséquence, tout le surplus dont l'économie dispose est attribué à l'agriculture. » (Napoleoni, 1977, p. 25).

Condorcet et Smith sont en désaccord quant à l'impôt unique, un objectif que le premier poursuit et le second récuse ; on ne peut toutefois nier que l'un calque presque ponctuellement les affirmations de l'autre sur les principes qui devraient être à la base d'un système fiscal correct et efficace dans toute nation qui se déclare éclairée. Indépendamment des spécificités de chacune des taxes, dit Smith, le système d'imposition doit respecter quatre règles :

- chaque impôt doit être *proportionnel* au revenu des sujets, chacun contribuant à maintenir le gouvernement « en proportion de ses facultés » (*ibid.*, p. 825) ;
- il doit être *certain*, c'est-à-dire non arbitraire, dans le sens que « l'époque du paiement, le mode du paiement, la quantité à payer, tout cela doit être clair et précis, tant pour le contribuable qu'aux yeux de toute autre personne » (*ibid.*) ;
- il doit être *commode*, à savoir qu'il « doit être perçu à l'époque et selon le mode que l'on peut présumer les moins gênants pour le contribuable » (*ibid.*, 826) ;
- enfin, pour chaque impôt, la différence entre la somme prélevée sur le revenu des citoyens (qu'il s'agisse de rente, profit ou salaire) et la somme encaissée par l'État doit être minime (*ibid.*).

Pour vérifier la correspondance de la pensée de Condorcet il suffit de reporter, malgré sa longueur, le début de l'article *Des impôts*, extrait de l'*Essai sur la constitution et les fonctions des Assemblées Provinciales* :

> On peut définir l'impôt, une contribution payée par les membres de la société pour subvenir aux dépenses publiques. [...] l'impôt cesse d'être légitime, s'il excède les sommes nécessaires pour la défense de l'État, pour le maintien de la tranquillité et de la sûreté des citoyens, pour les travaux et les établissements réellement utiles à la prospérité commune. Il cesse d'être juste toutes les fois qu'il n'est pas réparti avec égalité, c'est-à-dire suivant une proportion conforme à la justice, et réglée par une loi générale, toutes les fois, enfin, que la forme sous laquelle il se perçoit entraîne la violation de quelques droits naturels de l'homme. De la première de ces conditions, résulte l'injustice rigoureuse de tout impôt qui, par sa nature, entraîne des frais de perception inutiles, puisqu'un tel impôt se trouve, par cette seule raison, au-dessus de ce qu'exigent les besoins réels, et que cet excédent est employé d'une manière dont il ne revient aucune utilité à ceux qui le payent (Condorcet, 1847 [1788], t. VIII, p. 278-279).

Ayant confronté les deux textes, on peut certainement convenir avec Caillaud, lorsqu'il affirme que « Condorcet a fort bien reconnu, avec Ad. Smith, les qualités nécessaires à l'impôt : 1) la justice, c'est-à-dire l'égalité, qui s'obtient en imposant chaque contribuable proportionnellement à ses facultés ; 2) la certitude ; 3) la commodité ; 4) l'économie » (Caillaud, 1970 [1908], p. 180).

INTERMÈDE
Le luxe, grand fléau ou source d'opulence ?

L'effort de Condorcet visant à l'abolition progressive des impôts indirects qu'il considère injustes d'une part, et coûteux de l'autre, inclut aussi l'élimination des impôts sur le luxe. Il peut être intéressant de s'arrêter sur ses réflexions à ce sujet, explicitées notamment dans son *Essai sur la Constitution et les fonctions des Assemblées Provinciales*[40]. Ces dernières, nullement isolées, s'insèrent dans un intense débat sur la question, dont les origines remontent au moins aux années à cheval sur le XVIIe et le XVIIIe[41].

Loin d'être examiné uniquement sous l'angle du système fiscal, le luxe est au centre des discussions qui animent le cercle des *philosophes*, il révèle toute sa nature – pour ainsi dire – systémique et en conséquence, explique le fait qu'il fasse l'objet de réflexions interdisciplinaires (non seulement économie politique, politique financière ou politique coloniale, comme il serait logique, mais aussi religion, psychologie, et surtout éthique). Le regard que les *philosophes* portent sur ce thème devient de plus en plus perspicace au fil des vingt années qui suivent la mort de Louis XIV, à la suite de laquelle la société française se retrouve impliquée dans une série de grands bouleversements. Parmi les événements les plus importants, la Guerre des sept ans (1756-1763) ainsi que la crise de l'empire colonial qui provoque l'immédiate contraction du marché

40 C'est à cet écrit de Condorcet que se réfère Georges Weulersse dans le chapitre consacré à l'« attaque et défense du système » physiocratique (Weulersse, 1985, p. 240-242).

41 Pour une précieuse reconstruction de la controverse autour du luxe, nous prenons ici comme guide Borghero, 1974 ; *cf.* aussi Alimento, 2008b, p. 222.

extérieur. Cette nouvelle donne contraint tous les systèmes productifs européens à chercher des consommateurs dans le marché intérieur, constatant les limites à l'expansion de la demande interne dues aux maigres ressources monétaires d'une grande partie de la population. La demande d'objets de luxe de la part des classes plus riches est la seule qui résiste encore, fournissant une sorte de confirmation empirique à la théorie de Mandeville plutôt qu'à celle des moralistes. Ces derniers en effet, ne manquent pas d'exhorter le souverain à décourager les habitudes et les styles de vie excessivement luxueux de la cour qui ont une double conséquence négative : d'une part ils concentrent une bonne partie de la richesse uniquement entre les mains des marchands des biens de luxe, de l'autre ils renforcent la corruption des coutumes de toute la nation. Sur des positions diamétralement opposées à celles des moralistes, les libertins voient d'un bon œil un phénomène, « l'amour pour les richesses », « qui finit par exercer une fonction sociale positive, à condition qu'il s'accompagne de prodigalité et remette ainsi en circulation l'argent soustrait » (Borghero, 1974, p. xv). Selon cette perspective, les intérêts de la société seraient affectés justement par le comportement de qui vit dans des conditions volontaires de frugalité et d'ascétisme, renvoyant la jouissance d'une vie fortunée à l'au-delà.

La *querelle*, encore une fois à son apogée, suite à la publication de *La fable des abeilles : ou, vices privés, avantages publics* de Mandeville[42], voit les membres du *parti philosophique*[43] se ranger sur des positions divergentes. On peut compter, par exemple, Voltaire (avec sa *Défense du Mondain ou l'Apologie du luxe*) et Montesquieu (avec l'*Esprit des lois*) parmi les partisans du luxe, surtout dans les États de grandes dimensions comme la France, et Rousseau (*Discours sur l'économie politique*) et Baudeau (*Principes de la science morale et politique sur le luxe et les lois somptuaires*) parmi ses détracteurs.

Rousseau était en particulier favorable aux lois somptuaires qu'il considérait comme le bon instrument pour s'opposer au luxe, manifestation évidente – comme il l'avait souligné aussi dans son *Discours sur*

42 Citant Istvan Hont, Antonella Alimento propose *La fable des abeilles* de Mandeville comme une critique explicite à l'organisation économique, « agrarienne et "frugale" », de la société promue par Fénelon (Alimento, 2008b, p. 223).

43 Déjà à l'entrée « Luxe » de l'*Encyclopédie* de Diderot et d'Alembert, on faisait allusion à la dualité des réactions, le pour et le contre, que le luxe sollicitait parmi les philosophes de tout temps (Diderot-d'Alembert, 1765, p. 763-771 ; spec. p. 764).

l'origine et les fondements de l'inégalité parmi les hommes (1755) – d'inégalités économiques significatives sous-tendant les inégalités de type politique (Alimento, 2008b, p. 235). Les arguments auxquels Rousseau et Baudeau ont recours pour justifier leur résistance à la diffusion du luxe, sont particulièrement intéressants, car ils ramènent la question au rôle primordial de l'agriculture dans la structure productive française. Souvent accusé d'aspirer au retour à une société primitive – pour ses projets de réforme économico-sociale où il propose une société formée de petits et moyens propriétaires, en mesure d'être autosuffisants grâce à l'activité agricole – Rousseau n'est en réalité nullement en opposition avec la tendance au développement de son temps, notamment avec les théories physiocratiques.

En effet, exception faite pour la guerre des sept ans, la France accroît sa production agricole au cours des quarante années qui vont de 1730 à 1770, permettant aux physiocrates de consolider leur « conviction que le revenu est la forme naturelle d'excédent » (Borghero, 1974, p. XXVII) et les poussant à condamner le « luxe de décoration » – comme Quesnay l'avait défini – « sur la base d'un raisonnement technique de nature économique, plutôt que partant de prémisses morales » (*ibid.*, p. XXIX). En effet, l'argent soustrait à la dépense des biens de luxe pourrait être exploité profitablement, si investi dans des infrastructures utiles non seulement à l'accroissement productif du secteur agricole, mais aussi dans des infrastructures qui favorisent la libre circulation des denrées. De la sorte, remarque Baudeau, on multiplierait les dépenses productives destinées aux investissements et on abattrait les dépenses improductives orientées vers la consommation des biens de luxe (Baudeau, 1912 [1767], p. 25).

La polémique sur le luxe n'a pas suscité seulement l'intérêt des intellectuels français qui, au contraire, ont été influencés par les considérations nées outre-manche sur ce thème spécifique[44]. Il suffit de penser aux *Discours politiques* de Hume de 1752, traduits en français l'année suivante, où le philosophe écossais soutient la nécessité que l'État s'abstienne d'intervenir dans le choix des particuliers, se limitant à ne pas en entraver leurs tendances « naturelles ». Production et consommation des biens de luxe sont pour Hume ce qu'ils sont pour Mandeville, étant donné qu'« ils

44 Les considérations de Smith quant aux impôts sur le luxe seront traitées dans les pages suivantes.

ne produisent pas seulement le bonheur des particuliers, mais aussi la prospérité publique » (Borghero, 1974, p. XXIX)[45]. La théorie de Hume est évaluée en France de manière ambivalente : rejetée pas Mirabeau dans *L'Ami des hommes* (1757) car contraire à la doctrine physiocratique, elle est en revanche accueillie positivement par « l'école commerciale » qui s'est organisée aux côtés de Gournay. Comme on s'en souviendra, « autour de Gournay [...] s'était réuni un groupe d'économistes... toujours attentifs aux événements économiques de l'Angleterre, toute proche et plus avancée, et sensibles aux théorisations provenant d'outre-manche » (*ibid.*, p. XXIX-XXX). De ce groupe fait partie, entre autres, Butel Dumont, auteur de la *Théorie du luxe* (1771)[46], qui souscrit à l'idée de Hume de garder l'État hors du domaine décisionnel des sujets : tout au plus, l'État – dans son rôle de législateur – peut encourager le travail, pourvu que les particuliers, titulaires *du droit de propriété* sur lequel se fonde la communauté, soient libres de jouir comme bon leur semble des fruits de leur activité. Ils sont donc libres de dépenser leur argent en biens de luxe (mieux si il s'agit de production intérieure) même si cette dépense devait se révéler nuisible pour eux. Une fois les taxes payées, le citoyen n'a pas d'autres obligations vis-à-vis de l'État.

Condorcet, lui aussi défenseur du droit de propriété, affronte la discussion sur le luxe en partant de la définition des *impôts volontaires*, à savoir les taxes payées uniquement par ceux qui veulent jouir de plaisirs particuliers, comme par exemple jouer à la loterie, ou de certains avantages liés aux objets sur lesquels pèsent ces taxes, comme par exemple les carrosses (Condorcet, 1847 [1788], t. VIII, p. 387-388). Sur la base de cette approche, se pose immédiatement le problème de la distinction entre les *impôts volontaires* et les *impôts forcés* : quel est le critère qui établit la limite entre les uns et les autres ? On pourrait cataloguer comme

45 Des *Discours politiques* de Hume, rappelons en particulier celui *Sur l'affinement des arts*, où l'auteur souhaite la possibilité d'éliminer un vice, même si en le substituant avec un autre, pourvu que ce dernier soit moins nuisible à la société dans son ensemble. Dans le cas du luxe, il est certainement préférable à l'« indolence » et à « l'oisiveté », tous deux délicats aussi bien pour les particuliers que pour la collectivité (Alimento, 2008b, p. 226).

46 Alimento souligne opportunément que Butel Dumont, dans les premières pages de son ouvrage sur le luxe, paraphrase l'*incipit* de l'article « Luxe » du *Dictionnaire philosophique* de Voltaire. En effet, Voltaire écrit : « On a déclamé contre le luxe depuis deux mille ans, en vers et en prose, et on l'a toujours aimé » (Voltaire, 1764, p. 256) et Butel Dumont réplique : « Dans la théorie l'opinion commune est contraire au Luxe ; dans la pratique tout le monde s'y livre » (Butel-Dumont, 1771, p. VIII).

volontaire – dit Condorcet – l'impôt sur la viande et sur le vin, car il est vrai que l'homme ne mourrait pas s'il n'en consommait pas, mais il est vrai aussi que, portant à l'extrême cet impôt, on ruinerait nombre de propriétaires et on priverait de nombreuses familles de ce qui leur semble nécessaire : « aussi, dans l'usage commun, quand on place un impôt parmi les impôts volontaires, c'est moins d'après le besoin plus ou moins réel de certaines consommations, que d'après le nombre plus ou moins grand de ceux qui en ont le goût ou la faculté de les payer » (*ibid.*, p. 388). Condillac par exemple, bien qu'ayant mis en relation la définition de luxe et le concept de *valeur* (fondé sur l'utilité ou l'usage effectif des choses) et bien qu'ayant fait la distinction entre *besoins naturels* (conséquence de la conformation physique de l'homme), et *besoins fictifs* (effet de ses habitudes) n'arrive pas à définir de comme biens de luxe ceux qui satisfont la seconde catégorie de besoins. Selon lui, peuvent être considérés comme tels les biens qui, de par leur nature, sont peu courants, c'est-à-dire disponibles pour une minorité, excluant de leur jouissance la majeure partie de la population d'un pays[47].

Étant donné qu'il est impossible de tracer une ligne qui distingue exactement ce qui est luxe et ce qui ne l'est pas, Condorcet parvient à la conclusion qu'un impôt sur le luxe doit grever nécessairement dans une mesure inégale les différents objets de luxe : « d'après quels principes de justice une autorité quelconque pourra-t-elle imposer mon luxe, et ne pas imposer le luxe de mon voisin ? Pourquoi payerai-je la commodité d'un carrosse, et qu'il ne payera pas celle d'un meuble précieux ? » (*ibid.*, p. 389). Même s'il était possible d'établir de manière univoque quels objets rentrent dans la catégorie de biens de luxe, les impôts invoqués par les citoyens (y compris aussi quelques éclairés) qui se disent inquiets pour le bien public, amis de l'humanité et protecteurs des faibles, seraient-ils vraiment utiles à contenir l'excessive et immorale diffusion du luxe ? Et du point de vue économique, pèseraient-ils

47 La dissertation de Condillac sur le rapport entre biens de luxe et commerce international est, elle aussi, intéressante. Il souligne qu'il est beaucoup plus facile de distinguer des choses luxueuses parmi les biens provenant des nations lointaines, plutôt que de celles qui nous sont proches, car les biens échangés entre pays limitrophes (ou proches) deviennent facilement d'usage commun entre eux. Pour un approfondissement *Du luxe*, voir le chapitre intitulé ainsi dans *Le commerce et le gouvernement, considérés relativement l'une à l'autre* de Condillac (ouvrage commencé en 1774 et interrompu en 1776, année de la chute de Turgot dont Condillac soutenait la politique réformatrice pour laquelle il s'était beaucoup dépensé).

vraiment sur les riches ? Pas selon Condorcet : il se peut qu'un nouvel impôt sur quelque bien de luxe en réduise la consommation parmi les riches, mais il touchera encore plus les revenus des pauvres (les ouvriers qui tirent de la production de ce bien de quoi se nourrir) que le plaisir des riches. En outre, les habitudes des hommes, surtout dans les milieux plus aisés, ne changent pas facilement. Il en résulte que les impôts sur le luxe aboutiront seulement à faire changer de forme les typologies de biens qui s'y rapportent, sans jamais les éliminer totalement : « ils rendront précaire l'existence des ouvriers qui se livrent à certains travaux ; ils remplaceront souvent un luxe qui, en favorisant l'industrie, est utile au pauvre par un luxe qui n'encourage rien, qui ne sert à personne, quelquefois par une distribution du superflu nuisible à la tranquillité publique ». En fait, le luxe résiste à l'attaque des impôts pour une seule raison : « l'inégalité des richesses » (*ibid.*, p. 391), dont l'existence implique nécessairement aussi celle du luxe. Or, rappelons que Condorcet – fidèle à Turgot et donc aux théories physiocratiques – poursuit l'institution d'un impôt unique sur la propriété terrienne, auquel parvenir en éliminant progressivement tous les impôts indirects sur la consommation, « fléaux de l'industrie et du commerce, source première de la misère et de l'avilissement du peuple » (Condorcet 1847 [1786], t. V, p. 85). Les impôts sur le luxe ne font pas exception, d'abord parce qu'il serait injuste de faire contribuer au bien public les citoyens plus aisés dans une mesure *plus que proportionnelle* à leur richesse, mais aussi – comme nous l'avons expliqué ci-dessus – ces impôts réduiraient de fructueuses activités dans certains secteurs de production.

En considérant le lien indissoluble entre inégalité et luxe, Condorcet est étrangement proche de la position de Necker, envers lequel il montre en général une forte aversion. Pour le banquier suisse, l'inégalité des conditions est tout à fait naturelle, tout comme le luxe, « effet naturel[48] de la loi de propriété, du travail et du temps » (Borghero, 1974, p. 202). Voyons en quoi ces trois éléments ont une incidence sur la diffusion du luxe :

– les inégalités entre les salariés au niveau de la subsistance et les propriétaires dont ces travailleurs dépendent sont naturelles et

48 L'adjectif « naturel » semble discordant référé à la « loi » qui reste un produit de l'homme. À plusieurs reprises Condorcet rappelle que les injustices ou les disfonctionnements que l'on enregistre dans un État sont le produit de la mauvaise administration des gouvernements.

toujours croissantes[49], le luxe finit ainsi par se révéler toujours plus voyant ;

- la richesse d'un pays augmente grâce au perfectionnement des arts mécaniques qui ont une influence positive sur la production aussi bien agricole qu'industrielle : « les moyens de luxe ont augmenté dans la mesure où on est parvenu à faire en un mois ce qui auparavant demandait le travail de toute une année » (*ibid.*, p. 205) ;
- le luxe s'est accumulé au fil du temps en raison de la durée de vie moyenne de ces biens, supérieure à celle de la vie humaine. Chaque génération hérite les biens de luxe de la précédente et en achète d'autres.

Heureusement, remarque Necker, l'aspect de l'hérédité est limité par la mutabilité des modes, qui induisent les riches à convoiter de nouveaux objets de luxe ou, tout du moins, à vouloir modifier ceux qu'ils possèdent déjà. La satisfaction de ce désir implique un investissement constant dans le travail salarié des ouvriers appelés à produire ou à modifier cette typologie de biens. Si les modes ne changeaient pas si rapidement, les riches emploieraient leur argent dans des dépenses totalement inutiles, comme le salaire d'un nombre toujours plus grand de valets dont le travail, loin de stimuler la production, serait tout à fait stérile.

Le discours de Necker ne peut que nous rappeler la distinction que Smith opérait entre travail productif, qui émet de la valeur dans la matière où il est appliqué (comme dans le cas des manufactures), et travail improductif qui n'ajoute aucune valeur (non seulement celui des domestiques, mais aussi celui du souverain, des médecins, religieux, avocats, artistes…)[50] (Smith, 1979 [1776], vol. I, p. 330). Il est inutile d'approfondir ici cette distinction ; nous entendons plutôt nous arrêter sur la pensée smithienne

---

49 Il vaut la peine de rappeler ici, même brièvement, les considérations de Turgot sur la relation qui existe entre développement économique et inégalité sociale : la différence de conditions entre les hommes a un sens et caractérise les peuples les plus vertueux et moraux, si elle est dictée par la classification des professions. Turgot veut dire par-là que l'inventeur d'un travail productif, qui anticipe les capitaux à investir et les salaires pour garder les travailleurs liés à lui par un contrat régulier, a le droit de se réserver « la meilleure partie […] moins de peine et plus de loisir » (Diaz, 1962, p. 29-30). Contrairement à Necker, Turgot justifie l'inégalité entre les entrepreneurs-capitalistes (non pas les propriétaires terriens) et les travailleurs dépendants, sur la base de la contribution que tous deux fournissent à la société en termes de productivité.

50 Sur le travail productif et improductif, voir Smith, 1979 [1776], vol. I, p. 330.

quant à la taxation des biens de luxe. On connait la classification de Smith concernant les marchandises pour la consommation, considérées comme des *choses nécessaires*, et celles que l'on peut définir des *marchandises de luxe.* Les premières n'incluent pas uniquement les produits indispensables à la vie, mais aussi les choses dont l'homme a besoin pour paraître décent aux yeux de la société, quelle que soit son extraction sociale. Les objets qui ne sont pas strictement nécessaires pour vivre, ni ne confèrent dignité à la vie des individus sont de luxe. Notons bien que, dans cette dernière définition, Smith n'implique aucun jugement de valeur et, comme il le dit lui-même, ne veut « jeter le moindre degré de blâme sur l'usage modéré qu'on peut en faire » (Smith, 1979, [1776] vol. II, p. 870). Cette précision est loin d'être évidente, si l'on pense à la désapprobation exprimée, de fait, par le gouvernement français à l'égard des fumeurs sur lesquels – comme le mentionne Condorcet dans son article sur *Monopole et monopoleur* (1775) pèse l'odieuse taxe sur le tabac :

> On a bien fait d'établir cet impôt, disent les gens raisonnables, il ne tombe que sur une chose dont on peut se passer. Ceux qui ne voudront pas le payer n'ont qu'à ne point prendre de tabac ; ils ne mourront point pour cela. Tant pis pour eux s'ils en ont pris l'habitude, et si la privation les rend malheureux ; le gouvernement n'est pas obligé de respecter nos fantaisies. Ce qui, en termes équivalents, signifie que, pourvu qu'on ne tue pas les hommes, et qu'on ne les fasse point mourir de faim, on a le droit de les rendre aussi malheureux qu'on veut. (Condorcet, 1847 [1775], t. XI, p. 39)

Les hommes pauvres, si actifs et sobres – relève Smith – seront poussés par les impôts sur les biens de luxe à s'en passer, ils garderont ainsi et probablement augmenteront leur capacité d'élever une famille nombreuse. Mais, que se passe-t-il sur le front des salaires ? Et sur qui retombent en dernier ressort les impôts sur le luxe ? Suivons Smith dans sa reconstruction. Les salaires sont partout régulés par deux facteurs : d'un côté la demande de travail, de l'autre, le prix moyen des marchandises indispensables à la vie. Étant donné que, dans la pensée des économistes classiques, comme on le sait, les salaires sont fixés pour le minimum vital, la hausse des prix moyens des biens de subsistance implique nécessairement la hausse du salaire. On en déduit qu'un impôt sur les biens nécessaires agirait de la même façon qu'un impôt direct sur les salaires, anticipé par les employeurs par le biais d'un salaire plus élevé. Le raisonnement conduit à la conclusion suivante :

> Si les classes supérieures et moyennes entendaient bien leur intérêt, elles devraient toujours s'opposer à tous impôts sur les choses nécessaires à la vie, tout comme aux impôts directs sur les salaires du travail. Le paiement définitif des uns, aussi bien que des autres, retombe en entier sur elles, et toujours avec une surcharge considérable. Il retombe avec plus de poids surtout sur le propriétaire, qui paie toujours doublement ou à deux différents titres : comme propriétaire, par la réduction de son revenu, et comme riche consommateur, par l'augmentation de sa dépense. (Smith, 1979 [1776], vol. II, p. 710)

De même : « Il faut toujours se rappeler… qu'il n'y a que la dépense de luxe des classes inférieures du peuple, et non celle de nécessité, qui doive être imposée. Tout impôt sur leur dépense nécessaire porterait tout entier en définitive sur les classes supérieures » (*ibid.*, p. 888).

Voyons donc, en quoi le discours est différent si on le rapporte aux impôts sur les biens de luxe. Ces taxes, bien que produisant l'augmentation des prix de ces marchandises, ne porteront pas à l'augmentation des salaires (ne rentrant pas dans le panier des biens-salaire), car les « pauvres sobres et actifs » que l'on vient de citer, qui élèvent des familles nombreuses, continueront à fournir une main-d'œuvre suffisante disposée à travailler pour le même niveau salarial. Le prix moyen des autres marchandises, à son tour, ne subira pas de hausse et les employeurs ne seront pas obligés d'augmenter les anticipations pour les travailleurs. Donc, en fin de compte, les taxes sur les biens de luxe retombent sur le consommateur, à savoir sur les trois types de revenus (salaire, profit et rente), sans exclusion aucune.

LES DERNIÈRES PROPOSITIONS DE CONDORCET CONCERNANT L'IMPOSITION FISCALE
Sur l'impôt personnel et *Sur l'impôt progressif*

Au début des années 1790, quinze ans après ses premières contributions sur les impôts – Condorcet montre encore un vif intérêt pour le problème et travaille avec ténacité à des solutions acceptables de la question fiscale dans la politique économique française. Dans ce paragraphe conclusif, nous prendrons en considération deux textes qui non seulement témoignent de sa détermination, mais qui sont particulièrement intéressants car ils semblent marquer un certain changement dans sa démarche.

Dans le premier des deux discours, *Sur l'impôt personnel*, sachant que l'impôt principal doit être celui sur la rente foncière, Condorcet propose un impôt personnel[51] dont il fixe les objectifs : « diminuer la masse de l'impôt qu'il eût fallu mettre sur les terres ; assujettir à l'impôt les autres espèces de revenus ; diminuer, pour les personnes peu riches, le fardeau d'une masse d'imposition qui est dans une proportion très-forte avec celle des revenus, en faisant porter plus que proportionnellement par les riches une partie de ces impositions » (Condorcet, 1847 [1790], t. XI, p. 473). Nous constatons déjà trois changements importants :

- pour la première fois, Condorcet semble contredire l'une des convictions de Turgot qui en 1763, considérait l'impôt « direct sur les personnes… un impôt sur l'exploitation » (Turgot, 1914 [1763], t. II, p. 296) ;
- il bouleverse l'idée sur laquelle se fonde tout le *Tableau économique* de Quesnay, à savoir la définition des artisans comme classe stérile et « suppose que le travail et le capital produisent également des richesses quel que soit le secteur de l'économie où ils s'appliquent » (Perrot, 1992, p. 366) ;
- il change d'avis par rapport à la proportionnalité des impôts sur les propriétés des classes sociales plus aisées : on se souviendra que Condorcet considérait « injuste de faire contribuer au bien public les citoyens plus riches en mesure *plus que proportionnelle* à leur richesse » (*cf. supra*, p. 99), alors qu'il propose maintenant de faire peser « *plus que proportionnellement* par les riches une partie de ces impositions ». Voyons comment, en suivant ses suggestions.

Pour pouvoir définir une base imposable à laquelle appliquer l'impôt personnel, il est nécessaire de procéder à une vérification préliminaire des richesses présentes dans le pays. Comme nous l'avons dit, Condorcet avait proposé, en accord avec Turgot, de procéder à la constitution d'un cadastre actualisé, non sans reconnaitre que « soumettre les fortunes à une sorte d'inquisition » peut faire percevoir l'impôt comme préjudiciable aux droits du citoyen. D'autre part, si l'on ne veut pas tomber

51 Cette proposition de Condorcet semble surprenante, surtout si l'on considère qu'il avait publié, dans la même année, le *Deuxième mémoire sur la fixation de l'impôt* (1790), où il restait absolument fidèle à la ligne fiscale tracée par Mirabeau (Perrot, 1992, p. 365).

dans le piège de l'arbitraire – que Smith aussi indique comme une caractéristique négative (et à éliminer), typique des systèmes fiscaux injustes – on ne peut que poursuivre un enregistrement précis des biens nationaux. Parmi les diverses bases d'imposition, Condorcet préfère (et propose) la valeur des logements déterminée en fonction d'une estimation de leur valeur ainsi que de leur loyer, s'assurant toutefois de prendre certaines précautions nécessaires. Il va de soi que la valeur des logements diffère selon qu'ils sont situés à la campagne ou en ville et qu'elle dépend, dans ce dernier cas, de la position des villes, de leur dimension, de la proximité ou non à la capitale (on déduit aisément que la valeur la plus élevée est attribuée aux logements parisiens). Le deuxième élément qu'il faut considérer est le nombre de personnes qui vivent dans un même logement : un ouvrier parisien qui vit avec sa mère, deux sœurs, une femme et de nombreux enfants, ne pourra que chercher un logement d'une certaine dimension et d'une certaine valeur. Cela ne fait pas de lui un homme riche, car la « plus grand valeur de son loyer, loin d'indiquer plus de facultés, peut au contraire indiquer une pauvreté plus grande » (Condorcet, 1847 [1790], t. XI, p. 475). La seule façon de remédier aux déformations qui pourraient dériver d'une estimation faussée, est d'assumer, comme base d'imposition fiscale, la valeur par personne du logement, celle du chef de famille dans ce cas spécifique. Condorcet anticipe d'éventuelles critiques à sa proposition d'utiliser les logements comme base imposable : si le logement était taxé, les personnes pourraient être tentées de se soustraire à une charge fiscale excessive, préférant les habitations plus petites et moins confortables. Cela est fort probable, admet Condorcet, mais on pourrait en dire autant à l'égard des impôts sur le luxe qui, réplique-t-il, ne seront jamais particulièrement productifs. Somme toutes, « le logement au-delà du besoin est… une des choses sur lesquelles il est le plus difficile de changer… les habitudes » (*ibid.*, p. 478). En deçà d'un certain plafond, on ne percevra aucun impôt, alors qu'au-delà on procédera à une subdivision en classes et en taux diversifiés. Mais « il faut n'avoir égard dans la classification qu'au logement personnel » (*ibid.*, p. 475), alors qu'ateliers et magasins sont soumis à un régime fiscal différent : on leur applique, indépendamment de leur superficie ou de leur position, le taux d'impôt le plus bas. La motivation, toujours la même pour Condorcet, est aisément prévisible : le système fiscal ne doit jamais décourager l'esprit d'initiative et les activités productives du pays[52].

Pour comprendre comment l'impôt pèsera de manière différente sur les diverses classes, il ne nous reste qu'à compléter le cadre du système fiscal que Condorcet envisage, tôt ou tard, de pouvoir réaliser. Le début de son discours *Sur l'impôt progressif* est consacré à la distinction entre impôt proportionnel, « qui augmente dans la même raison que la valeur imposée », et impôt progressif, « qui augmente plus qu'en proportion de la valeur imposée » (Condorcet 1847 [1793], t. XII, p. 625). L'impôt proportionnel est un impôt « sur les choses » qui reste inchangé en termes de taux. Il en résulte que « la variation du résultat de l'impôt dépend uniquement des dimensions de la base imposable » (Grosclaude-Marchessou, 2006, p. 15). Au contraire, l'impôt progressif est un impôt « sur les personnes » qui contribuent à la dépense publique dans une mesure variable, selon leur propre disponibilité. Condorcet l'imagine comme un ensemble d'impôts proportionnels, chacun étant appliqué avec un taux différent aux diverses tranches qui composent la base d'imposition (*ibid.*). La part de revenu de laquelle le contribuable soustrait le nécessaire pour sa subsistance et celle des autres membres de la famille, est exonérée ; « c'est donc sur l'excédent seul que l'impôt doit être placé » (Condorcet, 1847 [1793], t. XII, p. 628), sans oublier qu'il existe des limites que la nature même impose. Encore une fois, Condorcet pense à l'effet négatif que des impôts de caractère oppressif pourraient avoir sur l'initiative d'entreprise : si la taxation de la richesse est excessive, au lieu de l'investir ou de la dépenser en quelque bien qui rende nécessaire l'emploi de travailleurs pauvres, les plus fortunés seront tentés de la cacher ou, tout au plus de l'utiliser pour « éluder la loi » et corrompre « les mœurs publiques » (*ibid.*, p. 630). Des impôts de ce genre ne seraient nullement différents des lois somptuaires à propos desquelles Condorcet avait déjà exprimé tous ses doutes dans les années précédentes : « Il est bon, en effet, d'observer que ces fortunes cachées,

52 Turgot aussi avait examiné la possibilité de taxer les loyers des logements en ville, dans les notes en marge de l'article *Impôts* de Quesnay : les logements loués représentent un « produit net et gratuit pour le propriétaire », mais de nature différente par rapport à celui que produit la terre. L'impôt sur le logement, sera donc une « imposition indirecte », mais sans « les mêmes inconvénients que celles qui portent sur l'industrie et le commerce des denrées, et il y a de l'avantage du côté de l'uniformité et de la simplicité de l'imposition » (Quesnay, 2005 [1757], p. 216, notes de Turgot en marge du texte).

tenues en réserve pour satisfaire l'ambition et l'avarice, se perpétueraient plus longtemps que s'il avait été permis au luxe de les employer, à la fantaisie de les dissiper » (*ibid.*, p. 631). L'impôt progressif doit être régulé de manière à éviter qu'il induise les citoyens plus aisés à cacher leur propre richesse avec de fausses ventes, à considérer l'investissement en agriculture inutile ou à préférer l'emploi de leurs ressources hors du territoire français. Si cela se produisait, ce ne sont pas les riches qui en paieraient les conséquences, mais plutôt les familles des travailleurs à qui on soustrait la seule source de leurs entrées (le salaire), en échange d'une modique économie sur les impôts.

Nous voici donc parvenus à la conclusion de cette reconstruction historique avec laquelle nous avons voulu illustrer le projet du système fiscal conçu dans les milieux physiocratiques puis, de fait, adopté par Turgot et Condorcet comme modèle à réaliser. Nous ne pouvons éviter de nous arrêter sur ce qui apparaît comme le plus surprenant des changements dans les propositions fiscales de la part, justement, de Condorcet.

Dans ses deux derniers écrits sur la question des impôts, le mur porteur de tout l'édifice du système fiscal jusqu'alors soutenu disparaît : l'impôt unique. Comment l'expliquer ? Il est vrai que Condorcet se montre souvent plus ferme et intransigeant que le ministre Turgot et qu'il n'hésite pas à assumer des tons plutôt enflammés quand il s'agit de répliquer à qui critique ses idées ou s'oppose à ses propositions, mais il n'est pas ingénu et il perçoit les limites que le contexte historique pose à ses attentes, même celles qu'il considère comme les plus fondées. Restant fidèlement aux côtés de Turgot, Condorcet est témoin des difficultés qu'il a dû surmonter pour faire avancer son projet de réformes et se rend compte que le plus grand résultat qu'il ait réussi à obtenir est celui de l'abolition des corvées. Démanteler tout le système des privilèges nobiliaires est une autre affaire : « les physiocrates auront à déployer des trésors de persuasion pour les rassurer – ou se rassurer eux-mêmes – en tentant de démontrer : que les exemptions sont factices car elles génèrent la création d'impôts indirects que même les ordres privilégiés supportent ; que la suppression de la fiscalité indirecte compenserait donc largement la fin des exemptions d'impôts directs » (Delmas, 2009, p. 95).

Au postulat que les temps n'étaient pas suffisamment mûrs pour une telle opération, s'oppose l'hypothèse de Jean-Claude Perrot, selon qui

« l'économie française de l'époque révolutionnaire n'est plus celle que les physiocrates ont théorisés dans les années 1750 » (Perrot, 1992, p. 367).

Quelle que soit – entre les deux – la supposition la plus appropriée, il est indéniable que, pour des raisons purement techniques, « l'absurde chimère de l'impôt unique, destinée alors à séduire tant d'esprits » (Marion, 1910, p. 94) se révéla un instrument insuffisant à libérer des capitaux et à en accélérer l'accumulation, comme l'espérait Condorcet, afin de soutenir la croissance économique de la France de son temps.

> Les projets qui visaient à soulager les paysans du fardeau des impôts indirects en en transférant une partie aux nobles étaient destinés à échouer, malgré l'ardeur avec laquelle ils furent réalisés car, outre d'autres raisons, la noblesse représentait seulement 1-2 pour cent de la population et *aucun gouvernement européen* de l'époque n'était en mesure d'appliquer un système fiscal qui puise dans les biens des seigneurs terriens plus riches sans provoquer la banqueroute des plus pauvres[53]. (Rich-Wilson, vol. V, p. 709 ; italiques ajoutés par mes soins)

Soulignons-le bien : « aucun gouvernement européen » de l'époque ne pouvait espérer recourir avec succès à l'impôt unique comme instrument principal de l'imposition fiscale. Ainsi, Smith – que Condorcet désapprouve sur ce point dans *Vie de M. Turgot* – avait raison de ne pas prendre en considération cette possibilité pour l'Angleterre. Condorcet finit par l'admettre, comme en témoignent les propositions alternatives de ses dernières contributions sur la question (*Sur l'impôt personnel* et *Sur l'impôt progressif*), sans pour autant retirer expressément ses critiques à l'égard de l'économiste écossais.

L'échec, pour des motifs techniques et politiques, de la mise en place d'un système fiscal juste et peu onéreux en termes de coûts de perception n'amoindrit pas les efforts déployés par Turgot et Condorcet entre autres, pour expliquer et démontrer à quel point le grand nombre et la variété d'impôts dans la France de la fin du XVIIIe étaient inappropriés. Comme le souligne Charles Gomel dans un volume consacré aux *Les*

53 Cette reconstruction de l'École historique de Cambridge trouve appui dans l'analyse de Delmas : « l'impôt unique ne pouvait être établi dans l'immédiat au niveau correct du tiers du revenu, puisque les dépenses ordinaires de l'État atteignaient à l'époque le niveau même de ce produit net. Il fallait donc concevoir une période de transition où, par la voie des réformes frappées du sceau de la physiocratie, le revenu des biens-fonds aurait été porté à un niveau comparable à celui de la Grande-Bretagne » (Delmas, 2009, p. 95).

ministères de Turgot et de Necker (premier volume d'une œuvre en deux tomes, *Les causes financières de la Révolution française*), « si [l'impôt unique] ne fut pas et ne pouvait pas être tentée, les écrits qui en développaient les prétendus avantages eurent pour résultat d'habituer les esprits à trouver mauvais le système des impositions et à en désirer la modification » (Gomel, 1892, p. 24).

L'ESCLAVAGE AU « SIÈCLE DES LUMIÈRES »

La seconde moitié du XVIIIe siècle fut traversée par un vaste et intense débat sur l'institution de l'esclavage et son abolition. L'une des principales raisons de ce débat réside assurément dans la perception largement répandue que la persistance de l'esclavage allait à l'encontre des principes d'émancipation des hommes que poursuivait la philosophie des lumières. Toutefois, les préoccupations de politique économique ne furent pas sans incidence, émergeant des colonies, où l'esclavage était très courant dans la production agricole, mais naissant aussi de la réflexion sur les effets négatifs du travail des esclaves vis-à-vis de la promotion et de l'organisation de systèmes productifs plus efficaces. Enfin, ce débat faisait place aussi à des évaluations générales de caractère social, dans la mesure où le maintien de l'institution de l'esclavage comme son abolition ne pouvaient qu'avoir des effets significatifs sur l'ordre social. D'un côté, conserver une telle institution signifiait en effet garder un cadre juridique arriéré, qui apparaissait éloigné (sinon contraire aux) des exigences et des besoins d'une société moderne et en rapide transformation. De l'autre, l'abolition de l'esclavage, comportait toute une série de problèmes qui n'avaient jamais été pris en compte jusqu'alors, et qui concernaient une évaluation approfondie des effets déterminés par l'introduction dans la société d'un nombre important de sujets avec un nouveau statut social et un droit de citoyenneté à part entière.

Il fallait donc s'attendre à ce que cette multiplicité de préoccupations apparaisse au cours d'un débat auquel participent non seulement des philosophes, des moralistes, des économistes, mais aussi des fonctionnaires et des hommes d'État. Les premiers se penchent sur l'institution de l'esclavage, dans le but d'élaborer des catégories interprétatives du phénomène, fonctionnelles dans le cadre général de leurs théories sur le développement de nouveaux moyens de production et de systèmes de relations progressistes par rapport à l'ordre social précédent. Les seconds qui ont un rôle névralgique dans l'économie française de l'époque, étant affectés à la gestion de quelques-unes des plus importantes colonies françaises, semblent intéressés à un double titre :

- proposer des mesures de politique économique qui permettent une utilisation plus rationnelle de l'esclavage dans le but d'exploiter de manière rentable les typologies spécifiques des systèmes de production agricole présentes dans les colonies ;
- proposer des modifications de la gestion des colonies, afin d'atténuer l'exploitation des esclaves, ne pouvant explicitement prendre position en faveur de leur affranchissement.

Compte tenu de la complexité des thèmes liés à l'esclavage, il n'est pas surprenant de constater que, la réflexion des auteurs eux-mêmes – même lorsqu'il y a convergence vers l'abolition – assume des accents différents selon qu'elle part d'une perspective générale et à long terme (l'abolition de l'esclavage comme élément nécessaire pour construire un ordre social progressiste et équitable) ou d'une perspective économique ou sociale qui elle, tend à souligner les effets des mesures favorables à l'affranchissement des esclaves à court et moyen terme. En ce sens, les analyses d'auteurs comme Montesquieu, Voltaire, Turgot, Dupont de Nemours, Condorcet sont intéressantes ; ils interviennent à plusieurs reprises sur ces thèmes et enrichissent l'analyse avec des réflexions détaillées sur la nature et la genèse de l'esclavage, sur la situation des esclaves, sur les effets déstabilisants que l'institution de l'esclavage comporte pour une économie et une société modernes. Sur cette base, ils aboutissent à des hypothèses de solution qui – bien que ne coïncidant pas – sont animées d'un même esprit : celui d'éliminer une institution odieuse qui représente un obstacle au progrès social et à l'émancipation humaine.

On doit en outre signaler les réflexions de Le Mercier de La Rivière et de Pierre Poivre qui représentent une catégorie d'intellectuels appelés à examiner l'institution de l'esclavage dans la perspective d'une relance de l'économie des colonies, avec la hausse du quota destiné aux finances de la mère patrie. Le Mercier de La Rivière (Intendant de la Martinique), se trouvant dans cette position particulière, ne se montre pas très intéressé par le thème de l'abolition de l'esclavage. Il est convaincu qu'il est nécessaire de le maintenir avec une politique attentive et rationnelle, compte tenu notamment de la phase, imminente, où l'Afrique ne sera plus en mesure de fournir des esclaves. Selon lui, une optique d'optimisation de la gestion des colonies doit prévoir sur le plan productif une utilisation rationnelle des esclaves, les orientant dans le secteur agricole où leur contribution est essentielle. Au niveau fiscal, il proposera – comme nous le verrons – un système de taxation des esclaves (considérés uniquement comme instrument de production) basé non seulement sur le nombre d'esclaves utilisés mais aussi sur la rentabilité des secteurs productifs où ils sont employés.

La position de l'Intendant Pierre Poivre, affecté à la colonie de l'Île-de-France, est différente. En tant que physiocrate, il a la même formation que Le Mercier de La Rivière, néanmoins – tout en reconnaissant le rôle central du secteur agricole dans le système productif pour réaliser le produit net – il considère qu'une majeure productivité du secteur peut être garantie par l'utilisation du travail libre.

Quel que soit l'angle sous lequel on la considère, la question de l'esclavage recoupe tout d'abord le thème de la modernisation économique des systèmes productifs et la façon la plus appropriée de répondre aux défis de la dynamique de marché de l'économie capitaliste ; elle est d'autre part liée aussi à la discussion, vaste et variée, sur le rapport entre esclavage et construction d'une société progressiste qui se développa à l'époque des Lumières. À l'arrière-plan, demeure le thème de la sécurité et de l'ordre social, particulièrement ressenti dans une période de transformations rapides et profondes, qui remettent en cause des systèmes hiérarchiques archaïques et des rapports entre les classes dépassés.

ÉTHIQUE, RACE, RELIGION
Les thèmes du débat général sur les origines et la nature de l'esclavage

Le XVIIIe siècle, comme nous le rappelle Outram dans sa monographie sur *Les Lumières*, n'est pas seulement le siècle des Lumières au cours duquel l'Europe (la France, l'Angleterre, l'Écosse et l'Allemagne notamment) traverse une période de grande réflexion sur le progrès de l'homme, mais c'est aussi le siècle des explorations, de la découverte de terres lointaines et de la rencontre avec des sociétés caractérisées par des cultures très différentes de l'Européenne (Outram, 2006, p. 65). De retour de leurs longs voyages, les explorateurs ne rapportaient pas seulement des produits inconnus en Europe, mais ils revenaient avec des « idées, des images, des espoirs et des sentiments » qui alimenteraient longtemps l'imaginaire européen et feraient l'objet de débats animés sur les relations, idéales et réelles, entre l'Europe et le reste du monde. Il est intéressant, par exemple de rappeler l'idée – que Rousseau et Diderot partagent – que les Amérindiens sont prétendument plus heureux ; leur « naturalité » les préservant de la « civilisation [qui] inévitablement corrompt » puisque créatrice de « désirs non authentiques qui sont à l'origine de la recherche du luxe » (*ibid.*, p. 72)[1].

Le mythe du « bon sauvage », fondé sur l'idée que la nature représente le bien, alors que la société civilisée favorise la détérioration des coutumes, constitue un *leit-motiv* dans l'œuvre de Rousseau[2]. Partant de ce mythe, l'auteur rejette sur les européens la faute d'avoir réduit en esclavage les peuples sauvages, justement à travers le progrès. Selon lui, la nature préserve les « hommes qui n'ont besoin de rien » et qui « vont tout nus et… ne vivent que du produit de leur chasse ». On ne peut exercer sur eux aucune sorte de corruption, car ils disposent de tout ce dont ils ont besoin pour assouvir leurs propres besoins. En revanche, une fois qu'ils entrent en contact avec la civilisation, comme les « sauvages de l'Amérique », ils développent de nouveaux besoins et finissent par succomber à l'oppression politique des occidentaux (Rousseau, 1823 [1750], p. 8)[3].

Pour sa part, Diderot – très bien informé sur la politique coloniale, comme en témoigne sa collaboration avec l'abbé Raynal, qui rédigeait alors l'*Histoire des deux Indes* – participait à la diffusion du mythe du bon sauvage avec son *Supplément* au récit de Bougainville sur son *Voyage autour du monde*[4] qui rencontrait un vif succès. Le *Supplément* fournit à Diderot

1 Voir aussi Balmas, 1980, p. 248.

2 Vivarelli aussi s'est penché sur cet aspect dans son volume sur *Les caractères de l'âge contemporain* (*I caratteri dell'età contemporanea*) : « convaincu que la nature humaine de l'homme n'est pas en soi incline au mal, [Rousseau] considérait que si les êtres humains avaient donné autant de preuves de méchanceté, cela était dû aux artifices corrupteurs de la société » (Vivarelli, 2005, p. 232).

3 Sur le mythe du bon sauvage chez Rousseau, *cf*, Balmas, 1980, p. 252, et Cocchiara, 1948, notamment p. 18-21 ; Comparato, 2005, p. 154-155.

4 Le *Voyage autour du monde* est le récit de Louis-Antoine de Bougainville, capitaine de vaisseau de la Marine Royale qui, durant un de ses voyages de trois ans, s'était arrêté

l'occasion de s'exprimer de manière explicite contre les interventions colonisatrices des Européens[5], qui pensaient pouvoir appliquer aux terres du Nouveau Continent le même principe utilisé « dans les premiers âges du monde, avant qu'il se fût formé des sociétés civiles et policées », quand « tous les hommes en général avaient droit sur toutes les choses de la terre » (Raynal, 1820 [1770], t. VII, p. 74). Il suffisait donc d'arriver avant n'importe quelle puissance européenne pour pouvoir s'autoproclamer maîtres du territoire exploré. Face à une telle injustice, affirme Diderot, il n'y aurait rien de mal à ce que l'indigène se rebelle. Il sera justifié s'il chasse ou tue quiconque s'empare « de ses femmes, de ses enfants, de ses propriétés », attentant « à sa liberté civile, [...] ses opinions religieuses », lui imposant ses lois ou le réduisant à l'esclavage (Diderot in Raynal 1781 [1770], t. IX, p. 3)[6].

Un autre thème très débattu, qui apparait comme conséquence des nombreuses découvertes géographiques de l'époque, est le racisme. Les vives discussions sur ce thème ne portèrent pas à une vision unique, même de la part d'intellectuels partageant la même orientation culturelle. L'idée courante de la supériorité des hommes blancs par rapport aux noirs avait été étayée par divers arguments. Certains penseurs, faisant recours aux sources bibliques, avaient identifié les populations noires comme les descendants de Cam (frappé par la malédiction de son père Noé). Toutefois, comme « les esclaves étaient de plus en plus souvent baptisés » (Outram, 2006, p. 94), deux questions se posaient : la première concernait les croyants, car le baptême libérait du péché et rendait tous égaux devant Dieu et dans la société ; la seconde, concernait les non-croyants qui – légitimement – pouvaient ne pas accepter cette explication, étant donné qu'ils ne reconnaissaient pas l'autorité de la Bible.

L'approche de type anthropologique qui prévalait à cette époque est radicalement différente et tout autant critiquée : certains anatomistes prétendaient reconnaitre dans la structure du corps (crâne et squelette) et dans les aspects extérieurs (chevelure et couleur de la peau) les signes distinctifs des hommes destinés « naturellement » à une existence en

---

quelques jours (du 6 au 15 avril 1768) à Tahiti (Santucci, 1993, p. v).

5 À ce propos, voir Minuti, 2008, p. 71.

6 Suite à leur collaboration pour la rédaction de l'*Histoire des deux Indes*, l'abbé Raynal a intégré – comme on peut le voir dans les citations ci-dessus les termes de Diderot. Pour une consultation de l'article de Diderot, *Des colonies en général*, dont sont extraits les passages de référence, voir Diderot, 1976, éd. G. Goggi.

esclavage. De même, parmi les naturalistes, comme Buffon – qui bien que reconnaissant la race humaine comme unique, car « l'homme sauvage parle comme l'homme policé, et tous deux parlent naturellement, et parlent pour se faire entendre » (Buffon 1822 [1749], t. III, p. 9) –, s'insinuait l'idée que toutes les populations devraient converger vers un modèle d'homme typiquement occidental. Selon ce point de vue, « le climat le plus tempéré est depuis le 40e degré jusqu'au 50e. C'est aussi sous cette zone que se trouvent les hommes les plus beaux et les mieux faits ; c'est sous ce climat qu'on doit prendre l'idée de la vraie couleur naturelle de l'homme ; c'est là qu'on doit prendre le modèle ou l'unité à laquelle il faut rapporter toutes les autres nuances de couleur ou de beauté » (Buffon, 1818 [1749], t. V, p. 289). Les Européens représenteraient donc le meilleur modèle humain, et plus on s'en éloigne, plus on se trouve en contact avec des hommes toujours moins parfaits. Les extrêmes opposés étant représentés par les Lapons et les Africains (Boulle, 2007, p. 26-27).

Les noirs d'Afrique, notamment, sont indiqués comme une race qui, par prédisposition naturelle, est destinée à être asservie. Aux explications de types religieux et anthropologique, s'ajoute le modèle d'analyse qui considère le climat comme une sorte de variable explicative indépendante. Elle semblait en mesure d'expliquer de façon satisfaisante la prédisposition des noirs pour les lourdes tâches dans le domaine de l'agriculture, dans des conditions climatiques prohibitives. Les colons français et anglais géraient, au nom de la mère patrie, des plantations de canne à sucre, de café et de tabac qui – en soi – exigeaient un travail extrêmement pénible, qui l'était encore plus à cause du climat chaud et humide, typique des zones tropicales et subtropicales américaines ou se situaient les colonies européennes. Prenant comme référence cet état de fait, on élabore et on diffuse l'idée que les noirs africains, de par leurs caractéristiques physiques, sont les seuls en mesure d'accomplir des tâches aussi lourdes, dans des conditions climatiques aussi difficiles et telles qu'elles résultent insupportables pour les blancs. C'est ainsi que les ports de Nantes et Bordeaux en France, et ceux de Liverpool et Bristol en Angleterre deviennent des carrefours pour les trafics d'esclaves, achetés bon marché sur les côtes d'Afrique et revendus à un prix plus élevé aux colons français et anglais.

Comme pour d'autres aspects concernant l'esclavage, « l'explication climatique » voit s'opposer des positions différentes. Certains *philosophes* n'acceptaient pas cette théorie. Parmi les plus célèbres opposants, nous devons mentionner Montesquieu, non seulement parce qu'il est souvent indiqué comme ayant ouvert le débat des lumières sur l'esclavage[7], mais aussi et surtout parce que, bien que considérant le climat comme l'un des facteurs susceptibles d'influencer la structure et la dynamique de la société, il a remis en question la corrélation entre climat et esclavage. Dans son *Esprit des lois* (1748), « Montesquieu s'était déjà moqué de ceux qui croyaient que les caractéristiques physiques des africains en justifiaient la servitude » (Outram, 2006, p. 88). En outre, comme nous le verrons, il remet en cause, de manière explicite et ironique, l'idée que le climat peut justifier l'hypothèse selon laquelle certains hommes naissent naturellement esclaves.

Avant de poursuivre l'illustration des réflexions de Montesquieu sur l'institution de l'esclavage, il est utile de souligner à quel point sa position – qui vise à historiciser l'analyse des phénomènes, que certains projetaient idéologiquement dans la sphère des phénomènes « naturels » aussi bien pour les justifier que pour les rendre indépendants d'une possible intervention de l'homme – a influencé le débat qui suivra. Elle devient un véritable critère interprétatif, comme le prouvent certains articles de l'*Encyclopédie*, notamment pour les entrées *Esclavage* et *Traite des Nègres* que rédige Jaucourt[8]. Selon lui, le thème de l'esclavage démontre qu'un coup de force au détriment d'autres hommes peut ensuite se transformer en une question de droit : c'est « l'établissement d'un droit fondé sur la force, lequel droit rend un homme tellement propre à un autre homme, qu'il est le maître absolu de sa vie, de ses biens, et de sa liberté ». Il déclare explicitement avoir emprunté à Montesquieu les

7 Selon Olivier Pétré-Grenouilleau, « c'est bien grâce à l'auteur de l'*Esprit des lois* que l'antiesclavagisme des Lumières [...] a pu dépasser la simple protestation des âmes sensibles pour se doter d'une argumentation intellectuelle et d'une structure théorique » (Pétré-Grenouilleau, 2010, p. 324). Sur l'importance du rôle de Montesquieu dans le débat sur l'esclavage, voir aussi Outram, 2006, p. 81 ; Walvin, 1995, p. 104 ; Vaughan, 1960 [1925], vol. I, p. 282-283.

8 Il est utile de rappeler que l'analyse de Montesquieu sur l'esclavage reste un point de référence constant même au siècle suivant. Pensons, par exemple : à l'invective de Sismonde de Sismondi contre le déterminisme climatique et le racisme anthropologique (Sismondi, 1807, t. I, p. 1) ; à la référence explicite de Victor Schœlcher à l'*Esprit des lois*, pour conforter l'idée que « avec la liberté, l'homme des colonies deviendrait meilleur » (Schœlcher, 1833, p. 98) ; au rappel de Charles Comte à Montesquieu, dans son refus de la prétendue influence du climat sur les comportements de l'homme et dans l'emphase attribuée à l'impact des lois sur les hommes (Comte, 1835, p. 195).

instruments nécessaires pour en comprendre la nature, l'origine et les fondements, sans la prétention de « rien ajouter à sa gloire » (Jaucourt, 1751-1765, t. V, p. 934)[9].

Revenant à Montesquieu, sa contribution à l'analyse de l'esclavage est exposée surtout dans le livre XV de l'*Esprit des lois* (*Comment les lois de l'esclavage civil ont du rapport avec la nature du climat*), bien que l'on trouve des références dans nombre de ses écrits[10]. Ces pages sont considérées parmi les plus admirables de toute son œuvre : « Il n'existe probablement pas d'autres pages dans tout l'*Esprit des lois* qui reflètent de manière plus complète le génie de Montesquieu que celles qui concernent l'esclavage » (Fletcher, 1933, p. 414). L'esclavage est une institution considérée désormais normale comme toutes les institutions de longue date, ainsi Montesquieu – qui se rend compte de ne pas pouvoir l'attaquer en se référant uniquement aux « conceptions générales et aux premiers principes » (*ibid.*, p. 415) – cherche, dans son exposition, à mettre en évidence la faiblesse des bases théoriques sur lesquelles se fonde la justification de l'institution de l'esclavage. Si l'esclavage civil est, somme toute, acceptable dans les pays dirigés par un gouvernement despotique (où l'esclavage politique existe déjà), il ne peut en aucun cas être perpétré dans les monarchies, « où il est souverainement important de ne point abattre ou avilir la nature humaine », ni encore moins dans les pays démocratiques, « où tout le monde est égal », ou dans les pays aristocratiques « où les lois doivent faire leurs efforts pour que tout le monde soit aussi égal que la nature du gouvernement peut le permettre » (Montesquieu, 2008 [1748], t. 4, vol. II, p. 376)[11].

Toutefois, souligne Montesquieu, l'institution de l'esclavage subsiste encore sous tous les types de gouvernement. Il est nécessaire d'en comprendre les raisons et de rechercher les vraies origines de l'esclavage,

9 En effet, la définition d'esclavage de Jaucourt est pratiquement identique à celle que donne Montesquieu au début du livre XV de son *Esprit des lois* : « L'esclavage proprement dit est l'établissement d'un droit qui rend un homme tellement propre à un autre homme, qu'il est le maître absolu de sa vie et de ses biens » (Montesquieu, 2008 [1748], t. 4, vol. II, p. 376).

10 Pensons à son roman épistolaire *Lettres persanes* in Montesquieu, 2004 [1721], t. I, notamment les lettres n. XXXII, LXXIII, CXI, CXIV.

11 Dans *Du contrat social*, Rousseau souligne son accord avec Montesquieu : « Puisque aucun homme n'a une autorité naturelle sur son semblable, et puisque la force ne produit aucun droit, restent donc les conventions pour base de toute autorité légitime parmi les hommes » (Rousseau, 1821 [1762], p. 14-15).

certainement différentes – selon l'auteur – de celles que considère le droit romain. L'esclavage n'a pas été institué, comme l'expliquait Justinien dans ses *Istitutiones*, pour concéder la survie aux prisonniers[12], ni pour permettre aux débiteurs défaillants de se vendre pour rembourser leurs dettes, ou encore, pour garantir la nourriture aux enfants des esclaves qui, sinon, n'auraient pas eu de quoi vivre (*ibid.*, p. 377). Montesquieu constate que l'une des origines de « l'esclavage » réside justement dans la nature des gouvernements despotiques qui finissent par inciter les citoyens à renoncer progressivement à leurs libertés civiles. Il s'agit là de la « véritable origine du droit de l'esclavage » (chap. VI du livre XV). Ce dernier est fondé sur la facilité avec laquelle, sous les gouvernements despotiques, l'esclavage politique arrive à éroder la liberté des citoyens (*ibid.*, p. 381-382). Dans le contexte de ces gouvernements, les citoyens se trouvent dans une condition d'esclavage parce qu'ils ont décidé, de manière autonome, de se vendre à un maître. Renoncer à la liberté étant un choix volontaire, on est en présence d'un « esclavage...doux » (Jameson, 1911, p. 253).

Cependant, les considérations de Montesquieu qui nous intéressent le plus, ne sont pas celles sur « l'esclavage doux », mais bien celles qui concernent l'esclavage que les pays européens ont imposé aux africains, importés dans les colonies américaines[13]. À cet égard, il critique justement les explications qui rattachaient l'esclavage aux conditions climatiques spécifiques de l'Afrique[14]. Montesquieu utilise, pour contester ces jus-

12 D'ailleurs, comme l'a bien souligné l'abbé Raynal, le problème ne réside pas dans le choix entre tuer les prisonniers de guerre ou les laisser vivre, bien qu'en esclavage. Le vrai problème est l'existence même des conflits armés : « Sans vous [négriers] y aurait-il eu des combats ? Les dissensions de ces peuples ne sont-elles pas votre ouvrage ? Ne leur portez-vous pas des armes meurtrières ? Ne leur inspirez-vous pas l'aveugle désir d'en faire usage ? » (Raynal, 1780 [1770], t. III, p. 198).

13 Montesquieu se réfère aussi à la traite des nègres dans la CXVIII[e] lettre persane où il en décrit les conséquences négatives aussi bien pour l'Afrique (d'où ils sont prélevés) que pour l'Amérique (où ils sont transportés et contraints à travailler) : « Ce qu'il y a de singulier, c'est que cette Amérique, qui reçoit tous les instant de nouveaux Habitants, est elle-même déserte ; et ne profite point des pertes continuelles de l'Afrique. Ces Esclaves qu'on transporte dans un autre Climat, y périssent à milliers ; et les travaux des Mines, où l'on occupe sans cesse et les naturel du Pays, et les étrangers ; les exhalaisons malignes ; qui en sortent ; le vif argent, dont il faut faire un continuel usage, les détruisent sans ressource. » (Montesquieu, 2004 [1721], t. I, p. 202).

14 Dans l'article « Nègres » de *L'Encyclopédie* on lisait : « L'excessive chaleur de la zone torride, le changement de nourriture, et la faiblesse de tempérament des hommes blancs ne leur permettent pas de résister dans ce climat à des travaux pénibles. Les terres de l'Amérique,

tifications de l'esclavage – qu'il considère inacceptables et bien sûr sans fondements – l'arme de l'ironie. Un certain nombre d'auteurs, aussi bien par le passé que plus récemment, n'ont pas saisi le sens de cette approche de Montesquieu et ont tenté, au contraire, de faire remonter justement à l'auteur de l'*Esprit des lois*, l'explication qui tend à justifier l'esclavage, en recourant aussi aux conditions climatiques[15]. Condorcet déjà avait mis en garde contre des interprétations de l'*Esprit* qui tendent à justifier l'esclavage comme fait naturel. Dans ses *Réflexions sur l'esclavage des nègres*, l'auteur rapporte un épisode significatif survenu durant une assemblée en Jamaïque : face à l'opportunité d'accorder l'égalité des droits aux blancs et aux mulâtres libres, la faction contraire avait utilisé de façon impropre l'œuvre de Montesquieu à l'appui de sa propre position (Condorcet, 2009 [1788], p. 90 note ; Biondi, 1979, p. 151).

Bien qu'il existe des pays où « la chaleur énerve le corps et affaiblit si fort les courages que les hommes ne sont portés à un devoir pénible que par la crainte du châtiment » (Montesquieu, 2008 [1748], t. 4, vol. II, p. 382), cela ne veut pas dire que le lien de causalité entre climat et esclavage est fondé. Au contraire, l'égalité entre tous les hommes à la naissance ne peut en aucun cas se concilier avec l'idée d'un « esclavage par nature ». Aucune raison « naturelle » ne peut justifier l'esclavage (que ce soit le climat, la couleur de la peau ou la conformation du crâne), puisqu'il n'est autre que le fruit malade d'une mauvaise législation. D'autre part, souligne Montesquieu, quand bien même on entreverrait des relations entre milieu et phénomènes sociaux, il incombe au législateur d'éliminer tout facteur climatique ou environnemental qui puisse engendrer des inégalités entre les citoyens : « le législateur [...] doit corriger l'influence des facteurs physiques d'environnement dans le cas où ces derniers porteraient à des excès. [...] Lorsque l'équilibre est rompu par une excessive subordination de l'homme à l'influence

occupées par les Européens seraient encore incultes, sans le secours des nègres que l'on y a fait passer de presque toutes les parties de la Guinées » (Jaucourt, 1751-1765, t. XI, p. 79).

15 Pour un aperçu des interprétations inexactes et/ou sur l'utilisation volontairement déformante du livre XV de l'*Esprit des lois*, voir Biondi, 1979, p. 138-159. Cette conception erronée a récemment été reproposée par D. Felice dans son *Introduzione a Montesquieu* (2013). R. Aron en revanche, insiste pertinemment non seulement sur la pluralité des causes à évaluer dans l'analyse des phénomènes sociaux, mais aussi sur l'insignifiance des explications qui ramènent les phénomènes sociaux à des causes naturelles et non pas à des législations inadéquates (Aron, 1972, voir surtout p. 52 *sqq.* et p. 72-73).

naturelle de l'environnement, la réaction doit partir des facteurs moraux [...]. » (Cotta, 2005, p. 26 ; *cf.* aussi Aron, 1972, p. 73)[16].

En outre, il ne faut pas négliger le fait que le concept de climat « n'est pas unilatéral et ingénu, comme il est souvent apparu » (Casini, 1980 [1973], vol. II, p. 359) ; il cache des renvois à une multiplicité de facteurs historiques et de causes physiologiques, psychologiques et environnementales « qui se résument tous dans la notion géopolitique de "climat" » (*ibid.*). De ce fait, comme Montesquieu le souligne dans le quatrième chapitre du livre XIX, il ne peut y avoir *reductio ad unum* à propos des causes qui gouvernent les hommes : certaines d'entre elles sont « des phénomènes naturels, comme le climat ; d'autres sont des institutions sociales, comme la religion, les lois ou les normes du gouvernement, d'autres encore sont la tradition, la continuité historique... » (Aron, 1972, p. 58 ; Argemí, 2004, p. 67-68).

Voltaire aussi s'appuie sur Montesquieu, qu'il considère comme une référence naturelle dans la réflexion sur l'esclavage : l'un des rares qui ait réellement « combattu pour rendre aux esclaves de toute espèce le droit de la nature, la liberté », en opposant la raison et l'humanité à toute sorte d'esclavage (Voltaire, 1893 [1777], t. XXXI, p. 305). Voltaire expose ses arguments les plus articulés dans deux des dix-sept dialogues qui constituent l'*ABC* et sous la rubrique *Esclaves*, présente dans les *Questions sur l'Encyclopédie*[17]. Dans les *Dialogues* il élargit ultérieurement son analyse

16 Pour abolir l'esclavage néanmoins, il ne suffit pas simplement de promulguer une nouvelle loi. Au contraire, cela pourrait être une grave erreur que d'introduire un changement d'une telle portée sans indiquer exactement quels sont les moyens nécessaires pour assurer un nouvel ordre social. En 1836, Charles Dain constatait que le processus de réforme économique et sociale exigeait la contribution de la science : l'homme politique peut demander le soutien du philosophe, afin que ce dernier l'aide à identifier les moyens les plus appropriés pour libérer les hommes de l'esclavage. Dain, comme Montesquieu, critiquait le principe de correspondance absolue entre « loi naturelle » et « loi positive », qui était encore utilisée à outrance : « Croyez-vous à une Providence gouvernant le monde, ou n'y croyez-vous pas ? Croyez-vous comme l'a écrit Buffon, à un système de lois établies par le Créateur pour la conservation des choses et le développement des êtres ? Ou, encore mieux, croyez-vous que ces lois sont nécessaires, non pas établies, mais éternelles et incréées ? » (Dain in Schmidt, 2000, p. 639-640). Il fallait se débarrasser des institutions du vieux monde, pour en créer de nouvelles, adaptées au nouveau monde, en voie de construction.

17 Nous ne nous attarderons pas sur les cas où Voltaire fait seulement de rapides allusions à l'esclavage, ni sur les mémoires et les suppliques qu'il rédige durant son engagement pour libérer de la condition de subordination de certains domestiques. Célèbre est l'épisode dans le XIXe chapitre du *Candide*, où Voltaire représente un nègre, étendu par terre, une jambe et une main en moins, à cause de sa servitude : « Quand nous travaillons aux sucreries,

de l'esclavage en critiquant d'autres typologies de justifications, liées notamment aux effets de la guerre. Comme on le sait, A, B et C sont trois personnages que Voltaire fait débattre sur certains thèmes parmi les plus importants de son époque. Chacun d'entre eux (A, l'anglais raisonnable ; B, qui recourt fréquemment à la satire ; C, le pessimiste) a des caractéristiques différentes qui permettent à Voltaire d'exprimer plusieurs points de vue possibles sur le même problème (Voltaire, 1960 [1762], p. 6). Dans le huitième dialogue, tous trois discutent *De serfs de corps* (Voltaire, 1879 [1762], p. 52-56), alors que dans le neuvième ils conversent sur *Des esprits serfs* (*ibid.*, p. 56-59)[18].

À travers les paroles de C, Voltaire exprime sa colère due au fait que la traite des esclaves existe encore et se dit amusé par le chapitre (de l'*Esprit des lois*[19]) que Montesquieu a consacré aux nègres, « s'égayant sur notre injustice » (*ibid.*, p. 53). Mais justement, pour exprimer les deux positions – pour et contre l'esclavage – qui s'affrontaient dans le débat de l'époque sur la question, Voltaire met en évidence les arguments suivants, couramment exprimés pour justifier l'esclavage :

- si suite à un conflit armé, on fait des prisonniers, au lieu de les condamner à mort, il est préférable d'en faire des esclaves (selon le règlement de Justinien, auquel Montesquieu aussi s'était référé) ;
- il est vrai qu'il n'existe pas de droit naturel qui permette à un homme de réduire son semblable en esclavage, mais il est tout aussi vrai que, si le noir se vend lui-même ou vend ses propres enfants,

et que la meule nous attrape le doigt, on nous coupe la main : quand nous voulons nous enfuir, on nous coupe la jambe : je me suis trouvé dans le deux cas. C'est à ce prix que vous mangez du sucre en Europe » (Voltaire, 1759, p. 77). Bernard rapporte au moins trois tentatives d'intercession de Voltaire, (adressées au roi ou à Turgot en qualité de ministre) pour libérer de leur condition de servitude les presque douze milles paysans de Saint-Claude. Voir : demande *Au roi en son conseil, pour les sujets du roi qui réclament la liberté en France* ; *contre des moines bénédictins devenus chanoines de Saint-Claude en Franche-Comté* (1770) ; *Extrait d'un mémoire pour l'entière abolition de la servitude en France* (1775) ; *Supplique à M. Turgot* (1776) ; *Requête au roi pour les serfs de Saint-Claude* (Bernard, 2003, p. 457-458).

18 Les huitième et neuvième dialogues de *ABC*, dont la version originale date de 1768-1769, sont reproposés quelques années plus tard par Voltaire sous la rubrique *Esclavage* des *Questions sur l'Encyclopédie par des amateurs* (1771). Le texte reste pratiquement inchangé, même si les interlocuteurs se réduisent à deux : le français – qui, dans cette version du dialogue, représente B et C – contraire à l'esclavage et l'anglais qui tend au contraire à le justifier.

19 Pour l'attention que Voltaire porte à l'*Esprit des lois* de Montesquieu (notamment les livres de II à V et de XIV à XVII), voir Felice, 2000.

ce n'est pas la faute du maître qui les achète. Cela advient sur la base d'une transaction que personne ne peut interdire.

Sur ce thème, comme sur d'autres, la pensée de Voltaire n'apparaît pas uniforme et univoque[20]. Le refus de l'esclavage est souvent accompagné, dans ses dialogues, de formes d'acceptation de l'esclavage comme dernier recours pour un homme destiné à succomber :

> A : Et quel autre droit peut-il donc y avoir dans la guerre que celui du plus fort ? Je suppose que je me trouve en Amérique engagé dans une action contre des Espagnols. Un Espagnol m'a blessé, je suis prêt à le tuer ; il me dit : Brave Anglais, ne me tue pas, et je te servirai. J'accepte la proposition, je lui fais ce plaisir, je le nourris d'ail et d'ognons ; il me lit le soir *Don Quichotte* à mon coucher : quel mal y a-t-il à cela, s'il vous plaît ? Si je me rends à un Espagnol aux mêmes conditions, quel reproche ai-je à lui faire ? Il n'y a dans un marché que ce qu'on y met, comme dit l'empereur Justinien. (*ibid.*, p. 54)

Sous la rubrique *Esclaves* – Voltaire, résumant l'histoire du rapport entre genèse de l'esclavage et conflits armés – revient sur ces arguments en ces termes : l'esclavage « est aussi ancien que la guerre, et la guerre aussi ancienne que la nature humaine », si bien que pour les blancs, acheter des noirs à bon marché pour ensuite les revendre au prix fort dans les colonies américaines, n'a rien d'aberrant (Voltaire, 1774, t. XXIII, p. 99). Il semble en fait poursuivre dans la distinction entre une typologie de droit fondée sur la force, justifiant ce qui est rentable, et la force du droit, qui devrait garantir le refus de toute sorte d'esclavage. Comme il le fait dire à A, l'anglais, qui certes ne sous-estime pas la question de la rentabilité, « je n'admets point l'esclavage du corps parmi les principes de la société » (Voltaire, 1879 [1762], p. 56). D'autre part, comme nous le verrons plus avant, il reprend ce thème dans le débat qu'il entame avec Linguet, en soulignant que le système juridique doit permettre la sauvegarde de la liberté et parallèlement celle des conditions de travail qui permettent au travailleur et à sa famille de survivre.

---

20 Carminella Biondi elle-aussi constate l'approche fluctuante de Voltaire de l'esclavage : « Nous savons que l'attitude de Voltaire (et pas seulement de Voltaire) à l'égard de la conquête, comme de toute intervention européenne sur les peuples ayant un niveau de civilisation différent, n'est pas toujours linéaire, ou tout du moins, que la condamnation de la violence et des abus n'est, chez lui, jamais dissociée d'une inavouée, mais parfois explicite, conviction que celui qui subit est, en fin de compte, inférieur à celui qui parvient à imposer sa loi. » (Biondi, 1979, p. 27).

Sur le thème du rapport guerre-esclavage, Rousseau, contrairement à Voltaire, est très clair et dans son *Du contrat social* (1762), il critique radicalement l'idée que des situations de besoin déterminées par la guerre puissent justifier l'esclavage : « la guerre n'est… point une relation d'homme à homme, mais une relation d'État à État dans laquelle les particuliers ne sont ennemis qu'accidentellement, non point comme hommes ni même comme citoyens, mais comme soldats » (Rousseau, 1821 [1762], vol. II, p. 19-20). Et il conclut : « Si la guerre ne donne point au vainqueur le droit de massacrer les peuples vaincus, ce droit qu'il n'a pas, ne peut fonder celui de les asservir » (*ibid.*, p. 22).

Pour en revenir à Voltaire, il utilise le thème de l'esclavage pour lancer d'ultérieures piques au christianisme qui, selon lui, n'avait conduit aucune bataille radicale pour son abolition, car la Bible elle-même n'avait pas condamné l'esclavage, prévu sous diverses formes dans le vieux testament[21] . Il partage les positions de Linguet, auteur de la *Théorie des lois civiles*, sur cet aspect spécifique. Mais il s'en écarte pour ses critiques « contre Montesquieu[22] », tout comme lorsqu'il tente d'interpréter l'esclavage en le rapportant à la situation d'extrême pauvreté que peut vivre un travailleur libre. Selon Linguet en effet, les ouvriers libres, dans certaines conjonctures négatives – contraints de chercher des emplois journaliers – risquent de ne pas trouver, contrairement aux esclaves, un repas quotidien garanti. Cette situation spécifique du travailleur pourrait justifier l'esclavage.

Bien sûr, Voltaire ne conteste pas l'analyse de Linguet quant à l'éventualité que des citoyens libres, sans travail, vivent dans le besoin, mais il objecte que cet inconvénient n'a pas un caractère naturel et ne peut donc justifier l'esclavage. Il est au contraire le résultat des mauvaises

21 D'autre part, comme le souligne Lanson, « il nous est impossible d'imaginer aujourd'hui, le niveau d'ingénuité, de puérilité, d'absurdité que pouvaient atteindre en France les commentateurs de la Bible dans leur effort de justifier le sens littéral et l'infaillibilité absolue des narrateurs inspirés » (Lanson, 1969, p. XIII). Mais indépendamment de cela, « la critique des incohérences des Écritures, le refus des traditions pieuses et des dogmes théologaux, la dénonciation des institutions et des coutumes ecclésiastiques » constituent depuis longtemps une constante dans le panorama culturel de l'époque (Casini, 1980 [1973], vol. II, p. 338). En tout cas, à l'occasion du débat sur l'esclavage aussi, Voltaire ne perd pas l'occasion d'évaluer de manière critique la Bible et ses commentateurs. À ce propos, voir aussi Soboul, 1971, p. 324.

22 En référence à la critique de Voltaire à l'égard de Linguet et de sa *Théorie des lois civiles*, voir Goggi, 2009.

lois et des institutions des hommes et exige des réformes qui garantissent des interventions efficaces d'ordre économique et social (Voltaire, 1774, t. XXIII, p. 101). Il s'ensuit que, aussi difficile que puisse être la condition du travailleur libre, qui doit subvenir à ses besoins et à ceux de sa famille, l'homme la préférera toujours à celle de l'esclavage. L'esclave fera sans aucun doute un choix analogue, ayant tout à gagner du passage du statut d'esclave à celui de citoyen libre.

Dupont de Nemours lui-aussi exprime une totale condamnation de la servitude, déployant, dans les pages des *Éphémérides*, avec d'autres auteurs[23], un effort accru dans l'analyse de l'esclavage et dans des propositions tendant à sa suppression. Dupont de Nemours et ses collaborateurs partageaient l'approche de Montesquieu qui conférait au législateur la tâche de définir des institutions qui correspondent à l'essence de la nature humaine, légiférant en faveur d'une progressive civilisation de l'humanité. Il avait démontré, sciemment, que la servitude avait des effets négatifs non seulement pour ceux qui la subissaient mais aussi pour ceux qui l'utilisaient. C'est à l'esclavage qu'il fallait attribuer une dégradation morale commune et une distorsion profonde des relations sociales.

Dans un tel contexte de désaveu collectif, nombre d'articles examinaient des aspects spécifiques de la question de l'esclavage : Jaucourt, comme nous l'avons vu, utilisait ses deux articles sur l'*Encyclopédie* pour condamner la traite des esclaves et l'esclavage, proposant aussi la suppression des colonies ; Poivre réveillait la conscience de ses contemporains avec les pages d'accusation de son *Voyages d'un philosophe* qui étaient d'autant plus fortes si l'on considère son rôle d'Intendant à Île-de-France. À ce titre, il avait en effet mis en évidence une gestion inefficace de la colonie au « profit de quelques particuliers qui s'enrichissaient aux détriments de la communauté et sur les souffrances des esclaves » (Biondi, 1979, p. 216). Le court roman *Zimeo* de Saint-Lambert[24] aussi avait impressionné

---

23 Par exemple, dans les pages de la *Gazette du Commerce*, l'abbé Roubaud s'exprimait contre l'esclavage et De Nemours avait accueilli avec enthousiasme sa proposition de remplacer les esclaves employés dans les colonies américaines par une main d'œuvre libre (Davis, 1971 [1966], p. 482-483). Butini, avec ses *Lettres africaines* utilisait l'expédient épistolaire pour exprimer sa position abolitionniste (Schelle 1888, p. 103).

24 Saint-Lambert appartient, avec les époux Condorcet et d'autres, à la première génération des *idéologues* (Picavet, 1891, p. 144-157) qui se réunissaient au salon des époux Helvétius, là où naîtra la *Société d'Auteil*. À la mort de M. Helvétius, Saint-Lambert exaltera ses

Dupont de Nemours, au point d'en solliciter un commentaire dans le tome VI des *Éphémérides*[25], dans le but de relancer l'ardue réflexion sur le thème de l'esclavage. Il approuve le message de Saint-Lambert : les peuples africains sont peut-être plus arriérés que les européens dans la technique, mais pas dans l'esprit. Ils ne disposent pas de deux instruments importants comme la boussole qui « en facilitant les voyages, nous fait partager les lumières de tous les lieux » et la presse, qui « nous a rendu propre l'esprit de tous les âges » (de Nemours, 1771, t. VI, p. 211), mais les européens eux-mêmes les ont découverts par hasard. Il suffira de leur en faire don et l'esprit de l'humanité entière en bénéficiera.

Voici les conclusions : l'institution de l'esclavage n'est pas conforme aux aspirations d'émancipation exprimées par la société contemporaine et ne peut donc être tolérée et perpétuée par des peuples qui se définissent comme partisans des Lumières. Elle devrait susciter la honte aussi bien des particuliers qui possèdent des esclaves que des gouvernements de pays qui pratiquent l'esclavage (*ibid.*, p. 217). Saint-Lambert a suggéré des motivations d'ordre moral pour l'abolition de l'esclavage, mais Dupont de Nemours, comme nous l'approfondirons plus avant, s'unit à la multitude d'intellectuels qui veulent démontrer que l'esclavage est non seulement moralement inacceptable, mais qu'il n'est même pas rentable du point de vue économique.

L'ESCLAVAGE ET L'ÉCONOMIE DANS LA « SOCIÉTÉ COMMERCIALE »

Les arguments économiques sur le thème de l'esclavage sont présents chez pratiquement tous les auteurs, bien qu'avec des accents différents. Montesquieu et Voltaire les utilisent comme éléments complémentaires

grandes capacités de concevoir des réformes politiques et sociales (Moravia, 1986 [1968], p. 47-48). Plus que pour le *Zimeo*, Saint Lambert est connu pour son *Poème des Saisons* qui selon Voltaire représentait « le seul ouvrage du siècle qui passerait à la postérité » (Picavet, 1891, p. 144). Ce poème appartient à la tradition de la « poésie didactique » de la fin du XVIIIe siècle qui a recours aux vers pour affronter des questions importantes de l'histoire des idées (Moravia, 1986 [1968], p. 62n).

25 Pour l'analyse de *Zimeo*, voir l'article de Dupont de Nemours 1771, t. VI, p. 181-182.

dans le cadre d'un refus général de l'institution de l'esclavage. D'autres auteurs en revanche, voient la relation entre esclavage et économie au centre de leur réflexion.

Dans l'*Esprit des lois*, plus précisément dans le livre XV consacré à l'esclavage, Montesquieu ne parle jamais de manière très détaillée des aspects économiques liés à l'institution de l'esclavage. Toutefois, comme on l'a souligné, le chapitre V du même livre, *De l'esclavage des nègres* (Montesquieu, 2008 [1748], t. 4, vol. II, p. 380-381), contient une analyse que « tout le monde s'accorde à considérer… comme un chef-d'œuvre satirique et comme le plus éclatant témoignage de l'humanité de Montesquieu ». Dans ce chapitre Montesquieu réunit « les fausses doctrines économiques et les préjugés de l'orgueil européen pour en montrer la sottise et la cruauté » (Jameson, 1911, p. 292). Avec sarcasme, l'auteur bannit les idées reçues les plus courantes utilisées pour justifier l'emploi des esclaves dans les colonies américaines, comme par exemple l'idée que le prix du sucre – que l'on y produit – serait trop élevé si on employait des travailleurs libres rémunérés, plutôt que des esclaves, qui reçoivent en échange à peine de quoi se nourrir et se vêtir. Même si l'auteur affronte de manière ironique cette vision des choses, avec le réalisme qui lui est propre, il n'évite pas la question.

Montesquieu souligne qu'il s'agit d'un problème de caractère général, dont le législateur doit s'occuper, afin de garantir des normes adéquates pour la protection des travailleurs (Montesquieu, 2008 [1748], t. 4, vol. II, p. 392). En cela, il ne s'éloigne certes pas des principes généraux qui guident l'*Esprit*. Comme on le sait, il renonce à l'idée, chère à la littérature utopique, de la « recherche de la meilleure forme d'État » pour adopter une approche réaliste qui permette de concentrer l'attention sur les conditions qui concrètement « garantissent dans les différents systèmes politiques l'*optimum* de la coexistence civile : la liberté » (Casini, 1980 [1973], vol. II, p. 350). La poursuite de cet objectif sera le résultat non pas de recettes construites *ex ante*, mais bien le produit d'une évaluation détaillée des conditions où l'on opère, soutenue par une forte tension morale et par un effort législatif fondé sur la « rationalisation des lois et des institutions » (*ibid.* ; *cf.* aussi p. 353 *sqq.*).

Montesquieu propose un argument intéressant, qui renvoie justement à son hypothèse d'affranchir progressivement les esclaves. Selon lui, l'activité législative des nations républicaines et des pays démocratiques doit être tout particulièrement attentive aux conséquences, surtout à court terme, de l'affranchissement d'un grand nombre d'esclaves. Trop d'esclaves affranchis peuvent en effet, constituer une « multitude de nouveaux pauvres » (Montesquieu, 1899, vol. I, p. 148), devenant ainsi un poids pour la société. Comme il l'admet lui-même, le philosophe ne sait que proposer *ex ante* et dans l'abstrait « les règlements qu'une bonne république doit faire là-dessus », or tout dépend des situations spécifiques de chaque pays. C'est ainsi que – répondant au réalisme politique – il propose un affranchissement progressif, de manière à garantir le maintien de l'équilibre social : « l'État peut affranchir toutes les années, un certain nombre d'esclaves qui par leur âge, leur santé leur industrie peuvent se procurer les moyens de vivre », évitant le risque qu'ils ne se transforment en nouveaux pauvres. Comme nous le verrons, cette proposition connaîtra un certain succès et Condorcet la fera sienne. Mais, poursuit Montesquieu, pour « guérir le mal dans sa racine » en évitant que, d'une manière détournée, s'instaurent à nouveau de nouvelles formes d'esclavage, il est nécessaire – au fur et à mesure que l'on affranchit les esclaves – que l'on emploie de plus en plus d'hommes libres pour les travaux qu'ils effectuaient précédemment (Montesquieu 2008 [1748], t. 4, vol. II, p. 394-395).

La question d'adopter des modalités d'affranchissement visant à ne pas troubler l'équilibre social préoccupe aussi Voltaire. Il considère tout à fait naturel et prévisible que l'affranchissement, en donnant la possibilité aux ex esclaves de construire leur propre destin, peut déterminer un changement dans la structure sociale. L'esclave pourra passer de « manœuvre » à « fermier », de « fermier » à « propriétaire » voire à « conseiller du roi » (Voltaire, 1774, t. XXIII, p. 102). Voltaire se penche notamment sur le rapport entre les « parvenus » et le maintien des rôles de gouvernement de la part de la noblesse : le risque est que les anciens esclaves, une fois affranchis, prennent la place des seigneurs, si bien qu'à la fin « tout » peut être indistinct et « confondu » (*ibid.*, p. 291). Face à cette éventualité, il ne nous semble pas que Voltaire fasse marche arrière en matière d'affranchissement de l'esclavage, comme le suggère Bernard sous la rubrique *Esclavage* du *Dictionnaire général de Voltaire* (Bernard, 2003, p. 459). Encore une fois, comme l'avait d'ailleurs fait Montesquieu, il se réfugie dans l'hypothèse d'un « gouvernement ferme et sage » qui sache mettre le juste « frein des lois à la cupidité et à l'orgueil des nouveaux parvenus » (Voltaire, 1774, t. XXIII, p. 291). Selon lui, on ne peut attribuer le mauvais fonctionnement de la société ni à des facteurs naturels, ni aux changements qui – inévitablement – surviennent en elle, quant à l'incapacité de produire des lois correctes qui facilitent les rapports entre les individus, dans le contexte des transformations en cours.

Comme on le voit, Montesquieu et Voltaire, plutôt qu'avancer une analyse économique approfondie, mettent en évidence les conséquences sociales de préjugés économiques généralement acceptés et formulent des propositions réalistes de solution progressive au problème de l'esclavage. D'autres auteurs, comme Dupont de Nemours et Turgot (ainsi que Condorcet dont nous parlerons plus avant), proposent une réflexion plus spécifiquement économique sur le problème de l'esclavage. Tous deux sont d'ailleurs protagonistes d'une vive discussion due à l'interprétation et à la correction de textes ayant pour objet l'esclavage.

Dupont de Nemours, comme on le sait, a collaboré longtemps avec Turgot. Dans les *Éphémérides* de 1769-1770, il publie les *Réflexions sur la formation et la distribution des richesses* que Turgot avait élaborées à l'occasion de la visite en France de deux étudiants chinois, désireux de connaitre les bases de l'économie politique (1766). Ce bref *vademecum*, « une espèce de catéchisme économique » (Lavergne, 1970 [1870], p. 238), se compose de cent propositions fondamentales (commentées par Dupont) par lesquelles Turgot estimait pouvoir expliquer sa conception au sujet de la formation et de la distribution de la richesse d'un pays[26]. Les passages qui nous intéressent plus particulièrement sont ceux qui vont du paragraphe XIX au paragraphe XXVII, dans lesquels Turgot analyse cinq diverses méthodes pour les propriétaires de rentabiliser leurs terres : 1) avec des salariés, 2) avec des esclaves, 3) cédant le produit en échange d'un fermage payé, 4) un *colonage partiaire* (dite aussi métayage), 5) une location (cette dernière modalité, bien qu'étant la plus avantageuse, ne semble envisageable que dans des pays déjà riches, là où les cultivateurs sont en mesure d'anticiper les investissement agricoles).

Dans la version originale des *Réflexions*, Turgot consacre à la méthode d'exploitation qui prévoit l'emploi des esclaves le paragraphe XXI seulement. La référence à la version originale est importante car, comme le

26 Cet écrit de Turgot, bref mais extrêmement précieux, peut être considéré – selon son fidèle collaborateur et biographe, Condorcet – comme « le germe du traité sur la richesse des nations du célèbre Smith » (Condorcet, 1847 [1786], t. V, p. 45).

souligne Gustav Schelle, éditeur de la publication complète des œuvres de Turgot dans la période 1913-1923, trois des éditions successives de cet important travail présentent des modifications, parfois substantielles, introduites par Dupont de Nemours[27] dans la version pour les *Éphémérides*. Dupont de Nemours, en effet, intervient de manière décisive sur le texte original, allant jusqu'à ajouter deux paragraphes sur cette question et s'attirant les reproches – amicaux mais fermes – de Turgot, comme en témoigne leur échange épistolaire.

Nous procéderons donc en indiquant d'abord ce qu'a écrit Turgot quant à l'emploi des esclaves en agriculture ; nous reporterons ensuite les ajouts de Dupont de Nemours en faveur de la campagne contre l'esclavage qu'il mènera dans divers fascicules des *Éphémérides*. Enfin, nous rendrons compte des requêtes de Turgot à son ami afin de rétablir la version originale des *Réflexions*[28].

Selon Turgot, la coutume d'employer des esclaves en agriculture remonte aux débuts de la société, lorsqu'il était pratiquement impossible de trouver des hommes prêts à travailler la terre au service des autres. Certains individus, plus violents, ont eu recours à la force pour en contraindre d'autres à travailler pour eux, les réduisant à l'esclavage. Bien que les maîtres autoproclamés aient soustrait aux esclaves la possibilité d'exercer leurs « droits de l'humanité », ils ne peuvent éviter de leur fournir l'indispensable pour survivre : il ne s'agit pas d'argent à dépenser comme ils le désirent mais d'une « espèce de salaire… borné au plus étroit nécessaire et à leur subsistance. Cette abominable coutume de l'esclavage a été autre fois universelle » (Turgot, 1914 [1765], p. 547)[29] et elle est encore bien présente à l'époque de Turgot.

Toutefois, soutient Turgot, cette coutume est destinée à disparaître au fur et à mesure que disparaissent les petites nations constamment en guerre entre elles, car les conflits armés – plus que tout autre événement historique – sont les principaux producteurs d'esclave. Dans la phase

27 Les mêmes inexactitudes ont été ensuite reprises dans les éditions de Daire et Dussard. Pour avoir une édition conforme à l'original, affirme Schelle, il faudra attendre 1889, lorsque Robineau la déposera à la « Petite Bibliothèque économique » (Schelle, 1913, t. I, p. 3).

28 Au cas où Dupont voudrait conserver les modifications introduites, Turgot demande qu'il soit explicitement déclaré qu'il ne les partage pas.

29 Nous avons choisi d'utiliser l'édition de Estang car elle a le mérite de fournir le texte des *Réflexions* de Turgot dans une double version – originale et modifiée – publiée par Dupont de Nemours, dans les *Éphémérides* d'abord, puis dans sa version des *Œuvres de Turgot*, ayant soin d'indiquer en romain les phrases de Turgot et en italiques celles de Nemours.

historique à laquelle se réfère Turgot, le monde est en passe de n'avoir que de grandes nations comme l'Angleterre, la France et l'Espagne qui, quelles que soient les guerres qu'elles peuvent mener, quels que soient les prisonniers qu'elles peuvent capturer, ne pourront jamais atteindre les mêmes niveaux du passé. Ainsi, le nombre des nouveaux esclaves, qui pourraient résulter comme effet des guerres, sera « une bien faible ressource pour la culture de chacune des trois nations » (*ibid.*).

Jusque-là, nous avons exposé le contenu du paragraphe XXI des *Réflexions* de Turgot, sans tenir compte des ajouts de Dupont de Nemours. Voyons maintenant, quelles sont les considérations que ce dernier insère, sans avertir le lecteur des *Éphémérides*. Au lieu de parler d'hommes qui – aux origines de la société – cherchent, sans les trouver, d'autres hommes qui cultivent la terre pour eux[30], Dupont de Nemours parle de « temps d'ignorance et de férocité » où les hommes plus forts massacraient sans pitié les vaincus, exactement comme cela arrive encore, dans certains cas, avec les « sauvages d'Amérique ». Mais continue-t-il, « l'introduction de la culture adoucit un peu les mœurs », même si elle ne les corrige pas totalement ; ainsi les vainqueurs du XVIIIe siècle, au lieu de massacrer les prisonniers ont compris qu'il est plus rentable de les réduire à l'esclavage et de leur faire « travailler la terre comme esclaves » (Dupont de Nemours in Turgot, 1914 [1765], p. 545).

Ces modifications de Dupont de Nemours ne semblent pas altérer de manière significative la pensée de Turgot. Toutefois, l'éditeur prend la liberté d'ajouter des phrases entières au texte original, à commencer par le titre du paragraphe XXIII des *Réflexions* : *Combien la culture exécutée par les esclaves est peu profitable et chère pour le maître et pour l'humanité.* Turgot ne s'était jamais exprimé en termes de bénéfice ou de dommage de l'esclavage d'un point de vue économique. Les réflexions de ce genre, comme celles qui suivent, sont toutes attribuables à Dupont :

> Les esclaves n'ont aucun motif pour s'acquitter des travaux auxquels on les contraint avec l'intelligence et les soins qui pourraient en assurer le succès ; d'où suit que ces travaux produisent très peu. Les maîtres avides ne savent

30 Dans son édition des *Œuvres de Turgot*, Dupont de Nemours apportera d'ultérieures modifications. Le passage suivant est, en l'occurrence, d'un grand intérêt : « Aussi n'est-ce pas dans l'origine des sociétés que les propriétaires peuvent cesser d'être cultivateurs ; c'est [...] seulement lorsque les progrès de la société et de la culture ont fait naître et bien distinguer la classe stipendiée » (Dupont de Nemours, 1844, p. 17).

> autre chose, pour suppléer à ce défaut de production qui résulte nécessairement de la culture par esclaves, que de forcer ceux-ci à des travaux encore plus rudes, plus continue et plus violents. (*ibid.*)

Exploiter sans relâche les esclaves, sans leur garantir un traitement adéquat et des moyens de subsistance suffisants, signifie les destiner à une très courte vie. Cela oblige les maîtres à devoir acheter continuellement de nouveaux esclaves. Turgot est conscient de cet aspect, mais il s'abstient d'ajouter que les patrons « payent un capital considérable pour se procurer ces mauvais ouvriers » (*ibid.*).

Les paroles de Dupont de Nemours sont bien plus éloquentes que celles de Turgot qui, dans une lettre du 2 février 1770, le lui reproche : « Vous m'avez encore beaucoup changé le morceau de l'esclavage. Ce que vous avez dit sur son origine ne s'éloigne pas de mes idées, excepté que je n'aurais pas dit qu'on ne se bat que par faiblesse, mais surtout je n'aurai pas substitué à un sommaire marginal un morceau d'éloquence » (Turgot, 1913-1923 [1770], t. III, p. 374). Turgot exige de de Nemours qu'il ramène le tout à la version originale ; dans le cas contraire, il se verra contraint d'écrire une lettre au *Mercure*[31], pour réfuter tous les ajouts opérés par l'éditeur afin de mettre l'accent uniquement sur les désavantages économiques de l'esclavage[32].

Quelques jours plus tard seulement, le 6 février 1770, Turgot revient sur la question pour se dissocier de façon encore plus nette des dires de son ami et collaborateur, en soulignant le fait que, au-delà des incontestables injustices implicites dans l'institution de l'esclavage, il existe des groupes de citoyens pour qui elle est profitable sur le plan économique[33]. Il est intéressant de rapporter, malgré sa longueur, tout le passage de la lettre à laquelle nous nous référons :

> Franklin a aussi montré que le travail des noirs est plus cher qu'il ne paraît au premier coup d'œil, à cause des remplacements, mais je n'en pense pas moins que dans nos Iles, il y a un avantage à avoir des esclaves, non pour

31 Turgot se réfère probablement au « Mercure de France », né à l'origine comme périodique de divertissement mondain (1672) se transformant par la suite, dans la seconde moitié du XVIIIe en moyen d'expression des *philosophes* plus modérés (Tagliapietra, 2000, p. 376).

32 Sur la polémique entre Turgot et Dupont de Nemours, voir aussi Davis, 1971 [1966], p. 483-485 ; Goggi, 2004, p. 68-69.

33 Pour une ultérieure réflexion sur cette question, nous renvoyons à Clément, 2009, p. 118 *sqq*.

> la colonie, mais pour le possesseur qui veut avoir des denrées d'une grande valeur vénale pour faire une prompte fortune par le commerce. Je crois avoir donné, dans mon ouvrage même, les raisons qui rendent le travail des esclaves utile dans un pays où l'on veut que la richesse et le commerce précèdent la population. (*ibid.*, p. 375)

Dans une lettre successive, datée 20 février 1770, Turgot renforce encore son idée, radicalement opposée à celle de Dupont de Nemours. Tout en admettant que l'esclavage est une coutume abominable, barbare, injuste, à toutes les phases de la société, « même dans l'enfance », Turgot le considère comme n'importe quelle autre iniquité qui se révèle utile à quelqu'un du point de vue pratique : « Il est donc incontestable que l'injustice est souvent utile à celui qui la commet et celle de l'esclavage l'est tout comme une autre » (*ibid.*, p. 378)[34].

Comme nous le verrons plus avant, Condorcet, ami et élève de Turgot, reviendra sur la question, se montrant beaucoup plus proche des positions de Dupont de Nemours.

LES INTENDANTS ET LA QUESTION DE L'ESCLAVAGE

Comme on le sait, la vision physiocratique se fonde sur deux éléments fondamentaux : au niveau juridique, les lois positives doivent suivre les lois naturelles ; au niveau économique, le seul secteur productif en mesure de garantir un produit net est le secteur agricole, à condition qu'on y adopte le travail libre. Ce dernier, en effet, garantit la hausse de la productivité – grâce à la spécialisation, à une majeure créativité des travailleurs et au développement du progrès technique – et donc un accroissement de la richesse nationale. Cela étant, on pourrait s'attendre à une forte propension des physiocrates à l'emploi du travail salarié (qui encourage aussi bien l'émancipation de l'homme que le progrès économique), et donc à une inclination tout aussi forte envers l'abolition de l'esclavage. Ce n'est donc pas un hasard que « pour la suppression totale de la servitude personnelle » Max Weber considère « en fin de

34 Sur ce point, voir aussi Herland, 2012, p. 68-69.

compte décisives, en tout lieu, des conceptions idéologiques de caractère fortement jusnaturaliste comme celles des physiocrates » (Weber, 1968 [1922], vol. II, p. 46). Toutefois, de semblables attentes se heurtent à une réalité adverse : comme nous le verrons, le processus abolitionniste ne se révèle ni simple ni automatique. Les contradictions sur le plan de l'analyse économique (esclavage contre travail libre[35]) s'ajoutent à des contradictions sur le plan juridique (entre droit naturel et droit positif) et à des contradictions sur le plan éthique (inacceptabilité de l'institutionnalisation des inégalités entre les êtres humains au profit de certains seulement).

Pour ce qui est de l'aspect juridique, un contraste évident était déjà apparu dans les réflexions de François Quesnay. Sur un plan général, il avait déjà insisté sur la rigidité du droit « décerné par les lois humaines » qui « souvent [...] restreint le droit naturel, parce que les lois des hommes ne sont pas aussi parfaites quel les lois de l'Auteur de la nature » (Quesnay, 2005 [1767-1768], p. 113). Il se propose donc d'élucider la fonction du « droit naturel » qui selon lui, bien qu'ayant été examiné par nombre de penseurs, n'a pas été développé de manière exhaustive dans toutes ses implications. Il part de l'idée que « le droit naturel est une loi générale et souveraine qui règle les droits de tous les hommes » (*ibid.*, p. 112). Cependant, poursuit-il, au-delà de cette affirmation partageable, il est nécessaire d'étudier de façon plus ponctuelle la nature et l'extension des droits garantis par les « lois naturelles ». En effet, l'« idée abstraite *du droit naturel de tous à tout* » apparaît trop superficielle et inévitablement n'offre pas d'explication adéquate quant au rapport entre droit naturel et droit positif (*ibid.*, p. 113). Il s'agit donc de trouver une restriction raisonnable de ce « tout » à ce que « chacun [...] doit avoir » (Quesnay 2005 [1747], p. 49) et qu'il peut se procurer « par le travail, sans usurpation sur le droit de possession d'autrui » (Quesnay 2005 [1767-1768], p. 114).

D'après ce que nous avons pu vérifier, le « prudent » Quesnay[36] n'a pas affronté systématiquement la question de l'esclavage, ni participé de manière significative à l'intense débat de l'époque sur la question, qui

35 Par « travail libre » on désigne la prestation de services de travail sujets à des rapports contractuels, formellement libres pour les deux parties (Weber, 1968 [1922], vol. I, p. 124).

36 À ce propos, voir Théré-Loïc, 2008, p. 4 *sqq.*

a pourtant impliqué plusieurs penseurs de son entourage[37]. Toutefois, si l'on relit son *Droit naturel*, en gardant à l'esprit le phénomène de l'esclavage, on peut remarquer deux divergences importantes avec les idées de fond de la vision jus naturaliste de Quesnay que nous avons évoquées. À propos du premier aspect (le droit des hommes au fruit de leur travail), il est évident que ce sont les maîtres qui décident ce qui est dû aux esclaves, avec pour résultat que le droit de ces derniers se limite à une part de richesse qui – bien que produite matériellement par eux – est non seulement inférieure à celle des propriétaires, mais aussi inférieure au niveau qui pourrait garantir aisément leur survie. De même, le second critère que Quesnay distingue pour établir avec certitude « qui a droit à quoi » – obtenir ce qui est nécessaire « sans usurpation sur le droit [...] d'autrui » (*ibid.*) –, est manifestement ignoré, car les esclaves, non seulement n'ont pas le droit de jouir du fruit de leur travail, mais ils n'ont même pas le droit de disposer librement d'eux-mêmes.

Comme nous l'avons déjà souligné dans la première partie de ce chapitre à propos de Montesquieu, ces aspects finissent par remettre en question la préservation même du droit naturel, là où les lois positives qui s'en inspirent ratifient les inégalités sociales. La position générale de Quesnay est différente de celle de Montesquieu. En effet, il n'analyse pas explicitement le thème de l'esclavage, mais s'arrête longtemps sur celui des inégalités entre les hommes.

On peut donc se demander si la « question éthique » est aussi importante dans la conception du père de la physiocratie qu'elle l'est dans la pensée de Montesquieu. En effet, dans son *Essai physique sur l'œconomie animale* (1736), à propos de l'inégalité des patrimoines, il écrivait : « Mille causes naturelles contribuent inévitablement et nécessairement à produire cette inégalité ; *or ces causes ne sont point assujetties à l'ordre moral*, elles appartiennent à un système beaucoup plus général » (Quesnay, 2005 [1747] p. 52 ; italiques ajoutés par mes soins) qui relève du « droit naturel[38] ». En tout état de cause, quelle que soit l'orientation éthique de

37 Nous avons déjà fait allusion à l'engagement abolitionniste de Dupont de Nemours. Rappelons aussi Mirabeau, l'un des fondateurs de la *Société des amis des Noirs* (1788), informé sur les conditions des esclaves dans les colonies grâce aux témoignages de son oncle, Gouverneur de Guadeloupe, et Baudeau, parmi les « porte-drapeau de cette condamnation économique de l'esclavage » (Dorigny, 2009, p. 118).

38 La dimension éthique de la pensée du père de la physiocratie est sujette à deux interprétations différentes. D'une part on constate (Henri Denis) que « la volonté d'exclure

Quesnay, il envisageait indubitablement un système fondé sur le droit naturel, qui impliquait des inégalités évidentes entre les hommes[39].

En effet, lorsqu'au chapitre III du *Droit naturel*, Quesnay affronte la question *De l'inégalité du droit naturel des hommes*, il se réfère encore à un soi-disant « état… de pure nature ou d'entière indépendance », où les hommes ne montrent aucun esprit coopératif entre eux, mais où – Hobbésiennement – dans un état de lutte incessante, les plus forts ont tendance à profiter, même avec violence, de la faiblesse des autres. Seulement après la constitution des sociétés, les individus commencèrent à jouir effectivement de leurs droits propres, tirant des bénéfices réciproques par le seul fait de vivre selon des règles partagées, fondées sur les « lois fondamentales de… droit naturel » (Quesnay, 2005 [1767-1768], p. 115)[40].

Au fond, rappelle Quesnay dans la dernière partie de son article, « les lois positives ne sont que des lois de manutention relatives à l'ordre naturel évidemment le plus avantageux au genre humain » (*ibid.*, p. 121) et prévoient aussi un certain degré d'inégalité dans la jouissance des droits (ne serait-ce qu'en fonction des différences physiques et intellectuelles des hommes). Même si, dit-il, cet aspect peut sembler une injustice, une réflexion plus approfondie suffira pour se rendre compte qu'il ne l'est qu'en apparence. En fait, ce qui à première vue se présente comme un mal peut, après un examen attentif, être interprété comme

toute considération éthique de la science de l'homme était profondément ancrée chez Quesnay », une position qui apparaissait déjà de façon évidente dans son *Essai sur l'économie animale* (1736) (Denis, 1973, p. 194). D'autre part, (Luis Dumont), on observe que « avec Quesnay, l'économique n'est pas totalement indépendant du politique, et *ni même séparé de la moralité* », cela parce que et la politique et l'éthique sont nécessaires pour donner un équilibre au système logique des intérêts économiques (Dumont, 1984, p. 62).

39 Jacques Annequin résume très efficacement la contradiction entre droit naturel et droit positif au sujet de l'esclavage : « La leçon de l'antiquité n'était donc pas univoque. Elle affirmait l'égalité première des hommes selon le droit naturel, mais en même temps légitimait la hiérarchie des statuts selon le droit positif qui cédait aux exigences historiques de la vie en société. Elle réfutait l'esclavage et le légitimait ; elle affirmait une égalité première et expliquait par des raisons climatiques entre autres des asservissements ethniques ; elle offrait enfin une vision théocratique, donc légitime, d'un ordre du monde qui assignait à chacun place et fonction » (Annequin, 1999, p. 310).

40 Pour clarifier ce concept, Quesnay évoque la nécessité de conserver la primauté de l'activité agricole, considérée comme la seule en mesure de produire une richesse réelle (dans ce cas spécifique, produit net). Ce sont les lois naturelles elles-mêmes qui suggèrent l'importance du secteur agricole : un législateur qui, promouvant des lois positives, s'éloigne de cette indication, ne ferait autre que conduire la société à la faillite.

un bien. Afin de mieux illustrer ce second élément qui, selon nous, est tout particulièrement important pour les réflexions que nous entendons conduire ici, nous rapportons le passage en question dans son intégralité :

> si on examine ces règles avec attention, on apercevra au moins que les causes *physiques* du mal *physique* sont elles-mêmes les causes de biens *physiques ;* que la pluie, qui incommode le voyageur, fertilise les terres : et si on calcule sans prévention, on verra que ces causes produisent infiniment plus de bien que de mal, et qu'elles ne sont instituées que pour le bien ; que le mal qu'elles causent incidemment résulte nécessairement de l'essence même des propriétés par lesquelles elles opèrent le bien. (*ibid.*, pp 115-116)

Par ailleurs, et cela est décisif selon Quesnay, les hommes ne peuvent envisager de modifier les lois de la nature dictées par l'Être Suprême, même quand ils ne les comprennent pas. Les inégalités naturelles, dues aux différences de « "talents" ou "force de caractère" de l'âme » (Voegelin, 1975, p. 108), sont généralement perçues par les hommes des Lumières comme un élément essentiel pour l'équilibre social et le progrès[41]. Ils se réfèrent bien sûr aux racines historiques et sociales des inégalités. Il suffit de penser au célèbre exemple d'Adam Smith, dans la *WN*, à propos des différences sociales entre philosophe et portefaix :

> Dans la réalité, la différence des talents naturels entre les individus est bien moindre que nous ne le croyons, et les aptitudes si différentes qui semblent distinguer les hommes de diverses professions quand ils sont parvenus à la maturité de l'âge, n'est pas tant la cause de l'effet de la *division du* travail, en beaucoup de circonstances. La différence entre les hommes adonnés aux professions les plus opposées, entre un philosophe, par exemple, et un portefaix, semble provenir beaucoup moins de la nature que de l'habitude et de l'éducation. Quand ils étaient l'un et l'autre au commencement de leur carrière, dans les six ou huit premières années de leur vie, il y avait peut-être entre eux une telle ressemblance que leurs parents ou camarades n'y auraient pas remarqué de différence sensible. Vers cet âge ou bientôt après, ils ont commencé à être employés à des occupations fort différentes. Dès lors a commencé entre eux cette disparité qui s'est augmentée insensiblement, au point qu'aujourd'hui la vanité du philosophe consentirait à peine à reconnaître un seul point de ressemblance. Mais, sans la disposition des hommes à trafiquer et à échanger, chacun aurait été obligé de se procurer lui-même toutes les nécessités et commodités de la vie. Chacun aurait eu la même tâche à remplir et le même ouvrage à faire, et il n'y aurait pas eu lieu à cette

41 À ce sujet, voir aussi Grenier, 2010, p. 13.

> grande différence d'occupations, qui seule peut donner naissance à une grande différence de talents. (Smith 1979 [1776], vol. I, p. 28-29)

Les problèmes apparaissent lorsque les inégalités naturelles sont utilisées pour justifier des différenciations structurelles entre groupes sociaux et pour motiver l'origine d'odieuses institutions, comme l'esclavage. Compte tenu de l'ordre social, des contextes idéologiques qui les caractérisent et des orientations politiques prédominantes, les inégalités sont acceptées comme un fait qui ne peut être modifié, pas même par les fonctionnaires publics de formation physiocratiques, bien qu'ils reconnaissent dans le travail libre utilisé en agriculture (comme nous l'avons dit), la typologie de travail la plus rentable.

Le cas des deux Intendants Pierre-Paul Le Mercier de la Rivière et Pierre Poivre est, en ce sens, exemplaire ; ils ont le même rôle et appartiennent en outre à l'école physiocratique. Tous deux, justement en vertu de leur formation physiocratique, partagent l'idée que l'agriculture est l'unique secteur productif en mesure de garantir un produit net, à condition d'y employer le travail libre. Mais, seulement la première condition subsiste dans les colonies, depuis toujours utilisées comme extension des terres de la mère patrie destinées à l'activité agricole. Quant au deuxième aspect, comme on le sait, le travail dans les plantations coloniales est organisé uniquement en termes esclavagistes. La position des deux Intendants est pour le moins dérangeante : le souverain veut une gestion adéquate des colonies, avec une grande productivité de leur agriculture, afin qu'elles contribuent suffisamment aux caisses de la Couronne de France. Pour le roi, bien sûr, aucune intervention en faveur de l'abolition de l'esclavage n'est acceptable. Comme nous le verrons, dans les analyses et dans le travail de La Rivière et de Poivre, émergent syntonies et différences. Tous deux, conscients de l'impossibilité d'affranchir les esclaves, insisteront pour, au moins, en abolir la traite. À part cela, il semble que La Rivière se limite à une exposition plus technique des problématiques qui existent dans la colonie et cherche des solutions compatibles avec les limites imposées par le pouvoir législatif. Poivre en revanche, vise également la recherche d'un rapport plus harmonieux entre maîtres et esclaves. Il semble convaincu en effet, que garantir aux esclaves des conditions de vie meilleures est déterminant pour une gestion correcte des colonies et pour la valorisation de leur agriculture.

LE MERCIER DE LA RIVIÈRE : UNE QUESTION TECHNIQUE

La Rivière est considéré comme l'auteur qui avec Turgot et Baudeau, a contribué de manière significative au développement de l'analyse de Quesnay (Eagly, 1979, p. 173). Son œuvre principale – qui concourut à diffuser la doctrine physiocrate et qui en représente, selon Smith, « la plus claire et la mieux suivie » (Smith, 1979 [1776], vol. II, p. 679) – est *L'ordre naturel et essentiel des sociétés politiques* (1776)[42]. Elle fut imprimée en partie par Dupont De Nemours avec un titre qui, aux dires de Schumpeter, révèle « la mentalité et l'esprit de groupe » des physiocrates (Schumpeter, 2003 [1954], vol. I, p. 271). En réalité, cette contribution n'évoque pas seulement les aspirations et les idéaux des physiocrates, mais aussi toute une époque historique. Considérons par exemple, l'analyse du rapport entre système économique et systèmes politiques et celle qui concerne les effets de l'accroissement de la richesse nationale sur le bonheur public et sur le bonheur privé et plus généralement, sur l'harmonie sociale (Bury, 1979, p. 124-125).

Toutefois, alors que certains interprètes donnent de La Rivière l'image d'un divulgateur des théories de Quesnay sans grande originalité, Philippe L. May, qui a dirigé et commenté les *Mémoires et textes inédits sur le gouvernement économique des Antilles*, fournit un jugement différent et fait ressortir aussi l'hypothèse d'un La Rivière, qui sous certains aspects, introduit des éléments innovateurs dans le système physiocratique. Partant par exemple de ses réflexions sur travail et spécialisation, il se serait écarté de la doctrine physiocratique orthodoxe, attribuant une importance majeure au facteur humain et à la productivité du travail dans l'analyse de l'économie capitaliste[43]. Il s'agit d'un sujet important,

42 En ce qui concerne l'esclavage, il est intéressant de voir que l'*Ordre naturel* de La Rivière est caractérisé par l'absence totale d'allusion au rôle et aux droits des esclaves. Lorsqu'il définit le droit naturel de chaque homme à la « propriété *exclusive* de sa personne, et celle des choses acquises par ses recherches et ses travaux », il exclut les esclaves de cette définition (La Rivière, 1910 [1767], p. 9). On sait bien, en effet, que ceux-ci n'ont aucun droit de disposer de leur propre personne (*propriété personnelle*) qui appartient à d'autres, et encore moins de posséder ce qu'ils produisent par leur travail (*propriété mobilière*). Ils n'ont que des devoirs et des contraintes, contrairement au « seul et unique axiome » qui représente « le juste *absolu* », comme Le Mercier lui-même l'affirme : « point de droits sans devoirs, et point de devoirs sans droit » (*ibid.*, p. 11).

43 Marx aussi mentionne cette hypothèse, dans son *Histoire des théories économiques. La théorie de la plus-value de William Petty à A. Smith*, vol. I, il écrit : « Mercier de la Rivière a l'intuition d'une relation existante, au moins dans l'industrie, (Turgot la développe tout

renvoyant à un thème qui a suscité de nombreux débats[44], mais – aussi intéressant qu'il soit – nous ne pouvons le traiter ici. Nous ne prendrons donc en considération que ses réflexions sur l'utilisation des esclaves dans les travaux agricoles des colonies françaises.

Dans ses *Mémoires* sur les Antilles (dix-sept en tout), La Rivière ne se pose pas la question de savoir si l'esclavage est juste ou non d'un point de vue éthique. Une telle approche ne doit pas nous surprendre, sa mission étant d'observer les conditions de la colonie qui lui a été confiée et d'identifier les modalités d'améliorations possibles de sa gestion, au profit aussi de la mère patrie[45]. Il « avait sous les yeux un pays où les avances prenaient la forme d'une augmentation, non pas du nombre des charrues et des bestiaux, mais du nombre des nègres[46] » et il ne pouvait s'arrêter longuement sur le rôle des esclaves, qu'en affrontant le thème de leur utilisation productive, celui du rapport entre investissements dans l'achat des esclaves et rendement, et celui concernant le poids de la taxation sur les propriétaires d'esclaves.

Pour illustrer les conclusions auxquelles La Rivière parvint durant son mandat, nous aurons recours surtout à deux de ses écrits : le *Mémoire sur la Martinique. 8 septembre 1762* et le *Procès-Verbal du 26 juillet 1763*. Le premier est un mémoire où la Rivière « propose une politique "économique"

---

au long de sa production), entre la plus-value et les ouvriers industriels eux-mêmes. » (Marx, 1954 [1862], p. 62).

44 Comme l'a souligné Schumpeter « le bon sens écossais se sentit offensé par l'affirmation de Quesnay selon laquelle productif était seulement le travail appliqué à l'agriculture » (Schumpeter, 2005 [1954], vol. I, p. 233). A. Smith lui-même reprochait à « certains auteurs français » d'utiliser de manière abusive le concept de productivité du travail, se référant uniquement au secteur agricole et négligeant l'influence positive que la spécialisation des travailleurs peut avoir sur la production annuelle de richesse : « Pour qu'il survienne quelque perfectionnement ou accroissement de puissance dans les facultés productives du travail utile, il faut ou que l'habileté de l'ouvrier se perfectionne, ou que l'on perfectionne les machines avec lesquelles il travaille » (Smith, 1979 [1776], vol. II, p. 676). Pour la critique globale de Smith de la doctrine des physiocrates, voir Smith, 1979 [1776], vol. II, p. 673-678. Il faut tenir compte que l'auteur finit par admettre que le système physiocratique « avec toutes ses imperfections, néanmoins, ce système est peut-être, de tout ce qu'on a encore publié sur l'économie politique, ce qui se rapproche le plus de la vérité » (*ibid.*, p. 678).

45 À ce propos, voir La Rivière, 1978 [1762], p. 105.

46 En effet, alors que les *Économistes* de la mère patrie raisonnaient sur un système agricole où la force de travail était fournie essentiellement par le bétail ou par les chevaux de trait, La Rivière voyait que dans les Îles, on utilisait spécialement les esclaves, assimilés à des bêtes (May, 1978, p. 13).

tendant à la plus grande prospérité des Antilles et de la France » (La Rivière 1978 [1762], p. 102) ; le second est un procès-verbal de l'assemblée où La Rivière expose « les principes économiques qui doivent inspirer la nouvelle fiscalité » de la Martinique (La Rivière 1978 [1763], p. 155).

Dans le *Mémoire*, l'auteur identifie les quatre causes[47] qui auraient porté à la diminution des plantations et au phénomène évident de l'abandon des terres de la Martinique (un tiers de ses terres étaient désormais incultes), par rapport à la période où l'île était gouvernée par les anglais. Dans ce contexte mûrit sa réflexion sur la carence et le coût élevé des noirs (« rareté et le grand prix des nègres ») et mûrissent aussi des propositions (« remèdes ») pour résoudre les problèmes soulevés.

Le type de travail dans les plantations de la Martinique requiert l'utilisation des noirs qui doivent être importés d'Afrique. Selon les calculs de La Rivière, les français achètent les esclaves à un prix trois fois supérieur à celui que payaient les anglais par le passé. L'une des principales raisons d'un prix si haut réside dans les coûts élevés de la navigation, de l'Afrique aux Caraïbes, beaucoup plus longue et dangereuse que celle prévue pour le transport d'autres genres de marchandises[48]. Encore plus importante est « la rareté ou plutôt la disette » des nègres (*ibid.*, p. 109) que bientôt « l'Afrique ne pourra plus (en) fournir » dans la quantité nécessaire aux systèmes productifs occidentaux (*ibid.*, p. 253-254)[49]. Si

---

47 « Le partage égal des terres joint surtout aux évaluations chimériques qu'on en fait ; la rareté et le grand prix des nègres ; la cherté des marchandises de France ; le poids des dépenses en général peu proportionné au produit de la culture » (La Rivière, 1978 [1762], p. 106).

48 Cela ne veut pas dire que La Rivière considère juste le prix des autres marchandises qu'il trouve, de toute manière, plus chères qu'elles devraient l'être, surtout s'il s'agit de biens de première nécessité comme les aliments et les vêtements (La Rivière, 1978 [1762], p. 110).

49 Il faut aussi considérer que, durant la navigation, on compte un nombre considérable de morts, pour diverses raisons : suicides, tortures et surtout, jeûne, déshydratation, maladie. De 1756 à 1765, sur 10.000 embarqués, 8.000 seulement arrivent à la Martinique, avec une perte de 2.000 hommes environ (pour ces données et d'autres encore, voir Eltis, Behrendt, Richardson, Klein, 1998 et Klein, 2016, p. 178). Les marchands qui s'occupent de la traite des esclaves, ne sont pas tant préoccupés pour la mort de ceux-ci que par la menace pour leurs profits dérivant d'un taux de mortalité si élevé (*cf.* Rich-Wilson, 1977 ; Eltis, Behrendt, Richardson, Klein, 1998 ; Pétré-Grenouilleau, 2004 ; Eltis, Keith, Engerman, Cartledge 2011). Pour cette raison, « les capitaines adoptèrent des critères plus rationnels dans l'approvisionnement en nourriture et en eau et dans le nettoyage et l'aération des cales. Ces efforts réduisirent la mortalité de 20 % à moins de 10 % vers la fin du XVIIIe siècle » (Lindsay, 2011, p. 108-109).

les maîtres ne se soucient pas de fournir à leurs esclaves tout le nécessaire pour vivre et rester en bonne santé, ils finiront par périr, aggravant la carence de main d'œuvre asservie. Il n'est pas rare que, pour faire face à ce problème, les colons laissent les esclaves libres durant le samedi et le dimanche de manière à ce qu'ils puissent « gagner de quoi subsister toute la semaine » (*ibid.*, p. 138).

Le nombre insuffisant de noirs à employer en agriculture est grave, non seulement parce que cela risque de déterminer un manque de main-d'œuvre pour les plantations déjà existantes, mais aussi parce que cela empêche de mettre en culture d'autres terres. La Rivière a calculé, nous y avons déjà fait allusion, que bien « un tiers de cette île… n'est pas mis en valeur et qui est susceptible de l'être » (*ibid.*, p. 117). Pourtant, ces terres risquent de rester inutilisées, si on ne veille pas à faire croitre la population, pas seulement de noirs mais aussi de blancs (nous parlerons plus avant de la nécessité d'augmenter le nombre de blancs dans les colonies).

Ayant établi que le coût des noirs est trop élevé, La Rivière avance quelques propositions pour remédier aux causes qui rendent la Martinique moins productive qu'elle ne pourrait l'être. Avant tout, ne pouvant pas encore se passer de l'importation des esclaves nègres[50], La Rivière propose de limiter le transport des esclaves de la Guinée durant la belle saison : la saison des pluies, en effet, expose à un risque majeur la survie des esclaves et, dans tous les cas, elle en ralentit le transport, causant une ultérieure augmentation des coûts (*ibid.*, p. 123).

Il faudrait en outre diminuer les coûts du transport et cela est possible si l'on réduit le prix des matières premières utilisées pour construire les navires négriers, à savoir le bois, le chanvre (dont les cultures devraient être mieux soignées en France) et le fer (*ibid.*, p. 125-126). Toutefois, le point névralgique est celui des taxes payées pas les maîtres « à tant par tête des nègres » (*ibid.*, p. 141). Cette question, introduite dans le *Mémoire*, est développée de manière plus détaillée dans le procès-verbal du 26 juillet 1763. Celui-ci revêt un rôle central dans la réflexion de La Rivière sur l'esclavage. Il s'agit du compte-rendu rédigé à la fin de l'assemblée convoquée sur l'île de la Martinique pour décider à travers quelles mesures appliquer la disposition prévue par le Conseil

50 La Rivière souhaite un meilleur traitement des noirs, afin de préserver leur santé et de permettre leur reproduction sur l'île, éliminant ainsi le besoin de recourir à l'importation.

d'État concernant la part des impôts que la colonie doit verser au roi de France. Une fois fixée la somme de 500.000 *livres*, le souverain laisse à l'intendant la pleine liberté de déterminer la forme d'imposition. La Rivière se propose donc de trouver « la plus sûre, la plus prompte, et la moins dispendieuse pour le Roi, la moins onéreuse à l'habitant, et la plus propre à remplir toutes les vues de S. M., en faveur de ses Colonies » (*ibid.*, p. 156-157).

Après avoir exprimé son propos, La Rivière tourne immédiatement son attention sur le rapport entre production agricole et esclaves. En tant que physiocrate, il considère le secteur agricole comme le seul qui puisse générer le produit net sur lequel faire peser les impôts, en ayant soin toutefois de ne pas taxer les investissements en agriculture. Ce dernier élément est très important dans son raisonnement. Jusqu'alors, on appliquait aux nègres la capitation, une « imposition par tête de nègres de culture ». Selon La Rivière cette taxe n'est pas appropriée pour deux raisons :

- les esclaves noirs utilisés dans les plantations sont « instruments de la culture », c'est-à-dire des moyens de production sur lesquels les colons investissent et, en tant que tels, ne sont pas imposables[51] ;
- parce qu'une taxe de ce genre ne tient pas assez compte de la fertilité de la terre : plus celle-ci est productive, plus abondant sera son produit net, même si on a besoin de moins d'esclaves.

En somme, en procédant exclusivement avec la capitation, le résultat serait de taxer davantage les propriétaires des terres moins productives (*ibid.*, p. 158), érodant la possibilité d'investissements futurs pour une vaste catégorie de terrains. Il s'agit donc de penser à un système de taxation qui introduise une base de calcul plus complexe et qui intègre la fertilité de la terre.

Toutefois, la question des impôts sur les esclaves n'est que l'un des grands problèmes. La Rivière place aussi au premier plan le thème de leur utilisation, car ils sont toujours plus souvent destinés « aux arts et métiers ou autres travaux de main-d'œuvre qui peuvent être dans la main des blancs » (*ibid.*, p. 161). Deux sont les conséquences négatives qui en dérivent : d'une part, de plus en plus de noirs sont soustraits au travail

51 En d'autres termes, « l'esclave est un capital » (Steiner, 1995, p. 168).

agricole ; de l'autre, le salaire payé aux noirs employés dans les arts et métiers, devant tenir compte du prix d'achat et de la tendance majeure au dépérissement de ce genre de capital, serait certainement plus élevé que celui des hommes blancs qui accompliraient le même genre d'activité. Pour pallier à cette situation, La Rivière propose deux solutions : la première est une hausse de la taxation à la charge des maîtres des noirs ouvriers, afin de décourager leur emploi dans des secteurs autres que l'agriculture et les rediriger vers les activités agricoles ; la seconde est qu'il faut augmenter la population blanche présente sur l'île, à destiner aux productions artisanales et pour augmenter la concurrence interne.

Pour conclure, l'analyse et les propositions de l'Intendant de la Martinique quant à l'institution de l'esclavage divergent radicalement des idées dominantes parmi les penseurs des Lumières[52]. D'ailleurs, sa mission ne consistait pas en une discussion générale sur l'esclavage évaluant les avantages et désavantages de son maintien. La Rivière partait du principe que l'esclavage était un élément essentiel pour la prospérité des colonies et pour atteindre des objectifs de finance publique fonctionnels par rapport aux exigences de la mère patrie. Son analyse avait souligné : un progressif abandon des terres de la part des colons ; le risque d'une diminution significative des esclaves destinés à l'agriculture (et pour la diminution du nombre des esclaves importés, et pour leur emploi en activités extra-agricoles) ; la relative faiblesse de l'esclave comme instrument de production qui, selon les lois de marché, en augmentait le prix, risquant de produire d'ultérieurs effets en chaîne sur la production agricole. Dans un tel contexte, une augmentation de la taxation sur les nègres-instrument de production pouvait comporter des effets encore plus graves, si on n'introduisait pas des bases de calcul en mesure d'évaluer, comme source de taxation, non pas chaque esclave, mais la productivité de ce dernier en relation avec la fertilité des terrains. L'idée de La Rivière est que pour cultiver ces régions on ne pouvait se passer des esclaves. En effet, même si au niveau théorique abstrait, on pouvait concevoir de les remplacer par des travailleurs blancs, au niveau pratique, cette hypothèse n'apparaissait guère praticable[53]. En

---

52 Des considérations analogues sur la position propre à La Rivière *in* Steiner, 1995 et Clément, 2009, p. 118.

53 Cette contraposition entre possibilité théorique et réalité pratique émerge clairement dans les paroles de La Rivière : « La nature du travail que demande la culture à la Martinique

conséquence, son objectif reste fondamentalement de rendre durables ces systèmes productifs à travers une utilisation rationnelle et calibrée des esclaves en agriculture, sans les diriger à d'autres occupations, compte tenu surtout de leur réduction progressive. La Rivière ne se pose pas des problèmes de réflexion ou d'évaluation critique à l'égard de la légitimité des structures productives qui utilisent les esclaves comme instruments de production. Son point de départ peut être considéré ainsi : vu la typologie d'entreprise, vu ses caractéristiques structurelles (qui dérivent des rapports de productions antécédents), l'objectif n'est pas de mettre en discussion leurs mécanismes de fonctionnement, mais plutôt de les conserver et de les développer d'abord en fonction de la prospérité des colonies, mais aussi en fonction de la puissance de la mère patrie. Dans un tel contexte, l'approche de type comptable est plus adaptée à « justifier les décisions prises aux yeux de l'autorité centrale mais également de ceux sur qui elles vont peser – les citoyens amenés à payer l'impôt –, et, au bout du compte, à prouver la rationalité de la politique royale » (Oudin-Bastide–Steiner, 2015, p. 21).

PIERRE POIVRE : L'ESCLAVAGE « DURABLE »

Contrairement à La Rivière, Pierre Poivre – Intendant de l'Île-de-France de 1767 à 1772 – examine aussi les implications éthiques de l'utilisation des esclaves dans l'activité agricole coloniale. La différence d'approche du rôle d'Intendant de leur part est évidente :

- au sujet de l'institution de l'esclavage, ils emploient des tons très différents. Ceux de La Rivière sont mesurés et extrêmement techniques ; ceux de Poivre sont emphatiques et passionnés ;
- bien qu'étant tous deux physiocrates, La Rivière – comme nous avons pu le constater – semble introduire des innovations par rapport aux principes orthodoxes de l'école de Quesnay ; Poivre, au contraire,

et la forme de ses terrains exigent nécessairement que ce travail soit fait par main d'hommes. Jusqu'à présent on s'est servi d'esclaves et j'ai peine à croire que l'on pût s'en passer. Ce n'est pas que des blancs ne résistassent au travail aussi bien que les noirs ; je crois même que les premiers l'emporteraient sur les derniers. J'avance cette proposition d'après beaucoup d'exemples qui ne m'ont point échappé. Je dis plus encore, ce serait selon moi un très grand bien si cela pouvait se mettre en pratique, mais malheureusement je regarde la chose comme impossible par plusieurs raisons trop longues à détailler ici » (La Rivière, 1978 [1762], p. 108-109).

> reste absolument fidèle à l'esprit et à la lettre physiocratique. Il considère non seulement l'agriculture comme l'unique vrai secteur productif, mais il insiste aussi sur la nécessité d'utiliser seulement le travail libre, afin d'obtenir le meilleur produit net possible.

Ces aspects apparaissent clairement dans les textes plus connus de Poivre, *Voyage d'un philosophe* (1768) et le *Discours* tenu à l'Île-de-France quelques jours après son arrivée en tant qu'Intendant (26 juillet 1767). Au cours de ses voyages à l'étranger, surtout dans les terres colonisées par les français, Poivre a pu vérifier la justesse des réflexions des *Économistes*. Comme l'a souligné Dupont de Nemours dans sa *Notice sur la vie de M. Poivre* (1786), il était déjà, à vingt-sept ans à peine, en mesure d'apprécier l'état de prospérité dont jouissaient les peuples qui avaient placé « l'agriculture » et « la liberté » au cœur de leur système de production. Au contraire, les nations qui avaient adopté le « despotisme » ou l'« anarchie », même dotées d'un sol « le plus favorisé du Ciel », ne pouvaient qu'être destinées à l'affaiblissement économique (Dupont de Nemours 1786, p. 34). Poivre est tellement convaincu du binôme agriculture-prospérité qu'il confirme le lien existant entre la cause (agriculture comme principal secteur productif) et l'effet (pays riche et heureux) en termes inverses aussi : si le regard du voyageur remarque des « terres… bien cultivées » il peut être sûr d'être arrivé dans un pays où « les habitants sont policés et heureux », parce que gouvernés selon les « principes de la raison ». Quand, au contraire, il se trouve en face de terres négligées, abandonnées ou mal cultivées, alors il se trouve sans aucun doute dans un pays habité par un « peuple malheureux, féroce ou esclave » (Poivre, 1768, p. 7).

Dans un tel contexte, Poivre met toujours l'accent sur le rôle du travail libre et, dès les toutes premières pages des récits de ses voyages, il se réfère explicitement à l'esclavage, le comptant parmi les causes d'un retard productif – et pas seulement éthique et social – des pays moins avancés. L'esclavage a une double valeur négative : il n'est pas seulement la cause du retard économique, mais aussi l'effet de mauvaises lois ; des lois très différentes de celles que « chaque homme porte dans son cœur » (*ibid.*, p. 134). Voilà ce qui s'est passé en Afrique où, « depuis la perte de la liberté », les terres ont été complètement abandonnées ou cultivées en recourant aux esclaves (*ibid.*, p. 135), ou en Amérique du Nord où les peuples sauvages, qui ne s'occupent pas d'agriculture, continuent de chercher inutilement un bonheur réalisable seulement à travers la « bonne agriculture » (*ibid.*, p. 136). Encore une fois, certains éléments prédominants émergent du débat sur l'esclavage que nous avons déjà analysé : l'esclavage est le fruit d'une « loi malade » à laquelle il faut remédier[54].

Comme Carminella Biondi l'a relevé à juste titre, on trouve la plus véhémente attaque que Poivre adresse à l'institution esclavagiste dans le *Discours* avec lequel l'Intendant se présente aux habitants – surtout aux colons – de Île-de-France (Biondi, 1979, p. 213). Nous reviendrons plus avant sur les considérations de l'auteur quant à l'utilisation des esclaves dans l'agriculture coloniale. Il est tout d'abord utile de rappeler que l'Intendant a été envoyé à l'Île-de-France pour gérer la colonie au nom du roi et pour améliorer le sort d'une région qui, jusqu'alors, avait apparemment été mal gérée[55]. Ce préambule est indispensable pour comprendre le fil rouge autour duquel s'articule tout son *Discours* : Poivre est fermement convaincu que la piètre situation économique de la colonie est due au comportement égoïste et auto-intéressé des colons. Ces derniers agissaient toujours dans l'optique d'un investissement à court terme, ils n'avaient apporté aucune amélioration aux terres de l'Île-de-France et s'étaient préoccupés uniquement d'obtenir le maximum d'avantages le plus rapidement possible. Leur but était manifestement de s'enrichir, avant de quitter les colonies et retourner en France[56]. Ce genre de conduite, souligne Poivre, a produit des résultats néfastes aussi bien pour les colons que pour la mère patrie. Les colons, n'ont pas su profiter de leur position de privilège dans une terre fertile. La chose était particulièrement grave car ils avaient été exemptés « de toute espèce d'impositions et de droits » et se trouvaient, du point de vue logistique, dans une position avantageuse, « au milieu de toutes les productions de l'univers que la mer lui apporte » (Poivre, 2011 [1767], p. 4). En

54 À ce propos, voir p. 118 de ce travail, sur Montesquieu. Comme nous le verrons, Condorcet aussi considérera l'esclavage une injustice non seulement permise, mais institutionnalisée pas la loi.

55 La même tâche, comme nous l'avons vu, avait été confiée à La Rivière.

56 Comme l'a remarqué Clément, il s'agit d'un comportement courant : « Le mode d'exploitation de la colonie repose sur un principe d'accaparement des richesses plus que sur un principe de création de richesses renouvelables. Tout repose sur le prélèvement des richesses et sur l'absence d'investissement » (Clément, 2009, p. 120).

outre, cette négligence avait nui considérablement à la Couronne : les hommes qui s'étaient enrichis en interceptant « plus de 60 millions » d'investissements royaux destinés à l'agriculture, n'avaient apporté aucune contribution financière significative à la nation (*ibid.*, p. 6).

L'intention de Poivre est de lancer un nouveau cours des choses où les colons assument des comportements corrects, diligents et avantageux pour la France. De ce genre politique dériveront, de manière naturelle, des bénéfices pour les gérants des plantations aussi. Partant de ses conditions – dictées par le vouloir du roi – et avec les interventions *ad hoc* qu'adopte l'Intendant, le projet de renouveau de l'Île-de-France ne peut que recueillir de bons fruits, évitant, comme Poivre l'explique dans un passage du discours, que de tels projets de réforme ne soient encore une fois entravés par les intérêts personnels des colons.

> Après une déclaration aussi sincère de notre part, si votre agriculture trouve encore des obstacles ; si quelques abus, quelques désordres en arrêtent les progrès ; si le mal se perpétue ; si tout le bien qu'il est possible de faire, ne se fait pas ; enfin si la Colonie ne parvient pas au plus haut degré de félicité auquel elle puisse parvenir, ne vous en prenez qu'à vous-mêmes. Que pouvons-nous vous offrir de plus pour votre utilité particulière et pour l'avantage public, que toute la force de l'autorité dont nous sommes dépositaires ? (*ibid.*, p. 8)

La nécessité d'intervenir dans la colonie pour amener l'agriculture, « le plus noble et le plus utile de tous les arts », à de bons niveaux de productivité est certainement prioritaire par rapport à toute autre intervention. Cela n'empêche pas qu'il existe beaucoup d'autres questions à affronter, sur la base des recommandations du souverain : l'amélioration des systèmes de transport, l'institution de nouvelles paroisses, où les Ministres de la Religion peuvent trouver de nouvelles formes de subsistance, des éclaircissements quant aux objectifs de la nouvelle administration. Eh bien, dit Poivre, avec le temps, on affrontera correctement toutes ces questions, mais on ne peut retarder une intervention qui mette en place une politique convenable à l'égard des esclaves, d'abord parce que les indications du Roi en ce sens sont claires, et puis parce que cette politique se présente comme une véritable urgence humanitaire (*ibid.*, p. 8).

C'est en effet à ce thème qu'est consacré tout le reste du *Discours* qui, pourtant, ne procède pas de manière linéaire. Poivre se retrouve dans la position inconfortable du physiocrate qui croit fermement au travail libre, comme condition incontournable pour un système agricole efficace, mais il a un rôle de fonctionnaire d'État dans un pays où l'abolition de l'esclavage rencontre encore de fortes résistances (malgré les pressions d'une partie des intellectuels et de l'opinion publique).

Poivre part du principe qu'un style de vie frugal, soutenu par des « mœurs simples, mais nobles et austères » est l'idéal pour le plein développement de l'agriculture. Puisqu'il est possible de trouver ce genre d'habitudes seulement là où il y a « la liberté et le travail », il est évident que ces derniers ne sont pas compatibles avec l'esclavage. Ce dernier, selon lui, a des effets négatifs à deux niveaux : d'un côté, il provoque l'immédiat avilissement des esclaves ; de l'autre il détermine aussi l'abrutissement des maîtres qui sont victimes de leurs propres vices (orgueil, rigueur, punitions) (*ibid.*, p. 8)[57]. On doit toutefois constater la situation réelle de l'Île-de-France (et de toutes les autres colonies françaises), où le travail agricole a été totalement confié aux esclaves noirs importés d'Afrique conformément à ce que prévoyait l'« esprit des lois », prédominant à l'époque en France. Poivre aussi reconnaît que l'institution scandaleuse et nuisible de l'esclavage n'est que le fruit d'une législation malade, indigne du siècle des Lumières, contraire au droit naturel et proche de celle des anciens peuples barbares.

Biondi souligne bien la difficulté pour Poivre, de résoudre cette situation de conflit entre son élan personnel en faveur de l'affranchissement des esclaves et l'exigence de se soumettre à la législation française. L'auteure reconnait la probabilité d'une certaine liberté d'action de la part des Intendants des colonies, surtout en cas d'événements exceptionnels, face auxquels ils n'auraient pas le temps d'attendre des ordres précis du souverain. Toutefois, elle considère invraisemblable la possibilité d'assumer une décision radicale, comme l'affranchissement des esclaves, qui aille dans le sens opposé aux indications administratives générales (Biondi, 1979, p. 213)[58]. En outre, il faut considérer l'hostilité des colons

57 Comme nous l'avons vu, le double effet négatif de l'esclavage, et sur les esclaves et sur les maîtres, est déjà inhérent à l'analyse de Montesquieu, dont s'inspireront les analyses successives d'autres auteurs.

58 Plongeron en revanche, rattache la divergence entre les prémices explicitement antiesclavagistes et les conclusions beaucoup plus modérées du discours de Poivre à la spécificité de la période historique où lui est confiée l'administration de l'Île-de-France. En effet, nous sommes à la veille de la révolution : donner suite aux volontés abolitionnistes aurait voulu dire ajouter l'énième élément de déséquilibre aux nombreux qui déjà visaient – et progressivement commençaient – à renverser l'Ancien Régime (Plongeron, 1997a, p. 114).

qui ne voulaient pas renoncer à leurs privilèges acquis grâce au système esclavagiste. En ce sens, ce qu'écrit Florence Gauthier est intéressant :

> Rappelons également que dans les années 1780, la monarchie tenta des réformes dans les colonies esclavagistes dans le but d'améliorer la condition des esclaves et le statut des hommes libres de couleur. Cette ingérence du pouvoir central dans les affaires coloniales (y compris dans les rapports maîtres-esclaves) provoqua, bien avant la Révolution, la méfiance et la résistance des colons, en particulier à Saint-Domingue. Un solide lobby esclavagiste s'organisa durant la période de convocation des États généraux à Paris même. (Gauthier, 1995, p. 225)

Ainsi, Poivre se sent appelé à mettre en relief au moins l'importance « humanitaire » du problème de l'esclavage, en indiquant des propositions réalistes et facilement praticables. Il se replie donc sur une solution alternative pas aussi satisfaisante, mais suffisante (tout du moins provisoirement) pour produire des améliorations généralisées en faveur des esclaves, des maîtres et avec eux de la nation toute entière. Là où les hommes ne pourront être « éclairés par les lumières » de la raison, ils seront illuminés par la Foi chrétienne[59] qui, les encourageant à supporter leur sort difficile, leur rendra la « liberté précieuse de l'âme » et l'espoir de voir maintenue la promesse divine de la « plus haute récompense » réservée « aux malheureux qui pleurent ». La nouvelle politique « humanitaire » changera aussi – selon son point de vue – les rapports colon-esclaves. Les premiers ne seront plus perçus comme des maîtres, mais bien comme des protecteurs à qui rester fidèles, en temps de paix comme en temps de guerre. Les seconds n'hésiteront pas à défendre d'éventuelles tentatives de conquêtes, la terre qu'ils sentiront comme la leur (Poivre, 2011 [1767], p. 8).

Éduquer les esclaves à la chrétienté, conclut Poivre, pourrait présenter un avantage ultérieur : si on leur permet – contrairement aux dispositions de nombreux maîtres – de contracter les liens sacrés du mariage, les esclaves tendraient à se reproduire naturellement. De cette manière, on pourrait déjà penser, si ce n'est à l'affranchissement des esclaves, au moins à l'abolition de la traite (Plongeron, 1997a, p. 114)[60]. En tout état de

59 Sur la proposition de Poivre de recourir à l'éducation religieuse des esclaves, voir Plongeron, 1997b, p. 198.

60 Comme on s'en souviendra, considérant incontournable le recours à l'esclavage pour le travail dans les plantations coloniales et craignant l'imminente impossibilité de les

cause, la proposition de Poivre apparaît moins réaliste qu'il ne le pensait. Les raisons sont aisément identifiables. La première est à attribuer au nombre limité de la composante féminine des esclaves (dans un rapport moyen d'une femme pour deux hommes). La seconde s'explique par le fait que, dans tous les cas, les femmes étaient soumises à des charges de travail intenses au point d'être incompatibles avec les grossesses et les soins de leur progéniture. Par ailleurs, la radicale hostilité des maîtres demeurait fondamentalement inchangée. Ils préféraient continuer à exploiter les esclaves jusqu'à la mort, les remplaçant – si nécessaire – par l'achat de nouveaux esclaves, au lieu de créer des conditions appropriées pour leur reproduction (Lindsay, 2011, p. 51).

importer d'Afrique, La Rivière aussi avait sollicité, dans sa colonie, la réalisation d'un équilibre tel pour assurer la reproduction endogène des esclaves.

CONDORCET ET SMITH

L'esclavage et la société commerciale

Le parallèle Condorcet-Smith sur la question de l'esclavage peut réserver des surprises ou résulter quelque peu décevant, surtout pour ce qui est de la réflexion smithienne[1]. La déception ne concerne évidemment pas le refus et la condamnation de l'esclavage, qui unissaient les deux grands hommes des lumières, mais plutôt le choix de la perspective analytique utilisée. On sait que le débat sur l'esclavage et sur son abolition fut vaste en France comme en Angleterre[2], suscitant de profonds déchirements et de fortes oppositions. Ceci dit, si on analyse la position de Condorcet on se rend compte, comme nous le documenterons plus avant, qu'il fait un effort considérable pour affronter tous les aspects liés au thème de l'esclavage. Adam Smith en revanche, opte pour une approche différente et, après quelques annotations d'ordre juridique contenues dans ses *Lectures on Jurisprudence*, il s'arrête surtout sur des arguments de nature économique, dans le but de démontrer que l'institution de l'esclavage représente un obstacle au développement de la « société commerciale ». À ce niveau-là, les réflexions de Smith et de Condorcet sont amplement convergentes. Tous deux sont convaincus qu'une économie de marché moderne doit se fonder sur le « travail libre », le seul moyen qui consente, à travers la concurrence, le développement significatif et constant des phénomènes de spécialisation, d'innovation et de hausse de la productivité du travail, qui sont à l'origine de l'essor de la prospérité des nations.

1 À propos du désappointement que suscite la prudence de Smith en cette occasion, voir aussi les réflexions de Daniel Diaktine : « Confronté à l'exclusif colonial, […] Adam Smith se retrouve face à ce qui est, à ses yeux, l'expression du désordre et de la confusion la plus détestable. Cependant la modération avec laquelle il propose de réagir politiquement est, à première vue, déconcertante. Certains ont pu parler de "résignation" d'Adam Smith » (Diatkine, 1996, p. 22).

2 Voir notamment Drescher, 2009 ; Davis, 1971 [1966], surtout chap. XIII (p. 441-472) et chap. XIV (p. 473-497).

La question à se poser est la suivante : pourquoi Smith choisit-il cette perspective analytique limitée, même si elle est de grande importance ? Est-ce parce qu'il n'a pas affronté l'ensemble de la question de l'esclavage, compte tenu notamment de ses intérêts pour le droit et l'éthique – outre l'économie ? Ce choix ne peut être justifié uniquement par la prudence qui certes distingue Smith, mais qui caractérise d'une certaine manière Condorcet aussi[3]. Il semble qu'il s'agisse là d'un choix de type « pragmatique » (*à la* Montesquieu), qui lui évite de revenir sur les principes primaires (*cf. supra*, p. 116) ; ce point aurait en effet généré des débats trop vastes, sans jamais parvenir à des conclusions définitives et partagées. D'autre part, Smith, profond connaisseur de l'économie de son époque, est conscient de l'incompatibilité de l'esclavage avec les nouveaux systèmes productifs et convaincu que leur inévitable expansion aurait entraîné sa fin.

Un problème intéressant, que nous n'affrontons pas directement, n'étant pas utile aux fins de notre discours, se profile en arrière-plan et concerne les deux auteurs : la question de la fonction de l'État à l'égard de l'abolition de l'esclavage. Comme on le sait, Smith et Condorcet (comme beaucoup d'autres hommes des Lumières) voient avec méfiance le rôle de l'État et d'hypothétiques interventions de sa part dans des domaines, comme la sphère économique, qui sont généralement déterminés par « l'évolution naturelle des choses ». Bien sûr, ils n'ignorent pas l'importance d'initiatives législatives adéquates orientées vers l'abolition de l'esclavage. Ainsi, au-delà de leur prudence vis-à-vis du rôle de l'État, ils sollicitent des améliorations de la législation sur l'abolition de l'esclavage et/ou des mesures législatives pour affronter une période de transition complexe sur le plan économique et social (compte tenu des effets que l'affranchissement des esclaves pourrait comporter au niveau productif et au niveau des relations sociales).

3 Amartya Sen s'est arrêté à plusieurs reprises sur la catégorie smithienne de "prudence". Récemment, il a encore une fois souligné l'importance que Smith attribue à la prudence, considérée – parmi toutes les vertus qu'un individu possède – celle qui lui est la plus utile ; il n'en reste pas moins que, humanité, justice et générosité "public spirit" sont plus utiles aux autres. *Cf.* aussi Sen, 1986, surtout p. 30-32 ; Viner, 1927, p. 208. – En ce qui concerne Condorcet, voir Michelet, selon qui le *philosophe* français aurait été mesuré dans ces actions politiques seulement jusqu'à un certain moment de sa vie : « cet homme si prudent devint hardi en pleine Terreur. Rédacteur du projet de Constitution en 92, il attaqua violemment la Constitution de 93, et fut obligé de chercher un asile contre la proscription » (Michelet, 1855 [1854], p. 93-94).

Condorcet aussi partage cette vision. Il estime, comme Montesquieu, qu'une bonne législation est la condition *sine qua non* pour déterminer une progressive abolition de l'institution de l'esclavage. Cependant, avec le temps il se rend compte que c'est précisément sur les gouvernements (caractérisés par une persistante et incontournable « opacité ») et sur leurs pouvoirs législatifs que convergent les pressions politiques des aristocrates, des colons et de tous les segments de la société qui ont tout intérêt à maintenir l'esclavage :

> L'action des gouvernements y est trop compliquée ; ils agissent trop, et sur trop d'objets. De cette complication et de cette action inutile, résulte nécessairement une influence obscure, indirecte, qui doit exciter des inquiétudes. La marche des chefs du gouvernement, celle même de leurs agents, reste, malgré la publicité, un secret pour la généralité des citoyens qui ne peuvent la suivre. (Condorcet, 1847 [1792a], t. X, p. 606-607)

Par conséquent, limiter l'intervention de l'État est l'indice significatif d'une société qui progresse, fondée sur la libre entreprise des individus : « il faut donc au peuple qui veut être libre et paisible, des lois, des institutions qui réduisent à la moindre quantité possible l'action du gouvernement » (*ibid.*, p. 607).

Comme on peut le constater, il s'agit là, selon Dugald Stewart, de la même conclusion que celle d'A. Smith, qui dans ses notes avait écrit : « Pour élever un État du dernier degré de barbarie au plus haut degré d'opulence, il ne faut que trois choses : la paix, des taxes modérées, et une administration tolérable de la justice ; tout le reste est amené par *le cours naturel des choses* » (Stewart, 1829 [1793], vol. VII, p. 64 ; italiques ajoutés par nous).

L'ENGAGEMENT DE CONDORCET POUR L'ABOLITION DE L'ESCLAVAGE

L'engagement dont fait preuve Condorcet pour l'abolition de l'esclavage et la liberté des noirs s'insère dans le cadre de son combat plus global en faveur des libertés civiles pour sortir définitivement de l'*Ancien Régime*. Remarquables à cet égard, sont aussi ses interventions en matière de tolérance religieuse, reconnaissance civile des Protestants et revendication des droits des femmes (Albertone, 2010). Parmi les écrits que Condorcet a consacrés à l'esclavage des noirs, il convient d'en rappeler au moins quatre :

- deux articles que Condorcet, sous un pseudonyme, a adressés au *Journal de Paris* en juin 1777 ;
- l'*Éloge et Pensée de Pascal*, de 1778 ;
- les *Réflexions sur l'esclavage des nègres*, de 1781, reproposées quelques années plus tard, en 1788[4] ;
- le mémoire *Au corps électoral, contre l'esclavage des noirs*, 1789.

Dans ce travail, nous prendrons en considération les quatre textes, mais nous nous arrêterons surtout sur les *Réflexions sur l'esclavage des nègres*, et ce pour deux raisons : tout d'abord parce qu'on y trouve une reconstruction articulée et systématique des raisons pour lesquelles Condorcet considère l'abolition de l'esclavage comme nécessaire et possible. Les *Réflexions* en effet, rassemblent de façon ordonnée les idées que l'auteur a déjà exprimées, s'adressant à chaque fois à un public différent[5], au sujet de l'institution de l'esclavage. En second lieu parce que – dans leur deuxième édition surtout – les *Réflexions* représentent l'engagement pratique d'un homme qui décide de combattre activement

4 Encore une fois, comme c'était le cas pour la célèbre *Lettre d'un labourer de Picardie* (1775) adressée à Necker, qui marque ses débuts dans le domaine des réflexions économiques (*cf.* le deuxième chapitre du présent travail), et pour les articles qu'il envoie au *Journal de Paris*, Condorcet décide de recourir à un pseudonyme qui lui permet d'intervenir dans le vaste débat que d'autres avant lui – comme il ressort de la reconstruction que nous avons faite dans le chapitre précédent – avaient engendré. Le choix d'un faux nom, dans ce cas, laisse transparaître toute l'ironie de l'auteur qui, pour l'occasion, interprète le pasteur allemand Joachim Schwartz : on sait bien que "schwartz" en allemand veut dire « noir ». Les membres du Club Massiac (favorables à l'esclavage et opposés à la *Société des Amis des Noirs*) s'approprieront le même pseudonyme pour répondre à Condorcet avec les *Sentiments véritables du ministre Schwartz* (Doguet, 2009, p. 29).

5 Selon J. P. Doguet, auteur d'une introduction riche et documentée sur les *Réflexions* de Condorcet pour les Éditions Flammarion, le public visé cette fois est l'opinion publique moyenne, c'est-à-dire la tranche de population ayant un niveau de formation suffisant pour comprendre son discours et débattre de la question. Probablement, dit-il, l'intervention de Condorcet n'aurait eu aucune prise ni sur les *philosophes* et les *Économistes* qui, somme toute, s'accordaient à refuser l'esclavage, ni sur la tranche plus basse du peuple qui se montrait tout à fait indifférente à la question. L'objectif de Condorcet était donc de porter du côté de la raison ceux que nous appellerions aujourd'hui les « indécis » qui auraient pu céder à l'influence des esclavagistes et de leurs raisonnements (*ibid.*, p. 9-10).

pour l'abolition de l'esclavage et qui ne se limite pas seulement à la déplorer (finissant, éventuellement, par l'accepter) ou à la critiquer à travers une opération de *délégitimation rationnelle*.

En 1781, Condorcet rédige la version originale des *Réflexions* l'adressant à un hypothétique législateur[6] qui pourrait bénéficier du soutien d'une opinion publique soustraite aux pressions des colons, des esclavagistes et des marchands impliqués dans la traite des nègres. La deuxième version ne semble plus destinée à un ministre mais bien à une opinion publique bien informée qui s'avère plus intéressée par un nouveau genre de liberté, un type différent de pouvoir législatif et un nouveau modèle de relations économiques et sociales. Une opinion publique qui commence à se rendre compte des retombées progressives qu'une révolution aurait comportées. L'année 1788 en effet, représente un tournant et dans l'histoire du pays (c'est l'année où sont convoqués les États généraux et l'année où l'on peut, idéalement, fixer la date de naissance de l'« espace public français »), et dans le comportement de Condorcet envers l'esclavage : en avril 1788, l'auteur devient membre de la *Société des Amis des Noirs*, fondée en février de la même année par le girondin Brissot, sur le modèle de la société anglaise créée par Wilberforce en 1787. Bien vite, on confie à Condorcet un rôle important dans la *Société* : avant même d'en devenir président en janvier de l'année suivante, il en rédige les règlements (Doguet, 2009, p. 29).

L'agencement des douze chapitres qui composent les *Réflexions* révèle la cohérence du raisonnement de Condorcet (*ibid.*, p. 31) :

- du chapitre I au chapitre V, l'auteur laisse entendre son opposition pour une institution comme celle de l'esclavage, injuste, contraire à la morale et absolument inacceptable en soi ;
- du chapitre VI au chapitre VIII, Condorcet explique que l'utilisation de l'esclavage en agriculture n'est en fait, qu'une contribution apparente à la création de la richesse nationale. Par conséquent, la crainte que son abolition puisse provoquer des préjudices économiques est totalement infondée, car s'il est vrai que, dans la phase de transition d'une agriculture coloniale, basée sur l'esclavage, à une

6 On peut raisonnablement supposer que le législateur idéal correspond à Vergennes qui en 1781 prend la place de Necker avec qui, on le sait, Condorcet n'avait pas de bon rapports (Doguet, 2009, p. 28).

agriculture fondée sur l'utilisation du travail libre, des difficultés et des problèmes pourraient émerger, il est tout aussi vrai que les préjudices qui en dériveraient seraient provisoires et limités. Les réflexions sur les conséquences positives de l'abolition de l'esclavage sont complétées par les prévisions, au chapitre XI, sur le nouveau type d'organisation du travail agricole dans les colonies, une fois la transition finie ;

- du chapitre IX au chapitre X[7], Condorcet expose ses propositions pratiques pour l'abolition graduelle, non immédiate de l'esclavage. Par-là, l'auteur exclut totalement une opération de façade qui serve uniquement à réformer l'esclavage plutôt qu'à l'abolir, mais – pour échapper aux « accusations d'abstractionnisme » inconsistant – il préfère être clair quant à la durée des temps nécessaires et au grand nombre de mesures préparatoires à l'abolition complète[8] ;
- le chapitre XII, le dernier, représente pour l'auteur une nouvelle occasion de revenir sur le rôle que les préjugés et la fausse conscience ont joué en faveur de la création de l'esclavage et de sa perpétuation ;
- dans la seconde édition des *Réflexions*, Condorcet ajoute un *Post Scriptum* où il présente un schéma sur la législation américaine relatif à l'esclavage qui suscitait l'espoir d'éliminer cette odieuse institution, notamment au vu des premiers résultats obtenus : une « proscription unanime » du commerce et de la traite des nègres[9] (Condorcet, 2009 [1788], p. 127 ; Dockès, 1989, p. 87).

CONDORCET *PHILOSOPHE* ET *LÉGISLATEUR* CONTRE L'ESCLAVAGE

En substance, chacune des sections que nous avons indiquées ci-dessus, représente un Condorcet différent : dans la première, nous reconnaissons le *philosophe*, dans la deuxième l'*économiste*, dans la troisième le *législateur*. Le *post scriptum* représente un témoignage historique de ce qui se passe

7 Doguet, directeur de l'édition des *Réflexions* à laquelle nous nous référons ici, insère aussi dans cette session le chapitre XI. Nous préférons, comme on l'a vu, l'inclure dans la session précédente, par souci de cohérence des arguments.

8 À ce propos, voir Durante, 2009, p. 193-194 ; notes.

9 Des influences positives se répercutent aussi en Grande Bretagne et en France : en 1783, naît la première *Abolition Society* anglaise, fondée par le mouvement religieux des quakers ; puis la *Society for the Abolition of the Slave Trade*, que Wilberforce crée en 1788 ; en France, sur l'exemple des anglais, naît la *Société des Amis des noirs*.

dans une certaine partie du monde, les États-Unis[10], qui permet de faire des prévisions sur ce qu'il arrivera, dans un avenir proche, dans les pays civilisés (il s'agit de la même méthode qu'utilise Condorcet pour la rédaction de sa célèbre *Esquisse*).

Partons donc des considérations de Condorcet philosophe. Il ne fait aucun doute que l'esclavage est un crime : « Réduire un homme à l'esclavage, l'acheter, le vendre, le retenir dans la servitude, ce sont… des crimes pires que le vol » (Condorcet, 2009 [1788], p. 61). L'esclavage est plus grave que le vol car on prive les esclaves de la possibilité d'acquérir une propriété immobilière ou foncière, d'utiliser leurs propres forces pour se soutenir eux-mêmes et leur famille, on les prive de leur temps, de tous les droits, jusqu'à celui de disposer de leur propre personne.

Comme nous l'avons vu, l'une des justifications les plus utilisées pour tenter d'attribuer à l'esclavage une valeur positive est de faire passer l'achat des prisonniers de guerre pour un acte charitable, qui les soustrait à une condamnation à mort certaine. Non seulement, dit Condorcet, la chose n'est pas prouvée, mais même si cela était vrai, acheter un prisonnier resterait un crime. Sauver un homme de la mort peut donner droit à une récompense, c'est vrai, mais seulement en termes de biens matériels, ou tout au plus, comme droit sur le travail fourni pour une période donnée. En tout état de cause, cela ne peut impliquer l'asservissement : « On peut acquérir des droits sur la propriété future d'un autre homme, mais jamais sur sa personne » (*ibid.*, p. 64).

Ce genre de justification, qu'adoptent les marchands européens de noirs, a encore moins de sens si les européens eux-mêmes ont causé (comme c'est souvent le cas) les conflits armés qui produisent des prisonniers. Mais, ajoute-t-il, supposons pour un instant que cela soit vrai : imaginons qu'un marchand ait acheté des prisonniers noirs en Afrique et les ait portés sur les côtes américaines pour les revendre aux colons européens. Ces derniers sont-ils eux-aussi justifiés ? La question de Condorcet est bien sûr rhétorique : « ni le second acheteur, ni le colon qui garde le nègre… n'ont pas le motif présent d'enlever à la mort l'esclave qu'ils achètent » (*ibid.*, p. 65). Cette dernière réflexion s'applique d'autant plus

10 Il semble que Condorcet ait eu des contacts importants aux États-Unis avec qui il aurait discuté longuement sur la nécessité et les modalités d'intervention pour l'abolition de l'esclavage. Quant à ses rapports avec Franklin, Jefferson et autres, voir Popkin, 1992, p. 50-63, surtout p. 50, 55, 63.

aux noirs nés dans les colonies de parents déjà réduits en esclavages : quel danger de mort courent-ils ? Aucun.

La seconde justification dont se servent les négriers et les colons européens se fonde sur la présumée impossibilité de cultiver les colonies en Amérique sans les esclaves noirs. Pour développer son raisonnement, Condorcet est disposé à partir de l'hypothèse, absurde, que les noirs sont indispensables. Ils le seraient seulement dans le cas où la survie de ceux qui les réduisent en captivité dépendrait de leur asservissement. Mais la vérité est tout autre. Il ne s'agit pas de la survie d'un homme au détriment d'un autre, mais bien de la richesse d'une infime partie de l'humanité : les colons. « Ainsi – poursuit Condorcet – demander si cet intérêt rend l'esclavage légitime, c'est demander s'il m'est permis de conserver ma fortune par un crime » (*ibid.*, p. 67).

L'esclavage n'est pas justifiable non plus lorsqu'un homme s'adresse volontairement à un autre dans le but de se vendre lui-même. Même si entre eux une convention est établie, selon laquelle le premier doit travailler toute sa vie au service de l'autre en échange d'une somme d'argent versée lors de son achat, le maître n'a pas droit de le battre, de l'injurier, de le surcharger de travail, de ne pas assurer sa subsistance ou de l'abandonner à son destin lorsque – une fois passée sa jeunesse, au service de son maître – il n'est plus en mesure de se prendre en charge. Bien que s'étant vendu, celui qui subit de telles injustices conserve le droit de recourir à la loi pour être défendu. « Il n'y a donc aucun cas où l'esclavage même volontaire dans son origine puisse n'être pas contraire au droit naturel » (*ibid.*, p. 69).

L'esclavage est une injustice que commettent non seulement les maîtres qui exploitent les esclaves et les marchands qui les vendent, mais aussi les législateurs qui l'ont rendue possible. Tous ceux qui ont approuvé une telle loi sont tout aussi complices de cette injustice. Enfin, est considéré comme un criminel quiconque tolère une loi injuste qui pourrait être éliminée. Condorcet est convaincu qu'il faut procéder à l'abolition de l'esclavage, mais – comme on le sait – il préfère une abolition graduelle[11] à une abolition soudaine. Cette position, modérée et

11 Condorcet n'est pas, bien sûr, le premier abolitionniste de l'histoire, ni le premier à avoir en tête un parcours d'abolition par étapes. Il est raisonnable de partager la suggestion de Doguet qui voudrait un Condorcet influencé, sur ce dernier aspect, par l'*Histoire des deux Indes* de l'abbé Raynal. Ce dernier fut un texte de grand succès (on se souviendra que

en apparente contradiction avec la radicalité de son analyse, lui a valu nombre de critiques[12], entre autres celle de son manque d'engagement pour parvenir à une liberté totale et absolue des noirs et la volonté de les laisser perpétuellement dans une condition de « minorité citoyenne », même après l'affranchissement (Doguet, 2009, p. 44).

Les motivations qui ont poussé Condorcet à entreprendre un parcours d'émancipation des noirs par étapes, sont indiquées très clairement dans le chapitre v des *Réflexions*. Ces motivations se développent sur deux niveaux :

- un principe de précaution, en mesure de garantir qui a subi l'injustice et à qui un changement de statut soudain pourrait nuire ;
- le problème de la sécurité de l'ordre public face à des situations inattendues, faute d'instruments législatifs permettant de les affronter, mais aussi d'anticorps culturels susceptibles de donner des réponses adéquates sur le plan du comportement individuel et collectif. Comme l'écrit Condorcet :

> Ainsi dans la réparation d'une injustice, le législateur peut avoir égard aux intérêts de celui qui a souffert de l'injustice, et cet intérêt peut demander, dans la manière de la réparer, des précautions qui entraînent des délais. Il faut avoir égard aussi à la tranquillité publique, et les mesures nécessaires pour la conserver peuvent demander qu'on suspende les opérations les plus utiles. (Condorcet, 2009 [1788], p. 70)

En d'autres termes, Condorcet craint qu'une libération soudaine et simultanée de tous les esclaves puisse, d'abord procurer des préjudices aux esclaves eux-mêmes et puis troubler l'ordre public. Dans le premier cas, il ne faut pas oublier que les hommes qui ont vécu longtemps (dans la plupart des cas toute leur vie) en captivité ont été inévitablement « contaminés » par les vices qu'une telle condition provoque. Ils ont subi un processus d'abrutissement et leurs habitudes en résultent corrompues. Il est probable qu'ils aient perdu (ou jamais acquis) la capacité d'exercer correctement, vis-à-vis d'eux-mêmes et de la société à laquelle

---

Diderot y avait participé), qui surtout dans sa première édition, insiste sur un parcours abolitionniste prudent et graduel (Doguet, 2009, p. 24-25).

12 Sur les critiques des interventions inconsistantes de Condorcet pour l'abolition de l'esclavage et pour la garantie de tous les droits aux nègres affranchis, voir aussi Sala-Molins, 2006, surtout p. 13-24.

ils appartiennent, les « fonctions d'hommes libres » (*ibid.*, p. 71), sans compter que – étant immédiatement libérés – ils devraient renoncer au logement, aux fournitures et à la nourriture, même si modestes, que leur concédaient leurs maîtres. Au contraire, en envisageant d'adopter une action graduelle, on éviterait qu'ils sombrent dans la pauvreté et on ne violerait plus leurs droits. On agirait ainsi avec la « prudence nécessaire, pour que la justice qu'on rend à un malheureux devienne plus sûrement pour lui un moyen de bonheur » (*ibid.*, p. 72).

Le deuxième élément qui inquiète Condorcet est l'ordre public. Il redoute que la liberté absolue pour les esclaves, concédée à tous au même moment, puisse troubler la sécurité des citoyens. Le danger majeur, précise-t-il, ne dérive pas tant des libérés, mais bien de leurs maîtres qui pourraient se laisser aller à des actions violentes de par leur avidité et leur orgueil, ayant été tout à coup privés de ce qu'ils considéraient comme leur propriété (*ibid.*, p. 72-73)[13]. Condorcet avait déjà souligné l'aberrante prétention des maîtres dans son *Éloge et Pensées de Pascal* (1788), où on peut lire : « Et qu'on ne dise pas qu'en supprimant l'esclavage le gouvernement violerait la propriété des colons. [...] En déclarant les nègres libres, on n'ôterait pas au colon sa propriété, on l'empêcherait de faire un crime » (Condorcet, 1832 [1788], p. 104)[14].

Le même concept sera repris dans son discours prononcé *Au corps électoral, contre l'esclavage des noirs* (1788) :

> On nous accuse d'être les ennemis des colons, nous le sommes seulement de l'injustice ; nous ne prétendons point qu'on attaque leur propriété : mais nous disons qu'un homme ne peut, à aucun titre, devenir la propriété d'un autre homme ; nous ne voulons pas détruire leurs richesses, nous voudrions seulement en épurer la source, et les rendre innocents et légitimes; (Condorcet 1804 [1788], t. XVI, p. 154)

C'est sur ces considérations que se conclut la première section des *Réflexions* dans laquelle Condorcet indique le respect de l'idée de justice comme

13 L'auteur approfondira cet aspect dans le chapitre VIII.

14 En accord avec Duchet et Benot, Annequin attribue à Diderot une position radicale mais isolée en matière d'esclavage, il soutient en effet que la propriété d'un être humain sur un autre être humain est inconcevable (Annequin, 1999, p. 314). Il est vrai que Diderot affirme que comme « un homme ne peut être la propriété d'un souverain [...], un nègre [ne peut pas être] la propriété d'un colon » (Diderot, 1829 [1772], p. 320) mais – nous venons de le démontrer – il n'est pas vrai qu'il « reste bien isolé dans son audace » (Annequin, 1999, p. 314). Condorcet aussi se range explicitement contre la propriété de tout homme sur un autre.

fondement nécessaire pour déterminer des activités et des comportements en faveur de l'abolition de l'esclavage. Fondamentalement, l'idée de justice est supérieure à la « prospérité du commerce » et à la « richesse nationale ». De plus, « l'esclavage des nègres est aussi contraire à l'intérêt du commerce qu'à la justice » (Condorcet, 2009 [1788], p. 73). L'analyse des conséquences économiques négatives produites par l'emploi d'esclaves dans l'activité agricole coloniale est développée dans les *Réflexions*, comme nous l'avons anticipé, du chapitre VI au chapitre VIII, ainsi qu'au chapitre XI.

LES RÉFLEXIONS DE CONDORCET *ÉCONOMISTE* SUR L'ESCLAVAGE

« Les colonies à sucre et à indigo ne peuvent-elles être cultivées que par des nègres esclaves ? » : voilà la question que Condorcet choisit comme titre pour le chapitre VI de ses *Réflexions*. Les esclavagistes étayent leur réponse affirmative sur deux arguments.

Nous connaissons déjà le premier, à travers la reconstruction du débat sur l'esclavage que nous avons développée dans le chapitre précédent : à cause du climat torride des colonies américaines, seuls les esclaves noirs sont en mesure de travailler de manière rentable dans les plantations. Même si cette réponse avait un sens, remarque Condorcet, on ne comprend pas la raison pour laquelle les noirs doivent travailler dans des conditions d'esclavage et pas en qualité d'hommes libres, garantissant quoi qu'il en soit leur présence dans des zones géographiques au climat impossible pour les travailleurs blancs. Et on ne peut accepter l'idée, absolument fausse, que les noirs soient définis paresseux par nature[15] et en tant que tels, disposés à travailler uniquement si on les y oblige : « Il n'y a de peuples vraiment paresseux dans les nations civilisées, que ceux qui sont gouvernés de manière qu'il n'y aurait rien à gagner pour eux en travaillant davantage. Ce n'est ni au climat, ni au terrain, ni à la constitution physique, ni à l'esprit national qu'il faut attribuer la paresse de certains peuples ; c'est aux mauvaises lois qui les gouvernent » (*ibid.*, p. 76)[16].

15 Condorcet avait déjà rejeté cette hypothèse dans ses notes sur les *Pensées* de Pascal : « On dit que les nègres sont paresseux : veut-on qu'ils trouvent du plaisir à travailler pour leurs tyrans ? Ils sont bas, fourbes, traîtres, sans mœurs : eh bien, ils ont tous les vices des esclaves, et c'est la servitude qui les leur a donnés. Rendez-les libres, et plus près que vous de la nature, ils vaudront beaucoup mieux que vous » (Condorcet, 1832 [1788], p. 104).

16 Selon Doguet, Condorcet suggère avec cette affirmation une critique à l'*Esprit des lois* de Montesquieu qui, selon lui, justifierait l'esclavage, du moins en partie, par la paresse

La deuxième argumentation des partisans de l'esclavage dans les colonies est d'ordre technique (Dockès, 1989, p. 110). La production de sucre et d'indigo dans les plantations américaines ne peut être affrontée qu'avec une organisation du travail qui prévoie :

- l'utilisation d'un grand nombre d'hommes en esclavage ;
- des exploitations de taille importante.

Pour ce qui est du premier aspect, il est fait référence aux caractéristiques techniques de la production et à la nature des produits. Le sucre et l'indigo sont des produits périssables menacés d'altération rapide, les délais techniques de récolte et d'expédition doivent être garantis de manière absolue, pour ne pas risquer la perte partielle ou totale de la production. Compte tenu de cette situation, confier ces tâches à des hommes libres signifierait dépendre des « caprices des ouvriers », prolonger les délais, et donc porter gravement préjudice aux colons (Condorcet, 2009 [1788], p. 76). Condorcet ne partage pas cette approche, et comme nous le verrons, il insiste sur le fait que c'est plutôt le contraire qui se produit puisque la plus grande productivité du travail libre détermine une contraction des temps de production.

En ce qui concerne le deuxième aspect, Condorcet remarque que pour garantir ce genre de produits, les propriétaires du terrain devraient aussi être à la tête de tous les moyens de production des exploitations (le moulin à sucre par exemple). Il s'agirait de placer dans les mains du propriétaire non seulement la culture des terrains, mais toute la chaîne des entreprises qui porteraient les biens produits dans les mains des consommateurs. Ce raisonnement, dit Condorcet, est tout simplement ridicule, puisque « dans toute espèce de culture, comme dans toute espèce d'art, plus le travail se divise, plus les produits augmentent et se perfectionnent » (*ibid.*, p. 77)[17].

L'auteur fournit alors au moins deux conclusions judicieuses : d'une part, il est fortement probable que toutes sortes d'hommes, et pas

due au climat. De notre analyse toutefois, il résulte qu'en réalité Montesquieu ironise sur ce point en reconstruisant les arguments des partisans de l'esclavage. En outre, cette interprétation ne serait pas cohérente avec la démarche globale de Montesquieu selon qui ce sont bien les lois qui déterminent les inégalités sociales.

17 Cette affirmation de Condorcet rappelle le célèbre discours de Smith sur l'importance de la division du travail et de l'élargissement du marché pour l'accroissement de la richesse des nations (Smith, 1979 [1776], vol. I, p. 13-24 ; Dockès, 1989, p. 110).

seulement les noirs, sont en mesure de cultiver les terres d'Amérique ; d'autre part, il est absolument certain que, quand bien même il faudrait employer des noirs, ils seraient plus productifs, en termes de quantité comme de qualité, s'ils travaillaient en hommes libres et salariés, plutôt que comme esclaves (*ibid.*, p. 77-78)[18]. À l'appui d'une affirmation aussi importante, Condorcet fait appel à toutes ses connaissances dans le domaine économique. Il est donc utile de suivre le fil du discours à travers lequel il explicite ses déductions contre l'esclavage. Pour ce faire, nous devons – comme lui – partir du principe que les colons n'ont pas su distinguer « le produit réel du produit net » (*ibid.*, p. 78), une distinction qui est en revanche à la base des théories physiocratiques sur l'agriculture.

Les colons optent pour l'emploi des esclaves car, en réduisant au minimum indispensable les dépenses encourues pour leur nourriture, leur logement et leurs vêtements, ils peuvent obtenir un *produit net* plus élevé. Cet avantage disparaîtrait dans une économie agricole qui emploierait des travailleurs libres, puisque les salaires ne dépendraient plus de l'« avidité du propriétaire » mais bien de la « concurrence réciproque des propriétaires et des ouvriers qui fixe le prix » (*ibid.*). Ces salaires seraient au moins égaux aux dépenses effectuées pour maintenir en vie des esclaves, plus le nécessaire pour entretenir aussi leur famille. Cet « excédent moyen des salaires » est fondamental pour s'assurer de futurs travailleurs, n'ayant plus la possibilité d'acheter ou d'élever des esclaves (*ibid.*, p. 79, note).

Cela étant, les colons préfèrent encore les esclaves aux travailleurs libres, mais – ce faisant – ils négligent un élément économique fondamental : le travailleur salarié, qui bien qu'exigeant une rémunération plus élevée que celle qui, tout compte fait, est versée pour l'esclave, est plus productif que ce dernier. Aux États-Unis, on a calculé que

18 Bien que n'étant pas, bien sûr, le seul schéma productif possible pour la production du sucre, celui que critique Condorcet résistera pendant longtemps. À ce propos, l'analyse de Pierre Dockès est particulièrement intéressante. Le modèle de « production du sucre » (appliqué aussi à d'autres produits typiquement coloniaux comme le coton et l'indigo) présente tous les caractères d'un « paradigme spécifique » : « cette "recette" productive, mise en œuvre dès le haut Moyen-âge, s'est avérée dans la longue période *suffisamment* rentable pour les capitalistes qui décident des formes productives, la reproduisent, l'élargissent et la déplace. Il n'y a nulle "fatalité", mais une conception de la façon de produire le sucre, à la fois globale et qui entre dans les détails, devenue à ce point hégémonique qu'il n'était plus possible de penser autrement cette production » (Dockès, 2013, p. 83).

le travail de 5 esclaves ne produit pas autant que celui de 3 hommes libres. L'explication, facilement prévisible, repose sur le comportement de l'esclave, conscient du fait que l'éventuel travail supplémentaire qu'il fournira ne lui sera pas payé. En effet, sachant qu'il sera exploité davantage, sans aucun profit, l'esclave se limitera à travailler à son rythme habituel. Il s'ensuit que, s'il est vrai que les colons – en utilisant les esclaves – peuvent compter sur une part de *produit net* plus élevée, il est tout aussi vrai que ce quota doit être calculé sur un *produit brut* inférieur. En termes absolus donc, le travail libre serait plus rentable non seulement pour les colonies qui deviendraient plus prospères, mais aussi pour le commerce qui, à son tour, se développerait : « En un mot, la masse entière des hommes y gagnerait, tandis que quelques particuliers n'y perdraient que l'avantage de pouvoir commettre impunément un crime utile à leurs intérêts » (*ibid.*, p. 80).

L'affranchissement progressif des esclaves aura d'autre part, un effet positif ultérieur en termes de *produit net*. Au fur et à mesure qu'ils seront libérés du joug de l'esclavage, ils grossiront les rangs des travailleurs libres. Cela signifie qu'ils contribueront à l'augmentation de l'offre de travail ; le niveau du salaire étant établi selon les mécanismes du marché, une hausse de l'offre par rapport à la demande portera à une diminution générale des salaires jusqu'au niveau de subsistance. En définitive, les colons finiraient par subir les pertes tant redoutées seulement durant la période de transition d'une économie agricole esclavagiste à une économie agricole salariale[19] (*ibid.*). De plus, l'affranchissement des esclaves n'entraînerait pas d'effets négatifs à la charge du budget public, car le roi, précise l'auteur dans le chapitre suivant (VII), n'est nullement tenu de rembourser les maîtres des esclaves affranchis, dans la mesure où, ce faisant, il leur reconnaîtrait un droit de propriété dont ils n'ont, en fait, jamais légitimement joui (*ibid.*, p. 83).

19 Dans le chapitre XI des *Réflexions*, Condorcet fait des prévisions sur la nouvelle stabilisation de l'activité agricole dans les colonies, une fois complété le processus d'abolition de l'esclavage. À cette occasion, outre reprendre les avantages dus au nombre croissant d'hommes libres disponibles et à la baisse du niveau salarial, pour effet des lois du marché dans le monde du travail agricole, Condorcet envisage la possibilité d'employer des travailleurs agricoles blancs dans les colonies françaises, comme c'est le cas dans les colonies anglaises de l'Amérique du nord. L'auteur propose aussi de rendre accessible l'acquisition de propriétés de la part des protestants français qui, attirés par la liberté d'exercer sans restriction leur religion, pourraient accepter de bon gré le transfert dans les colonies américaines (Condorcet, 2009 [1788], p. 107 ; Dockès, 1989, p. 107).

Enfin, il appartiendrait aux colons de s'occuper pour une certaine période des ex-esclaves infirmes ou trop vieux pour travailler comme salariés, prendre soin des noirs qu'eux-mêmes ont rendus orphelins voire de ceux qui, bien qu'étant encore capables de travailler, n'arrivent pas, dans l'année, à trouver un emploi. La solution possible que trouve Condorcet pour gérer la transition d'un système basé sur l'esclavage à un autre, fondé sur le travail libre « compatible avec l'état où se trouveraient alors les possesseurs des nègres, serait un emprunt public, remboursable par un impôt, levé sur les seules terres des colons » (*ibid.*, p. 85). Au-delà de la rationalité et – ajouterons-nous, du bon sens – de cette proposition, Condorcet sous-estime, comme cela lui arrive souvent, la force des intérêts en jeu. Comme de nombreux lumières, il est convaincu que ce qui est rationnel doit, encore que dans une dimension temporelle adéquate, forcément se réaliser, car profitable pour les individus, pour le système social et, à long terme, pour l'humanité tout entière.

À cet égard, certaines observations de Werner Sombart sont intéressantes ; ce dernier insiste sur le fait que de nombreux partisans des lumières et utopistes basaient leurs propositions de transformation de l'économie et de la société sur la conviction que la « la connaissance » des phénomènes est la condition nécessaire et suffisante pour changer le monde dans le sens souhaité : « ils croient vraiment [...] qu'il suffit d'une résolution courageuse pour faire une réalité du royaume de l'avenir » (Sombart, 1909 [1908], p. 39). De cette manière, poursuit Sombart, on sous-évalue le fait qu'« il y a dans chaque société des groupes d'hommes qui ne veulent aucun changement parce qu'ils ont *intérêt* à ce que cette organisation soit maintenue » (*ibid.*). De plus, et la chose apparaît particulièrement importante, on sous-évalue le fait que ces groupes de citoyens, dont les intérêts sont prédominants, ont le pouvoir de maintenir inchangée l'organisation sociale courante (*ibid.*).

Pour en revenir à Condorcet, il était évident que ses propositions rencontreraient de fortes oppositions pour différentes raisons :

– elles imposaient des délais rapides (malgré la prudence que Condorcet avait manifestée) pour transformer les systèmes de production et cela aurait nécessairement comporté des coûts supplémentaires pour les propriétaires ;

- elles impliquaient des surcoûts non seulement pour les transformations de la production, mais à cause des contraintes imposées aux propriétaires terriens qui, en plus des salaires des nouveaux travailleurs et de l'impôt sur les terres, auraient dû payer aussi les retraites aux affranchis ;
- les esclaves affranchis auraient pu devenir un jour propriétaires, et créer ainsi les conditions et pour un accroissement de la richesse nationale et pour des niveaux de subsistance des familles adéquats. Toutefois, imaginer que tous auraient eu accès à cette opportunité ne semblait guère réaliste ;
- une mesure de ce genre n'aurait, de toute façon, pas amélioré la situation des noirs, exclus de la possibilité d'accéder à la propriété foncière (Doguet, 2009, p. 43).

Reste ensuite le problème, pas spécifiquement économique, de la « bêtise courante chez les noirs » dont la faute, comme le souligne l'auteur à plusieurs reprises, ne retombe pas sur eux, mais sur les mauvaises lois qui ont rendu possible le fait de les réduire en esclavage et sur leurs maîtres qui « n'ont eu garde de s'occuper de leur inspirer une morale fondée sur la raison » (Condorcet, 2009 [1788], p. 86). Le devoir immédiat du législateur ne doit pas être de proposer la pleine concession des droits dont ils avaient été privés jusqu'alors, mais bien de leur assurer un niveau approprié de bien-être. Condorcet cherche à répondre à ces objections, en insistant sur l'idée de la suppression graduelle et durable du régime de l'esclavage. De cette manière, on passerait de l'immédiate suspension de la traite des nègres, à l'affranchissement, à trente-cinq ans, des noirs nés en esclavage. Avec le temps (la prévision est de soixante-dix ans) les mesures deviendraient plus sévères et efficaces jusqu'à la disparition complète de l'esclavage dans les colonies[20].

Nous ne nous arrêterons pas de manière détaillée sur le dernier chapitre des *Réflexions* où Condorcet propose à nouveau une « réponse à quelques raisonnements des partisans de l'esclavage » (*ibid.*, p. 110), mais seulement pour souligner la longue note de bas de page dans laquelle l'auteur salue l'engagement de Turgot qui, durant sa brève période comme Contrôleur général des finances avait cherché à introduire toute

20 Sur l'enchaînement des différentes étapes pour compléter le processus d'affranchissement, voir les chapitres IX et X des *Réflexions*.

une série de réformes importantes pour le pays, posant à la base de tout l'unique, l'incontournable principe de la justice (*ibid.*, p. 116-118). D'ailleurs, il ne pourrait guère en être autrement, puisque la première règle de la politique « c'est d'être juste » (Condorcet 1847-1849 [1777], t. I, p. 348). Comme nous l'avons vu, Turgot ne joue pas un rôle direct dans l'abolition de l'esclavage, il se garde bien, au contraire, d'appuyer les modifications que Dupont de Nemours avait apportées aux chapitres des *Réflexions sur la formation et la distribution de la richesse* à ce sujet. Toutefois, il est vrai aussi – rappelle Condorcet dans cette note – que c'est grâce à Turgot qu'un autre objectif important a été atteint, l'abolition des corvées. Cette intervention, comme l'abolition de l'esclavage, rentre dans toutes les batailles que Condorcet avait entreprises pour soutenir la perfectibilité de l'homme et le progrès de l'humanité tout entière[21] à travers aussi la croissance de la richesse matérielle (rappelons que dans ce même domaine s'inscrivent les campagnes contre le monopole, les limites à la liberté de circulation des marchandises et l'inégalité fiscale).

Dans le cas spécifique de l'esclavage, son abolition demande un effort de longue haleine et laborieux afin de surmonter trois obstacles significatifs au progrès de la raison :

- le préjugé humain, qui depuis des siècles permet de conserver et de reproduire une institution injuste comme celle de l'esclavage ;
- la conviction erronée que l'esclavage contribue de manière consistante à la création de la richesse nationale française ;
- la défense de la tranquillité publique, compréhensible à certains égards, aussi bien de la part les gouvernants que de la part les gouvernés, qui redoutent que l'abolition de l'esclavage puisse produire violences et désordres (Doguet, 2009, p. 30).

Surmonter ces trois idées reçues exigeait une analyse complexe fondée sur trois perspectives différentes :

21 Condorcet considère comme un véritable échec la résistance que l'on oppose encore à l'abolition de l'esclavage. Sa préoccupation apparaît clairement dans les paroles qu'il adresse au « Journal de Paris », n. 150, dans la lettre du 30 mai 1777 : « Songez donc, Messieurs, qu'il n'y a plus que vingt-trois ans d'ici à la fin du dix-huitième siècle, et que si, avant ce temps, l'esclavage des nègres n'est pas aboli, la postérité n'appellera point notre siècle le siècle de la raison et de l'humanité, mais celui des raisonnements et des phrases. J'en serai bien fâché. Il y a longtemps que je n'ai plus d'amour-propre pour moi ; mais j'en ai encore pour mon siècle et pour mon pays » (Condorcet [1777], 1847-1849, t. I, p. 344-345).

- une étude économique qui approfondisse les avantages pour la croissance de la richesse nationale, à court et moyen terme, de l'abolition de l'esclavage et de l'extension du travail libre, même pour les cultures considérées comme productives uniquement en présence de l'institution de l'esclavage ;
- une étude politique qui illustre, à moyen terme, les normes à introduire pour permettre l'affranchissement des esclaves et les avantages qu'elles auraient apportés à la sécurité collective ;
- une étude de nature éthique et philosophique qui éclaircisse, à long terme, en quoi l'abolition de l'esclavage est une composante nécessaire du processus d'émancipation de l'homme, désormais sorti, comme le disait Kant, de « l'état de minorité[22] ».

Au-delà des limites de quelques-unes de ses propositions, Condorcet est en mesure de fournir des réponses pertinentes aux trois diverses perspectives, en vertu de sa personnalité scientifique. À la compétence de l'économiste et à la tension idéale du réformateur, il associe en effet une profondeur et un regard tourné vers l'avenir qui surmontent les conjonctures et les configurations historiques de la société de son temps.

LA CRITIQUE D'ADAM SMITH DU SYSTÈME DE L'ESCLAVAGE

Adam Smith travaille à ses œuvres principales – la *TMS* (1759), les *Lectures on Jurisprudence*[23] (1762-1763 ; 1763-1764) et la *WN* (1776) – dans une période historique où l'esclavage était une institution consolidée dans des pays comme la Grande Bretagne et la France, qui l'utilisaient surtout dans le cadre de l'économie coloniale. La première moitié du siècle avait déjà été marquée par de nombreuses révoltes organisées par

22 On s'en souvient, Kant emploie cette célèbre expression pour répondre à la question « Qu'est-ce que les Lumières ? », qui alimentait le débat sur les pages de la "Berlinische Monatsschrift" dans les années 1783-1784. D'une note manuscrite de l'auteur lui-même, il résulte que le discours a été publié le 5 décembre 1783, p. 516 (Tagliapietra, 2000, p. 16 ; note 1).

23 Dorénavant, *LJ*.

les esclaves, qui ne supportaient plus les conditions de vie extrêmement dures qu'on leur imposait. De telles conditions, appliquées grâce à des ajustements *ad hoc* des systèmes juridiques, étaient justifiées presque exclusivement en termes économiques : l'esclavage était considéré comme la seule forme d'organisation du travail qui puisse transformer les plantations en source de richesse pour la mère patrie. Ce discours valait pour la Grande Bretagne, comme pour toute autre puissance coloniale du continent européen (Patisso, 2015).

Si d'un point de vue général, il était impossible d'expliquer de manière satisfaisante et acceptable le recours à l'esclavage, la chose semblait plus aisée du point de vue économique. L'institution de l'esclavage avait pour mission d'éviter l'effondrement d'un système économique bien rodé, consolidé dans ses structures fondamentales. Pourtant, en Angleterre, de nombreux penseurs réformateurs proposaient le recours, dans les colonies aussi, à des travailleurs libres qui se seraient révélés certainement plus productifs, étant mis dans les conditions de vivre et de travailler dans des situations acceptables (Brown, 1999, p. 290-291). Compte tenu de la centralité du discours économique dans le débat sur l'esclavage, il était évident que toute hypothèse abolitionniste devait se fonder sur un raisonnement économique plutôt que sur des argumentations d'autre nature (philosophique, étique, humanitaire, etc.).

Adam Smith aussi se place dans cette perspective. En matière d'esclavage, il estimait non seulement que le discours économique était plus rationnel, mais qu'il avait également davantage de chances de succès auprès de l'opinion publique. Il s'agissait donc de faire comprendre que l'institution esclavagiste représentait un frein à la croissance de l'économie et un obstacle à la construction d'un ordre social progressiste. Selon lui, un examen approfondi d'ordre jurisprudentiel[24] ou humaniste[25] de l'esclavage aurait engendré un débat trop vaste et général et aurait entraîné des antagonismes importants et vigoureux, au point de compromettre une discussion rationnelle et – dans la mesure du

---

24 À ce propos, Haakonssen écrit : « On ne trouve aucune trace d'une critique directe en termes de justice naturelle, malgré le point de vue très clair de Smith. Au contraire, il consacre toute son attention à expliquer comment cette ignoble pratique est devenue si prédominante dans l'histoire de l'humanité et combien elle est peu rentable en termes économiques. » (Haakonssen, 1981, p. 140).

25 « Smith souligne uniquement les aspects économiques [...]. Il n'existe aucune composante humanitaire dans les critiques smithiennes » (Matsumoto, 2011, p. 127).

possible – quasiment neutre, sur les effets négatifs de l'esclavage pour une « société commerciale » moderne (Salter, 1996, p. 226).

En ce sens, l'analyse de l'esclavage de l'économiste écossais s'inscrit dans une réflexion plus générale sur le nouveau type de société qui se développe sous ses yeux : il s'agit d'une société ouverte, en mesure d'offrir liberté, prospérité et justice, contrairement à la vieille société où le travail servile était considéré tout à fait normal. En d'autres termes, la société commerciale englobait en soi une promesse d'émancipation pour la partie de l'humanité qui, jusqu'alors, avait eu une position subalterne, apparemment sans issue (*ibid.*, p. 225 ; Winch, 1991, p. 70). Tout cela est possible grâce aux effets de la libre initiative des individus. Adam Smith en somme, « décrit un univers où l'activisme des individus non seulement réalise leur émancipation des vieux rapports personnels (ancrés dans la structure hiérarchique de la société pré-moderne), mais détermine des processus d'enrichissement profitables pour tous les acteurs de la société » (Gioia, 2012, p. 158).

Activisme et liberté des individus présupposent généralement l'emploi productif des ressources, contrairement à ce qui se passe en présence de sujets comme les esclaves ou les serviteurs. Si bien que, alors que dans le premier cas, non seulement les individus mais aussi les villes où ils opèrent deviennent riches et prospères, dans le deuxième cas, c'est le contraire qui arrive.

> Dans les villes manufacturières et commerçantes, où les classes inférieures du peuple subsistent principalement par des capitaux employés, il est en général laborieux, frugal et économe, comme dans beaucoup de villes d'Angleterre et dans la plupart de celles de la Hollande. Mais dans ces villes qui se soutiennent principalement par la résidence permanente ou temporaire d'une cour, et dans lesquelles les classes inférieures du peuple tirent surtout leur subsistance de dépenses de revenu, il est, en général, paresseux, débauché et pauvre, comme à Rome, Versailles, Compiègne et Fontainebleau. (Smith, 1979 [1776], vol. I, p. 335)

L'expression « société ouverte » qu'emploie Salter en se référant à l'analyse de Smith a un double sens : d'une part il renvoie à la possibilité de se libérer des chaînes qui entravaient nombre d'individus durant l'*Ancien Régime* ; de l'autre, il implique une participation active de ces hommes qui, tout en croyant à la « perfectibilité » du genre humain, sont engagés dans des activités qui visent à une « possible amélioration de leurs propres conditions de vie » (Cazzetta, 2009, p. 465 ; *cf.* aussi Vivarelli, 2005, p. 53).

Dans le cadre de ce cercle vertueux s'insère la conviction smithienne que l'esclavage n'est pas négatif uniquement pour l'esclave, mais qu'il est aussi économiquement désavantageux pour la société en général. Smith va même jusqu'à reconnaître dans l'« inefficacité de la production servile » l'une des « principales raisons [...] du lent accroissement de la richesse en Europe » (Salter, 1996, p. 243), non seulement en agriculture, mais aussi dans la manufacture et dans le commerce.

Un système productif dynamique requiert une certaine liberté, au niveau politique comme au niveau de l'organisation du travail. Ce n'est en effet pas un hasard si Smith attribue à la division du travail, et aux trois « circonstances » qui en dérivent (une plus grande « habileté » du travailleur, l'introduction des machines et l'économie de temps), le mérite d'accélérer progressivement la croissance de la prospérité des nations. Il est prouvé que, en cas d'organisation esclavagiste du travail, les travailleurs emploient rarement leur ingéniosité pour réduire ou alléger leur propre charge de travail (ces découvertes seraient à attribuer exclusivement aux libres citoyens), pour une raison très simple : « Si même un esclave s'avisait de proposer quelque moyen de ce genre, le maître serait très disposé à regarder sa proposition comme suggérée par la paresse et par un désir d'épargner sa peine aux dépens du maître. Le pauvre esclave, au lieu de récompense, n'aurait vraisemblablement qu'une forte mauvaise réception à attendre, peut-être même quelque châtiment. » (Smith, 1979 [1776], vol. II, p. 684)[26].

Smith consacre de larges extraits de sa *WN* à l'institution de l'esclavage et c'est sans doute dans cette œuvre qu'il développe au mieux le raisonnement économique auquel nous faisions allusion au début du paragraphe. On ne peut ignorer toutefois, que le penseur écossais s'était déjà penché sur le phénomène de l'esclavage quelques années avant la publication de son œuvre économique, durant ses *LJ* tenues pour les étudiants de l'université de Glasgow (reproduites par écrit justement par deux de ses élèves) dans les deux années académiques (1763-1764 et 1764-1765) qui ont précédé son départ pour la France (Pesciarelli, 1989, p. XIV).

En effet, s'il est vrai qu'Adam Smith accorde plus de poids à l'analyse économique en matière d'esclavage, il est tout aussi vrai qu'il a également

26 Sur cet aspect, voir Fiori, 2001, p. 188 ; Matsumoto, 2011, p. 126-127.

affronté ce thème sur le plan juridique. D'ailleurs, comme Salter aussi l'a souligné, même si cela est de moindre importance, dissocier les deux analyses – juridique et économique – n'a pas de sens (Salter, 1996, p. 226-227). En procédant dans cette direction, nous ne ferions qu'assumer le même comportement analytique qui, en séparant nettement *TMS* et *WN* et les considérant comme contradictoires, s'est révélé source de graves malentendus dans l'interprétation de la structure même de l'œuvre de Smith.

ESCLAVAGE ET TRAVAIL LIBRE CONFRONTÉS DANS *LECTURES ON JURISPRUDENCE* ET *WEALTH OF NATIONS*

Pour pénétrer l'analyse smithienne de l'esclavage, nous partirons des *LJ* et plus précisément de la leçon du 15 février 1763, au cours de laquelle Smith identifie le rapport maître-esclave comme le troisième type de relation possible dans un noyau familial[27] (Smith, 1978 [1762-1763], p. 175). Tous les membres de la famille dépendent habituellement du chef de famille, qui peut agir soit pour les soutenir soit pour les défendre. C'est à lui toutefois que revient aussi la tâche d'exercer son autorité vis-à-vis de sa femme, de ses enfants et de qui est à son service. Dans les deux premiers cas, l'autorité punitive du chef de famille peut être considérablement apaisée par la présence d'autres membres du groupe familial (le père ou les frères de la femme interviendraient probablement en sa faveur au cas où ils considèreraient que le mari la traite avec une sévérité excessive). En revanche, les serviteurs ne peuvent compter sur personne qui puisse intervenir afin d'atténuer le traitement que leur maître leur réserve, même en cas de mesures punitives exceptionnellement dures (*ibid.*, p. 176).

Si, en illustrant le rapport maître-esclave, Smith affirme dans un premier temps qu'il est de même nature que celui de la relation père-fils (qui diffère uniquement par le degré d'autorité exercée), il affirme par la suite que le maître ne se comporte pas avec l'esclave comme un père avec son fils. Il peut au contraire, recourir à des mesures extrêmes qu'il appliquerait difficilement à un fils qui serait en désaccord avec lui. Le maître en effet 1) peut punir le serviteur par la mort, même en cas de « transgressions » sans gravité, 2) il peut le vendre à un autre maître,

27 Les deux autres types de rapports sont : mari-femme, père-fils.

3) il décide souvent de le nourrir seulement avec le strict nécessaire à sa survie, comme un cheval ou n'importe quel animal de travail. Ces trois conditions sont suffisantes pour parler d'esclavage, plus que de servitude : ceux qui subissent ce traitement deviennent des « esclaves totalement à la merci de leur maître » (*ibid.*, p. 176-177).

Smith écrit dans le siècle des Lumières, dans le contexte d'un processus de construction d'une société plus équitable, à même de garantir de nouveaux modèles d'émancipation des individus. Ce contexte est incompatible avec une institution comme celle de l'esclavage qui nie tout principe d'émancipation à une catégorie d'individus qui – comme l'écrit Smith – sont soumis au pouvoir absolu et arbitraire de leur maître.

Toutefois, au-delà d'une progressive évolution de la société, l'analyse historique dévoile une situation différente de la condition recherchée et souhaitée : l'abolition de l'esclavage ne s'est réalisée « que dans une petite partie de l'Europe » (*ibid.*, p. 181). Comment expliquer un tel phénomène ? La réponse de Smith s'articule sur deux niveaux : le premier, macro, qui se penche sur les dynamiques de la société dans son ensemble et sur le rapport entre systèmes de pouvoir et évolution sociale ; l'autre, micro qui – analysant les comportements individuels et les habitudes des citoyens – met en évidence certaines causes profondes des dynamiques sociales. Bien sûr, les deux niveaux s'influencent et se renforcent mutuellement. Pour ce qui est du niveau macro, Smith se réfère au problème de la sécurité publique. En effet, dans une société peu organisée et gouvernée par un État faible[28], autoritarisme et répression, surtout à l'égard des segments faibles de la société, se sont souvent avérés le seul moyen efficace de contrôler de grandes masses d'individus potentiellement dangereuses pour la stabilité de la société. « Aux origines de la société, le gouvernement, qui est dans des conditions de grande faiblesse, doit établir sa juridiction dans les différentes régions du pays ne pouvant trouver d'autres systèmes en mesure de maintenir les sujets dans les conditions d'assujettissement qui s'imposent et dans une forme d'ordre acceptable » (*ibid.*, p. 176). Il s'agit d'un modèle de comportement qu'adoptent aussi les familles :

> Cette même raison fait que l'on tend à attribuer au chef de famille une grande autorité sur les autres membres de la famille et à renforcer son pouvoir sur

28 Sur ce point de l'analyse de Smith dans les *LJ*, voir Salter, 1996, p. 241.

> eux, vu que l'on n'arrive pas à trouver un autre moyen de les inciter à accepter l'autorité d'une quelconque forme de gouvernement. (*ibid.*)

Le thème « esclavage », particulièrement complexe ne pouvait être cerné en une seule des *LJ* smithiennes. Preuve en est le fait que Smith revient sur la question dans la leçon suivante, le 16 février 1763. À cette occasion, il introduit des réflexions essentiellement économiques sur le recours à l'esclavage dans le domaine productif (il s'y attachera plus longuement dans la *WN*).

Bien que « la condition d'esclave soit beaucoup plus tolérable pour un peuple barbare et pauvre plutôt que riche et raffiné » (*ibid.*, p. 182), l'histoire a clairement démontré que l'état d'esclavage de beaucoup d'hommes s'est répandu, et s'est même renforcé, à mesure que les sociétés évoluaient et s'enrichissaient. Dans les sociétés pauvres en effet, les conditions des esclaves n'étaient pas particulièrement dures, car ils avaient un style de vie pas très différent de celui de leurs maîtres (ils travaillaient avec eux et portaient plus ou moins les mêmes vêtements). Au contraire, avec le progrès de la société et de l'économie, l'esclave a vu ses conditions empirer, surtout par rapport à celles des couches plus aisées de la population « l'opulence et le raffinement tendent à augmenter de beaucoup leur malheur et leur misère » (*ibid.*, p. 185).

Ici, l'analyse de Smith va au-delà de la simple condamnation de l'esclavage sur le plan moral, reprenant des thèmes que nous avons vu être très présents dans le débat français, à commencer par Montesquieu. Son intention est de démontrer que l'esclavage n'est pas seulement un mal pour qui le subit mais qu'il est aussi contraire aux intérêts des maîtres. Il représente un moyen de production moins progressif, moins productif et moins rentable que n'importe quel autre qui emploie des hommes libres (Dockès, 1989, p. 103). Pour se convaincre de cette hypothèse, il suffit de comparer la productivité des terres cultivées en faisant recours à des esclaves et celles que cultivent des paysans libres qui ont pris en fermage des parcelles de terre, et qui versent au propriétaire terrien une rente fixe[29] : « la culture de la terre par des esclaves est moins avantageuse que ce qu'il advient avec le travail des fermiers libres. Les gains réalisés avec le travail des esclaves, si l'on déduit le coût initial et les frais de leur subsistance, ne sont pas aussi élevés que ceux que l'on

29 Sur cet aspect, voir Salter, 1996, p. 239.

obtient avec des fermiers libres » (Smith, 1978 [1762-1763], p. 185). En d'autres termes, les esclaves ne pensent qu'à produire le strict nécessaire pour leur propre subsistance, qui est tout ce à quoi ils ont droit, laissant à leurs maîtres, propriétaires de la terre un faible *surplus*. Les cultivateurs libres au contraire, s'emploient à produire le plus possible (pas seulement en travaillant plus intensément, mais en introduisant aussi des procédés innovateurs[30]), afin d'augmenter le *surplus* qui sera le leur, une fois payée la rente (fixe) au propriétaire terrien. Cette perspective « inspire beaucoup plus d'esprit d'initiative et d'ardeur dans l'exécution du travail » (*ibid.*, p. 186).

Dans la *WN*, Smith reprend ce raisonnement sur l'inefficacité de l'esclavage en agriculture[31], notamment dans le chapitre II du livre III (*Comment l'Agriculture fut découragée en Europe après la chute de l'Empire romain*), il est opportun d'en citer quelques passages particulièrement significatifs :

> Mais s'il ne faut pas espérer que de grands propriétaires fassent jamais de grandes améliorations, c'est surtout quand ils emploient le travail de gens qui sont esclaves. L'expérience de tous les temps et de toutes les nations, je crois, s'accorde pour démontrer que l'ouvrage fait par des esclaves, quoiqu'il paraisse ne coûter que les frais de leur subsistance, est, au bout du compte, le plus cher de tous. Celui qui ne peut rien acquérir en propre ne peut avoir d'autre intérêt que de manger le plus possible et de travailler le moins possible. Tout travail au-delà de ce qui suffit pour acheter sa subsistance ne peut lui être arraché que par la contrainte et non par aucune considération de son intérêt personnel. (Smith, 1979 [1776], vol. I, p. 387)

Bien sûr, le recours à la violence de la part des maîtres ne suffira pas pour obtenir des esclaves des *performances* satisfaisantes. Seul un bon traitement de ces derniers pourrait garantir une bonne marge de profit[32], tout comme c'est le cas pour le bétail utilisé en agriculture[33] (Smith, 1979 [1776], vol. II, p. 586).

30 Voir Dockès, 1989, p. 104.

31 Sur cet aspect, voir Pack, 1996, p. 255 ; Matsumoto, 2011, p. 127.

32 Pour une démonstration approfondie du rapport entre profitabilité du travail et degré de restriction des libertés des esclaves, voir Lapidus, 2012, notamment p. 85-91.

33 En cette occasion, Smith, fait une brève allusion à l'idée, que beaucoup soutiennent, que la culture de la canne à sucre, requiert forcément des esclaves nègres à la constitution physique bien différente de celle « des hommes nés dans le climat tempéré de l'Europe » qui « ne pourraient pas supporter la fatigue de remuer la terre sous le ciel brûlant des

En poursuivant la reconstruction *De la marche différente et des progrès de l'opulence chez différentes nations* (c'est le titre du livre III), Smith propose comme étape fondamentale l'introduction graduelle d'une nouvelle typologie d'agriculteurs, appelés *métayers*.

> Une terre exploitée par de pareils tenanciers est, à bien dire, cultivée aux frais du propriétaire, tout comme celle qu'exploitent des esclaves. Il y a cependant entre ces deux espèces de cultivateurs une différence fort essentielle. Ces tenanciers, étant des hommes libres, sont capables d'acquérir des propriétés ; et ayant une certaine portion du produit de la terre, ils ont un intérêt sensible à ce que la totalité du produit s'élève le plus possible, afin de grossir la portion qui leur revient. Un esclave, au contraire, qui ne peut rien gagner que sa subsistance, ne cherche que sa commodité, et fait produire à la terre le moins possible au-delà de cette subsistance. (Smith, 1979 [1776], vol. I, p. 389)

Par la suite, les *métayers* seront remplacés par « les *fermiers* proprement dits, qui firent valoir la terre avec leur propre capital », et non avec celui du propriétaire du sol, auquel ils paient « une rente fixe ». Quand le bail a une durée pluriannuelle, les agriculteurs peuvent penser « trouver leur intérêt à placer une partie de leur capital en améliorations nouvelles sur la ferme, parce qu'ils peuvent espérer de regagner cette avance, avec un bon profit, avant l'expiration du bail » (*ibid.*, p. 391-392).

Il est donc évident, que dans tous ces cas – que ce soient les métayers ou les agriculteurs proprement dits qui travaillent la terre – on constate une amélioration des techniques de culture et une augmentation de la rentabilité irréalisables en employant des esclaves en agriculture[34].

Pour compléter l'analyse économique de Smith sur l'esclavage, nous ajouterons un dernier élément (même si, dans la *WN*, l'aspect que nous allons traiter est développé avant les autres ; voir à ce propos le chapitre VIII du livre I : *Des salaires du travail*) : le recours à l'esclavage se révèle désavantageux confronté aux formes modernes du travail salarié (Salter, 1996, p. 239), même si dans un premier temps, cela n'est pas évident. « A-t-on dit », rapporte Smith, que « les esclaves s'usent et vieillissent [...] aux dépens du maître », alors que le serviteur libre doit

---

Indes occidentales » (Smith, 1979 [1776], vol. II, p. 586). L'auteur ne s'attarde pas sur cet aspect, n'exprimant ni son accord ni son désaccord.

34 Tout au long de l'histoire, le rendement des esclaves s'est révélé faible dans les activités artisanales aussi. Dans les antiques républiques grecques, comme sous l'empire romain, où les activités artisanales « étaient réputées nuire à la force et à l'agilité du corps » (*ibid.*, p. 683), les seuls à pouvoir s'y consacrer étaient les esclaves.

l'affronter de lui-même. En fait, explique l'auteur « cette espèce de *déchet* qui provient du temps et du service, est, pour les uns comme pour les autres, une charge ou une dépense qui doit être également supportée par le maître » (Smith, 1979 [1776], vol. I, p. 98). De ce point de vue donc, l'esclavage ne présenterait pas de désavantage par rapport à l'emploi de travailleurs libres salariés. Si toutefois, on considère la façon dont le propriétaire terrien emploie le fond destiné aux dépenses d'usure des uns comme des autres, on peut facilement déduire que la première est plus coûteuse de la seconde (Dockès, 1989, p. 105) :

> Quoique le maître paye également ce qu'il faut pour remplacer un jour le domestique libre, il lui en coûte bien moins que pour un esclave. Le fonds destiné à remplacer et à réparer, pour ainsi dire, le *déchet* résultant du temps et du service dans la personne de l'esclave, est ordinairement sous l'administration d'un maître peu attentif ou d'un inspecteur négligent. Celui qui est destiné au même emploi, à l'égard du serviteur fibre, est économisé par les mains mêmes du serviteur libre. Dans l'administration du premier s'introduisent naturellement les désordres qui règnent, en général, dans les affaires du riche ; la frugalité sévère et l'attention parcimonieuse du pauvre s'établissent aussi naturellement dans l'administration du second. Avec une administration différente, il faudra, pour remplir le même objet, des degrés de dépense fort différents. En conséquence, l'expérience de tous les temps et de tous les pays s'accorde, je crois, pour démontrer que l'ouvrage fait par des mains libres revient définitivement à meilleur compte que celui qui est fait par des esclaves. (Smith, 1979 [1776], vol. I, p. 98)[35]

L'INSTITUTION DE L'ESCLAVAGE, MOMENT D'OPPOSITION ENTRE DROIT À LA LIBERTÉ ET DROIT À LA PROPRIÉTÉ

Comme nous l'avons vu à plusieurs reprises, Smith ne considère pas intéressant, du point de vue économique, le recours au travail asservi, il pense même qu'il constitue une entrave de poids au processus d'émancipation des hommes.

Au-delà de cette conclusion désormais évidente, il existe un autre aspect sur lequel nous voulons mettre l'accent. Dans deux passages de la *WN* (*ibid.*, p. 387 et p. 389), Smith se réfère à la possibilité, de la

---

35 Ce passage de la *WN* a été cité par Joseph Priestley dans ses *Lectures on History and General Policy* (1788). Priestley est connu comme spécialiste en sciences naturelles, mais son travail ne s'est pas limité aux sciences dures ; il a en effet consacré plusieurs essais à la société humaine et s'est exprimé de manière négative à l'égard de l'esclavage (Matsumoto, 2011, p. 120 et p. 122).

part des travailleurs de la terre, d'en acquérir le droit de propriété. Cette possibilité représente l'un des moteurs fondamentaux pour l'amélioration du travail agricole et en conséquence, pour la hausse de la productivité. Toutefois, le droit à la propriété – si on le considère sous un autre angle – peut devenir un obstacle à l'émancipation de l'esclavage et au progrès agricole. Se pose en effet, le problème du droit de propriété des maîtres à l'égard des esclaves qui ont acheté, un droit reconnu par la législation du pays où ils vivent. Comme Smith l'avait souligné dans sa *LJ* du 16 février 1763, si un souverain décidait soudainement d'abolir l'esclavage, il nuirait à ses sujets – surtout aux nobles – pour qui les esclaves qu'ils possèdent sont une part substantielle de leurs richesses. Même un souverain ne peut exercer le pouvoir d'exproprier la propriété de ses sujets sans être accusé de vol : « aucun individu n'a jamais eu ou ne pourrait jamais avoir autorité pour dépouiller ses sujets de la sorte. Mettre un esclave en liberté signifierait soustraire au maître la valeur correspondante » (Smith, 1978 [1762-1763], p. 187).

Il est vrai que la justice est violée chaque fois que l'on soustrait à un homme ce qui est son droit, et Smith le reconnaît toujours dans ses *LJ* (Salter, 1996, p. 233-234), mais il est tout aussi vrai que, outre le droit de propriété, il existe le droit à la liberté. Ce dernier a été systématiquement ignoré pour une grande partie de l'humanité tant qu'a existé l'institution de l'esclavage. Comment Smith pouvait-il résoudre cette forte contradiction dans les termes entre les deux droits ? Nous pouvons retrouver une hypothèse d'explication dans le travail de Salter (1996), étayée par les réflexions de Haakonssen (1981) sur le même sujet. Pour suivre leur raisonnement, il est nécessaire de garder à l'esprit que les *LJ* de Smith ont été présentées en deux versions : l'édition qui recueille les leçons de 1762-1763 est appelée, en littérature *LJ(A)*, alors que celle de 1763-1764 est indiquée sous le sigle *LJ(B)*. Cette distinction est importante car, même si dans toutes les deux Smith distingue les droits de l'homme entre naturels et acquis, dans la deuxième version il introduit dans cette classification, une variation de grande importance.

Dans les *LJ(A)*, Smith définit naturels tous les droits que l'homme en tant que tel possède, alors qu'il considère acquis les droits dont l'homme joui parce que membre d'une famille ou d'un État. Le droit de propriété se trouve dans la première liste, il est donc classé comme droit naturel de l'homme. Dans les *LJ(B)*, tout en conservant la distinction entre droits naturels et droits acquis, l'auteur délace le droit de propriété parmi les seconds. Selon Haakonssen, cette opération est un expédient que Smith utilise pour surmonter les difficultés de garder unis droit de propriété et droit de liberté, sans les opposer : « l'esclavage constitue un problème à cause du conflit entre le droit d'un homme à la liberté personnelle de l'homme et le droit à la propriété d'un autre homme » (Haakonssen, 1981, p. 140). Théoriquement, poursuit Haakonssen, après avoir reconsidéré la classification en ces termes, la question n'aurait plus lieu d'être : les droits naturels (parmi lesquels la liberté) sont supérieurs aux droits acquis (la propriété, entre autres). Il s'agit, comme on le sait, de l'hypothèse de J. J. Rousseau, qui dans son *Discours sur l'origine et les fondements de l'inégalité parmi les hommes* (1755) avait écrit : « le droit de propriété n'étant que de convention et d'institution humaine, tout homme peut à son gré disposer de ce qu'il possède : mais il n'en est pas de même des dons essentiels de la nature, tels que la vie et la liberté, dont il est permis à chacun de jouir » (Rousseau, 1894 [1775], p. 119).

Toutefois, l'esclavage a continué de persister, sans que le droit à la liberté réussisse à s'imposer comme véritablement supérieur. Il y a deux explications possibles.

La première est que les définitions de droits naturels et droits acquis étaient filles de leur temps, et en tant que telles, susceptibles de changer : l'homme, dans sa position de spectateur qui exprime constamment un jugement sur la vie humaine, peut considérer acceptable – voire préférable – l'esclavage, si l'alternative est la mort (Salter, 1996, p. 235). Ce même choix d'esclavage volontaire, dérivant de nécessités humaines pressantes qui ne peuvent être satisfaites autrement, est envisageable et possible seulement dans une société organisée d'une certaine manière : « les circonstances qui ont poussé à l'esclavage volontaire… typiques des sociétés où l'esclavage était déjà répandu » (*ibid.*, p. 239)[36]. La circonstance qui a davantage favorisé la diffusion de l'esclavage est la « faiblesse

36 Rappelons que Montesquieu aussi était intervenu sur l'esclavage volontaire ; il considérait ce phénomène plus répandu dans un gouvernement despotique d'abord à cause du peu de valeur que les hommes attribuaient à la liberté, mais aussi pour le niveau de vie relativement semblable de l'esclave et du libre citoyen. Smith semble ne pas partager les positions de Montesquieu, parce que, s'il est vrai que l'esclavage est plus courant dans les pays « pauvres et barbares », il est vrai aussi que l'homme en soi, au-delà des conditions historiques où il vit, préfèrerait toujours être libre, dans un pays despotique aussi et même si ses conditions étaient de peu pire que celles d'un homme libre (Smith, 1978 [1762-1763], p. 182-185).

des gouvernements » (Smith, 1978 [1762-1763], p. 199) à laquelle nous faisions allusion ci-dessus (*cf. supra*, p. 173). C'est sur elle par exemple, que pourrait se fonder la cause du retour à l'esclavage, non pas tant dans les pays de l'Europe occidentale où il avait été désormais éradiqué, que dans les colonies européennes[37].

La boucle semble bouclée avec cette première explication ; elle se révèle toutefois insuffisante si l'on considère que le phénomène déplorable de l'esclavage a souvent résisté aussi dans des pays guidés par des gouvernements forts. Dans ce cas, il est possible de recourir à une seconde explication, de caractère psychologique (Winch, 1991, p. 77 ; Dockès, 1989, p. 106) soutenue par au moins deux passages de Smith tirés – respectivement – de la *LJ* du 16 février 1763 et du chapitre II du livre III de la *WN*. Nous les reportons ci-après :

> L'esclavage fut… universellement appliqué à l'aube de la société et le plaisir de la domination et de l'autorité sur les autres le rendront probablement éternel. (Smith, 1978 [1762-1763], p. 187)

L'orgueil de l'homme fait qu'il aime à dominer, et que rien ne le mortifie autant que d'être obligé de descendre avec ses inférieurs aux voies de la persuasion. Aussi, toutes les fois que la loi le lui permet, et que la nature de l'ouvrage peut le supporter, il préférera généralement le service des esclaves à celui des hommes libres (Smith, 1979 [1776], vol. I, p. 388).

Dans les deux cas, il est évident que l'auteur se réfère à une caractéristique inhérente à l'être humain, qui le pousse à préférer la domination

37 Notez bien que, comme le souligne Salter, dans le cas de l'apparition de l'esclavage dans les colonies aussi, Smith recourt à une explication économique, qui n'est – d'ailleurs – pas en contradiction avec celle de nature politique. Comme chacun le sait, les cultures les plus répandues dans les colonies sont celle du sucre, où « tout l'ouvrage se fait par des esclaves », et celle du tabac, où les esclaves font « une très grande partie » du travail. La mère patrie européenne, en général, se consacre à la culture du blé. Alors, puisque « les profits d'une sucrerie, dans toutes nos colonies des Indes occidentales, sont, en général, beaucoup plus forts que ceux de toute autre espèce de culture que l'on connaisse en Europe ou en Amérique […] dans nos colonies à sucre, le nombre des nègres est-il beaucoup plus grand en proportion de celui des Blancs qu'il ne l'est dans nos colonies à tabac » (Smith, 1979 [1776], vol. II, p. 389). En d'autres termes, les profits élevés des anglais et des français qui jouissent du monopole de sucre et de tabac par rapport au reste du monde, permettent à ces deux puissances européennes le recours au bien plus coûteux système esclavagiste, plutôt qu'aux travailleurs libres pour la culture dans les plantations (Salter, 1996, p. 246-247).

sur les autres. Cela est d'autant plus vrai lorsque les hommes sont riches et puissants. Déjà dans la *TMS* Smith appliquait ce raisonnement au rapport entre les européens et les africains, critiquant fortement l'institution de l'esclavage[38] :

> Il n'y a pas de Nègre venu de la côte d'Afrique, qui n'ait, à cet égard, un degré de magnanimité et de courage, que l'âme sordide de son maître est trop souvent incapable de concevoir. Jamais la fortune n'exerça plus cruellement son empire sur les hommes, que lorsqu'elle soumit ces peuples de héros au rebut des prisons européennes, à des misérables qui ne possèdent ni les vertus du pays d'où ils viennent, ni celles des contrées où ils vont, et que leur inconstance, leur brutalité, leur bassesse ont si justement rendus l'objet du mépris des vaincus. (Smith, 1976 [1759], p. 206-207)

Considérant les interventions de Smith sur la question de l'esclavage dans toutes ses œuvres principales, il nous semble sensé de conclure que, au-delà des explications économiques prépondérantes, l'auteur a toujours renvoyé, implicitement ou en se référant à des considérations juridiques, à des argumentations de caractère général. Il suffit de penser à l'affirmation suivante qui n'a pas besoin de commentaires « rien ne tend à corrompre, angoisser, dénigrer l'esprit autant que la dépendance, et rien n'inspire autant de concepts nobles et généreux de probité que la liberté et l'indépendance » (Smith, 1978 [1766], p. 486).

En somme, Smith – au-delà du choix de l'approche analytique sur le thème de l'esclavage – se révèle, d'une manière complète et profonde, un intellectuel du « siècle des Lumières ».

38 Voir Wells, 2010, p. 157.

CONCLUSIONS

Au cours de ces dernières années, les sciences sociales ont enregistré un regain d'intérêt pour les Lumières et pour les grands débats du XVIIIe siècle. Il suffit d'évoquer le grand nombre de publications récentes sur les Lumières[1], les nouvelles reconstructions concernant les événements cruciaux qui l'ont caractérisé, la réflexion sur les origines culturelles de la forte propension au changement social et aux innovations politiques qui en ont défini la spécificité, influant de manière significative sur « tous les aspects de la modernité » (Israel, 2011, p. 3). S'il est correct de considérer les réflexions des Lumières comme les fondements de la société moderne, il est tout aussi correct d'affirmer que les Lumières, dans leur ensemble et pour les thématiques qu'elles ont affrontées, ont déclenché un processus durable dont la société contemporaine a hérité, d'utiles orientations analytiques ainsi que de nombreux défis pratiques. Considérons par exemple quelques-uns des thèmes qui ont été abordés à l'époque (et qui sont au cœur de la confrontation entre Condorcet et Smith) : la spécificité des systèmes productifs modernes, les raisons de l'accroissement considérable de la « richesse des nations » et la nécessité d'en garantir la durée, le rapport, qui n'est pas escompté, entre l'augmentation de la richesse matérielle et les processus d'émancipation de l'homme, le thème du dépassement des vieilles inégalités, des vieux styles de vie, des vieux cadres institutionnels et celui de la genèse de nouvelles formes d'inégalités et des stratégies à mettre en œuvre pour les surmonter ou en atténuer les effets négatifs sur la société.

Ce n'est sans doute pas un hasard si l'une des questions les plus débattues durant cette période était celle de l'esclavage qui semblait contenir la plupart des aspects évoqués ci-dessus. Comme on le sait,

---

1 *Cf.* Gottlieb, 2016 ; Robertson, 2015 ; Pagden, 2013 ; Israel, 2011 ; Edelstein, 2010 ; Lenci, 2007. Sont à considérer, en outre, les renvois significatifs aux Lumières présents dans les textes sur le capitalisme contemporain (Ikerd, 2005) et sur l'évolution des institutions politiques de notre époque (Boudon, 2012).

l'institution de l'esclavage était largement présente dans les structures économiques de l'ancienne société et était considérée, au XVIIIe, comme un élément d'« arriération » au niveau économique. Elle continuait toutefois à jouer un rôle significatif dans la transition de l'ancienne à la nouvelle organisation économique (de type capitaliste). À cet égard, le parallèle entre les idées et les orientations analytiques d'Adam Smith et de Condorcet a une valeur en soi, mais il représente aussi un précieux fil conducteur (vu l'importance des deux auteurs) pour la lecture et l'interprétation des multiples aspects culturels et scientifiques qui caractérisent les débats des Lumières.

Comme nous l'avons établi, nombre de ces idées et de ces analyses tendent souvent à se recouper et à converger. La reconstruction des rapports (pas nécessairement personnels, mais certes d'ordre scientifique) entre les deux auteurs – protagonistes de ce climat culturel mouvementé – révèle la grande complexité qui les caractérisait et les vastes horizons où ils s'inséraient. Ce genre d'approche va au-delà d'une analyse du phénomène des Lumières de nature typiquement nationale, prédominante durant une certaine période (autour des années soixante-dix du siècle dernier) (Lenci, 2007, p. 19), sans toutefois sous évaluer, cela va de soi, les caractéristiques significatives de ces débats propres aux différents pays européens.

Quant à Condorcet et Smith, il est évident que leurs analyses et leurs orientations pratiques s'articulent autour de l'étude des caractères et de la dynamique de l'évolution progressive de l'homme et de la société : croissance économique, développement social et perfectionnement humain sont indissolublement liés dans un rapport où « l'accroissement de la richesse matérielle n'est considéré qu'une pré-condition nécessaire au développement de l'homme » (Gioia, 2016, p. 34), certes non exhaustive. Cela est vrai, surtout, si l'on considère qu'avec l'avènement de la « société commerciale », tenter de se libérer définitivement des entraves et des limites du vieux système féodal, ne veut pas dire méconnaître le fait que l'économie et la société moderne finissent par générer d'autres éléments négatifs, « de nouvelles inégalités et un processus général de détérioration des relations sociales » (*ibid.*, p. 47).

Comme on le sait, de nombreux penseurs des Lumières (Condorcet et Smith entre autres) nourrissaient une grande méfiance aussi bien vis-à-vis de l'État (ayant à l'esprit ses anciens modèles oppressifs), qu'à l'égard d'un modèle d'individu vivant exclusivement dans les horizons définis par l'égoïsme et le *self-interest*, indifférent aux conséquences sociales de son comportement. Leur pensée, interprétée dans le contexte culturel des Lumières, souligne une distance considérable par rapport aux visions qui suivront. Au cours du XIXe siècle, État-économie et individu-société faisaient l'objet d'une lecture dichotomique ; pour les partisans des Lumières, au contraire, ce sont des aspects d'un problème « originel », ancré dans les caractères différentiels de la société moderne, qu'il fallait résoudre avant tout sur le plan théorique, de manière à préfigurer – par la suite – des politiques, des systèmes juridiques et des visions éthiques en mesure de concilier les intérêts particuliers avec les intérêts généraux. Ainsi, durant les Lumières on était conscient que le « bonheur privé » ne pouvait assumer des caractères durables (et à long terme) que si on l'associait au « bonheur public », à savoir, au processus général d'émancipation de l'homme que le monde moderne rendait possible.

Les thèmes du libre-échange (notamment le commerce des grains), des réformes fiscales (préconisées dans le but de libérer des capitaux à réinvestir de manière productive), du développement économique, de l'abolition de l'esclavage et de l'émancipation de l'homme – sélectionnés parmi les nombreux aspects qui ont passionné aussi bien Condorcet qu'Adam Smith – doivent être considérés dans le contexte des caractères originaux de la modernité. Il s'agit en effet, de quelques-uns des éléments que les lumières (ou la plupart d'entre eux) considéraient indispensables pour la réalisation du *perfectionnement de l'espèce humaine.*

En ce sens, les efforts déployés pour l'abolition de l'esclavage représentent sans doute un exemple éclatant de la nécessité d'associer à l'analyse de la *commercial society* des réflexions éthiques et philosophiques approfondies, afin de définir des perspectives réalistes pour une amélioration générale des conditions de l'homme, qui atténue les effets négatifs (et déshumanisants) sur les particuliers et sur la société, déterminés par des mécanismes de distribution ancrés dans cette « fondamentale inégalité (propriétaire-non propriétaires) » qui est « à la base de la société moderne » (*ibid.*, p. 39). Démolir une situation détestable, et pourtant institutionnalisée, comme celle de l'utilisation des esclaves dans la production agricole, s'est révélé une tâche particulièrement ardue, comme le prouvent d'importants éléments de continuité entre le débat du XIXe siècle et celui du siècle des Lumières. Il ne faut pas oublier, en effet, qu'avec le retour formel de l'esclavage (1802), par la volonté de Napoléon, naît un nouveau mouvement abolitionniste où intellectuels et personnages publics s'expriment et agissent non seulement individuellement, mais aussi collectivement, à travers l'institution de sociétés semblables à la *Société des Amis de Noirs*, dont Condorcet avait été membre. Au XIXe naît la *Société française pour l'abolition de l'esclavage*[2], ainsi que d'autres associations d'inspiration religieuse[3]. Dans ce cas-là aussi, le nouveau débat sur l'esclavage et l'incitation à l'abolitionnisme sont alimentés non seulement par des réflexions détaillées sur l'aspect moral de la question, mais aussi par des préoccupations d'ordre politique et économique (pour un approfondissement, nous renvoyons à Pisanelli, 2017).

D'ailleurs, et faut-il le rappeler, de nouvelles formes d'esclavage ont caractérisé le XXe siècle et caractérisent encore le siècle actuel, bien que sous une forme différente. Ce n'est pas un hasard si les rapports internationaux (comme celui qu'a rédigé l'Organisation pour le développement des Nations Unies, 2016) analysent le phénomène de l'esclavage sur un double niveau : l'un concerne sa structure et son évolution ; l'autre considère les indications de politique économique qui pourraient contribuer à en réduire les effets déformants sur l'économie et sur la société. Des formes manifestes ou occultes d'esclavage sont, en effet, tolérées dans les sociétés les plus avancées aussi, à cause d'une évaluation erronée et à court terme des avantages qu'en tireraient certains secteurs économiques (agriculture, petites et moyennes entreprises, etc.).

Ces phénomènes et les causes de leur perpétuation ne sont pas toujours au cœur de débats approfondis et détaillés comme ceux qui se déroulèrent au cours des Lumières. Probablement – et contrairement à ce que pensaient de nombreux intellectuels des Lumières – on sous-évalue le fait qu'ils ne sont ni fortuits ni marginaux, mais plutôt le résultat de dynamiques structurelles, qu'ils continuent d'alimenter dans des contextes qui, dans le cadre de l'économie globale, semblent échapper à des dispositions juridiques appropriées. À ce propos – comme sur beaucoup d'autres questions traitées dans le présent travail – la démarche des

2 Parmi ses associés les plus illustres, Tocqueville et Jean-Baptiste Say. Ce dernier est « un des principaux animateurs de la seconde Société des Amis des Noirs et des colonies » (Dorigny-Gainot, 1998, p. 313).

3 Par exemple, la *Société de la morale chrétienne* qui comptait parmi ses membres Guizot, Benjamin Constant et de Staël.

Lumières, avec ses analyses approfondies sur la dynamique structurelle de l'économie et ses réflexions critiques quant à ses effets sur la société et sur les individus, nous semble en mesure de fournir non pas des solutions, mais des grilles de lecture utiles pour connaître et examiner de façon critique la réalité économique et sociale de notre époque. D'ailleurs, on percevait déjà au XVIIIe siècle, que l'importance des Lumières transcendait la dimension de la contemporanéité. En son sein se recoupaient de profondes réflexions sur le rapport homme-nature et homme-société finalisées à l'amélioration générale de la condition humaine. C'est justement pour cette raison que, « depuis, les interprétations des Lumières ont continué de constituer l'objet d'une discussion critique de la part de philosophes et encore plus de la part des historiens… » (Robertson, 2015, p. 1). Nous pouvons donc conclure qu'aujourd'hui, plus que jamais, pour les questions qu'il a posées, pour les réflexions qu'il a développées, pour les méthodes scientifiques qu'elles ont contribué à construire, les Lumières « *still matters* » (Pagden, 2013).

RÉFÉRENCES BIBLIOGRAPHIQUES

ALBERTONE, Manuela, 2010, « Fondements économiques de la réflexion du XVIIIe siècle. Autour de l'homme porteur de droits », *CLIO@THEMIS*, n° 3.

ALENGRY, Franck, 1904, *Condorcet. Guide de la Révolution Française. Théoricien du Droit Constitutionnel et Précurseur de la Science sociale*, Paris Giard & Brière.

ALIMENTO, Antonella, 2008a, *Réformes fiscales et crises politiques dans la France de Louis XV. De la taille tarifée au cadastre général*, Bruxelles P.I.E. Peter Lang s.a. Éditions scientifiques internationales.

ALIMENTO, Antonella, 2008b, "Ricchezza e lusso" *Illuminismo. Un vademecum*, Gianni Paganini, Edoardo Tortarolo (éd.), Torino Bollati Boringhieri, p. 221-237.

ANNEQUIN, Jacques, 1999, « Esclavage, liberté, citoyenneté », *Antiquité et citoyenneté. Actes du colloque international de Besançon (3-5 novembre 1999)*, Besançon Institut des Sciences et Techniques de l'Antiquité, p. 307-322.

ARAGO, François (1847), « Biographie de Jean-Antoine-Nicolas Caritat de Condorcet, Secrétaire perpétuel de l'ancienne académie des sciences », *Œuvres de Condorcet*, Arthur Condorcet O'Connor, François Arago (éd.), Paris Firmin Didot Frères, t. I.

ARGEMÍ, Lluís, 2004, *Liberalismo mercantilista. Un cuasi sistema*, Madrid Editorial Síntesis.

ARON, Raymond, 1972, *Le tappe del pensiero sociologico*, Milano Mondadori.

BACHAUMONT, Louis Petit, 1776, « Mémoires secrètes. Correspondance du Margrave Frédéric du Bade et du prince héréditaire de Bade avec le marquis de Mirabeau et Dupont de Nemours », cit. en *La physiocratie sous les ministères de Turgot et de Necker : 1774-1781*, George Weulersse, 1950, Paris Presses Universitaires de France.

BADINTER, Élisabeth, BADINTER, Robert, 1988, *Condorcet. Un intellectuel en politique*, Paris Fayard.

BALMAS, Enea, 1980, *Il buon selvaggio nella cultura francese del Settecento*, Milano Cisalpino-Goliardica.

BAUDEAU, Nicolas, [1767] 1912, *Principes de la science morale et politique sur le luxe et les lois somptuaires*, Paris Libraire Paul Geuthner.

BERNARD, Bruno, 2003, « Esclavage », *Dictionnaire général de Voltaire*, Raymond Trousson, Jeroom Vercruysse (éd.), Paris Honoré Champion Éditeur.

BIONDI, Carminella, 1979, *Ces esclaves sont des hommes. Lotta abolizionista e letteratura negrofila nella Francia del Settecento*, Pisa Editrice Libreria Goliardica.

BLANQUI, Jérome-Adolphe, 1843, « Notice sur la vie et les travaux d'Adam Smith », *Recherches sur la nature et les causes de la richesse des nations*, Germain Garnier, Paris Guillaumin.

BLANQUI, Jérome-Adolphe, 1860, *Histoire de l'économie politique depuis les anciens jusqu'à nos jours*, Paris Guillaumin.

BOISSEL, Thierry, 1988, *Sophie de Condorcet. Femme des Lumières (1764-1822)*, Paris Presses de la Renaissance.

BORGHERO, Carlo, 1974, *La polemica sul lusso nel Settecento francese*, Torino Einaudi.

BOUDON, Raymond, 2012, *A che serve la sociologia ?*, M. Castellana (éd.), Lecce Pensa Multimedia.

BOULLE, Pierre-Henry, 2007, *Race et esclavage dans la France de l'Ancien Régime*, Paris Perrin.

BROWN, Cristopher. L., 1999, "Empire without slaves : British concepts of emancipation in the age of the American Revolution", *The William and Mary Quarterly*, Vol. 56, n° 2 (Apr., 1999), p. 273-306.

BROWN, Karin, MCCLELLAN III, James E. (2008), *Sophie de Grouchy Letters on Sympathy (1798). A Critical Edition*, Philadelphia American Philosophical Society.

BUFFON, Georges-Louis Leclerc, [1749] 1818, « Histoire naturelle. De l'homme », *Œuvres complètes de Buffon*, V, Paris Rapet et Cie.

BUFFON, Georges-Louis Leclerc, [1749] 1822, « De l'homme », *Œuvres complètes de Buffon*, III, Douai Tarliere Libraire.

BURY, John B., 1979, *Storia dell'idea di progresso*, Bologna Feltrinelli.

BUTEL-DUMONT, Georges-Marie, 1771, *Théorie du luxe, ou Traité dans lequel on entreprend d'établir que le luxe est un ressort, non seulement utile, mais même indispensablement nécessaire à la prospérité des États*, Paris J.-F Bastien (Londres).

CAILLAUD, Eugène, [1908] 1970, *Les Idées Économiques de Condorcet*, New York Burt Franklin.

CARPENTER, Kenneth E., 1995, « Recherches sur la nature et les causes de la richesse des nations d'Adam Smith et politique culturelle en France », *Économies et Sociétés, Oeconomia, Historie de la pensée économique*, Série P.E. n° 24, e10, p. 5-30.

CARTELIER, Jean, 1976, *Surproduit er Reproduction. La formation de l'économie politique classique*, Grenoble Press Universitaires de Grenoble François Maspero.

CASINI, Paolo, [1973] 1980, *Introduzione all'Illuminismo : da Newton a Rousseau*, vol. II, Roma-Bari Laterza.

CAZZETTA, Giovanni, 2009, "Qui delinquit amat poenam. Il nemico e la coscienza dell'ordine in età moderna", *Quaderni fiorentini per la storia del pensiero giuridico moderno*, vol. 38, t. 1, p. 421-494.

CLARK, Charles M. A., 1988, "Natural law influences on Adam Smith", *Quaderni di storia dell'economia politica*, rivista quadrimestrale/IV/1988/3, p. 59-81.

CLÉMENT, Alain, 2009, « Du bon et du mauvais usage des colonies : politique coloniale et pensée économique française au XVIIIe siècle », *Cahiers d'économie Politique/Papers in Political Economy*, 2009/1 n° 56, p. 101-127.

COCCHIARA, Giuseppe, 1948, *Il mito del buon selvaggio. Introduzione alla storia delle teorie etnologiche*, Messina Casa Editrice G. D'Anna.

COMPARATO, Vittor I., 2005, *Utopia*, Bologna il Mulino.

COMTE, Charles, 1835, *Traité de législation, ou Exposition des lois générales, suivant lesquelles les peuples prospèrent, dépérissent, ou restent stationnaire*, IV, Paris Chamerot Libraire-Ducollet Libraire.

CONDORCET, Marie-Jean-Antoine-Nicolas (de), BEAUMARCHAIS, Pierre Augustin Caron (de), [1784] 1879], *Avertissement des éditeurs de l'édition de Kehl*, *Œuvres complètes de Voltaire*, Adrien Jean Quentin Beuchot (éd.), Paris Garnier Frères.

CONDORCET, Marie-Jean-Antoine-Nicolas (de), PEYSSONEL, Charles (de), LE CHAPELIER, Isaac-Reneï-Guy (éd.), 1790, *Recherches sur la nature & les causes de la richesse des Nations* in *Bibliothèque de l'homme public, ou Analyse raisonnée des principaux ouvrages français et étrangers*, III, Paris Buisson, p. 108-216.

CONDORCET, Marie-Jean-Antoine-Nicolas (de), PEYSSONEL, Charles (de), LE CHAPELIER, Isaac-Reneï-Guy (éd.), 1790, *Recherches sur la nature & les causes de la richesse des Nations* in *Bibliothèque*, *Suite de la Richesse des Nations de M. Smith* in *Bibliothèque de l'homme public, ou Analyse raisonnée des principaux ouvrages français et étrangers*, IV, Paris Buisson, p. 3-115.

CONDORCET, Marie-Jean-Antoine-Nicolas (de), [1775] 1847, « Lettre d'un laboureur de Picardie, a M. N*** », *Œuvres de Condorcet*, Arthur O'Connor, François Arago (éd.), XI, Paris Firmin Didot Frères.

CONDORCET, Marie-Jean-Antoine-Nicolas (de), [1775] 1847, « Monopole et monopoleur », *Œuvres de Condorcet*, Arthur O'Connor, François Arago (éd.), XI, Paris Firmin Didot Frères.

CONDORCET, Marie-Jean-Antoine-Nicolas (de), [1776] 1847, « Réflexions sur le commerce des bleds », *Œuvres de Condorcet*, Arthur O'Connor, François Arago (éd.), XI, Paris Firmin Didot Frères.

CONDORCET, Marie-Jean-Antoine-Nicolas (de), [1777] 1847-1849, « Lettre aux auteurs du Journal de Paris », *Œuvres de Condorcet*, Arthur O'Connor, François Arago (éd.), Paris Firmin Didot Frères.

CONDORCET, Marie-Jean-Antoine-Nicolas (de), [1786] 1847, « De l'influence de la révolution d'Amérique sur l'Europe », *Œuvres de Condorcet*, Arthur O'Connor, François Arago (éd.), VIII, Paris Firmin Didot Frères.

CONDORCET, Marie-Jean-Antoine-Nicolas (de), [1786] 1847, « Vie de M. Turgot », *Œuvres de Condorcet*, Arthur O'Connor, François Arago (éd.), V, Paris Firmin Didot Frères.

CONDORCET, Marie-Jean-Antoine-Nicolas (de), [1788] 1804, « Au corps électoral, contre l'esclavage des noirs », *Extrait des Œuvres complètes de Condorcet*, XVI, Brunswick et Paris, p. 147-154.

CONDORCET, Marie-Jean-Antoine-Nicolas (de), [1788] 1832, *Éloge par Condorcet et pensées de Pascal*, Paris A. Hiard.

CONDORCET, Marie-Jean-Antoine-Nicolas (de), [1788] 1847, « Essai sur la constitution et les fonctions des Assemblées Provinciales », *Œuvres de Condorcet*, Arthur O'Connor, François Arago (éd.), VIII, Paris Firmin Didot Frères.

CONDORCET, Marie-Jean-Antoine-Nicolas (de), [1788] 2009, *Réflexions sur l'esclavage des nègres*, Paris Éditions Flammarions.

CONDORCET, Marie-Jean-Antoine-Nicolas (de), [1790] 1847, « Sur l'impôt personnel », *Œuvres de Condorcet*, Arthur O'Connor, François Arago (éd.), XI, Paris Firmin Didot Frères.

CONDORCET, Marie-Jean-Antoine-Nicolas (de), [1791] 1847, « Sur l'instruction publique. Premier mémoire. Nature et objet de l'instruction publique », *Œuvres de Condorcet*, Arthur O'Connor, François Arago (éd.), VII, Paris Firmin Didot Frères.

CONDORCET, Marie-Jean-Antoine-Nicolas (de), [1792a] 1847, « De la nature des pouvoirs politiques dans une nation libre », *Œuvres de Condorcet*, Arthur O'Connor, François Arago (éd.), X, Paris Firmin Didot Frères.

CONDORCET, Marie-Jean-Antoine-Nicolas (de), [1792b] 1847, « Sur la liberté de la circulation des subsistances », *Œuvres de Condorcet*, Arthur O'Connor, François Arago (éd.), X, Paris Firmin Didot Frères.

CONDORCET, Marie-Jean-Antoine-Nicolas (de), [1793] 1847, « Sur l'impôt progressif », *Œuvres de Condorcet*, Arthur O'Connor, François Arago (éd.), XII, Paris Firmin Didot Frères.

CONDORCET, Marie-Jean-Antoine-Nicolas (de), [1793-1794] 1971, *Esquisse d'un tableau historique des progrès de l'esprit humain*, Paris Éditions Sociales.

CONDORCET, Marie-Jean-Antoine-Nicolas (de), 1849a, « Correspondance entre Turgot et Condorcet », Arthur O'Connor, François Arago (éd.), *Œuvres de Condorcet*, I, Paris Firmin Didot Frères.

CONDORCET, Marie-Jean-Antoine-Nicolas (de), 1849b, « Correspondance entre Voltaire et Condorcet », *Œuvres de Condorcet*, Arthur O'Connor, François Arago (éd.), I, Paris Firmin Didot Frères.

COSSA, Luigi, 1892, *Introduzione allo studio dell'economia politica*, Milano Hoepli.

COTTA, Sergio, 2005, "Introduzione", *Lo spirito delle leggi*, Charles-Louis de Secondat de Montesquieu, vol. I, Torino Utet, p. 7-30.

CRÉPEL, Pierre, GILAIN, Christian (éd.), 1989, *Condorcet : mathématicien, économiste, philosophe, homme politique*, Paris Minerve.

DAIN, Charles, [1836], 2000, « De l'abolition de l'esclavage, suivi d'un article de M. Fourier », *Au Bureau de la Phalange*, Nelly Schmidt (éd.), Paris Publication de l'École Sociétaire, p. 633-644.

DAIRE, Eugène, 1844, *Notice historique sur la vie et les ouvrages de Turgot*, Paris Guillaumin.

DAVIS, David Brion [1966] 1971, *Il problema della schiavitù nella cultura occidentale*, Torino Società Editrice Internazionale.

DAWSON, Deidre (1991), "Is sympathy so surprising ? Adam Smith and French Fiction of Sympathy", *Eighteenth Century Life*, 15, p. 147-162.

DELMAS, Bernard, 2009, « Les physiocrates, Turgot et "le grand secret de la science fiscale" », *Revue d'histoire moderne et contemporaine*, 2/2009, n° 56-2, p. 79-103.

DENIS, Henri, 1973, *Storia del pensiero economico*, Milano il Saggiatore.

DI RIENZO, Eugenio, 1994, *Alle origini della Francia contemporanea. Economia, politica e società nel pensiero di André Morellet : 1756-1819*, Napoli Edizioni Scientifiche Italiane.

DIATKINE, Daniel, 1993, "French Reading of *WN* in 1790", *Adam Smith : International Perspective*, Hiroshi Mizuta, Chuhei Sugiyama (éd.), London McMillian, p. 213-223.

DIATKINE, Daniel, 1996, « Adam Smith et le projet colonial ou l'avenir d'une illusion », *Cahiers d'économie politique, n° 27-28, 1996. Le libéralisme à l'épreuve : de l'empire aux nations (Adam Smith et l'économie coloniale)*, p. 21-38.

DIAZ, Furio, 1962, *Filosofia e politica nel Settecento francese*, Torino Einaudi.

DIDEROT, Denis, D'ALEMBERT, Jean-Baptiste Le Rond, 1765, *Encyclopédie, ou Dictionnaire raisonné des sciences, des arts et des métiers*, Neufchâtel Samuel Faulche & Co.

DIDEROT, Denis, [1772] 1829, « Pensée Philosophiques et Politiques. Fragments échappés du portefeuille d'un philosophe », *Correspondance inédite de Grimm et de Diderot, et recueil de lettres, poésies, morceaux et fragments retranchés par la Censure impériale en 1812 et 1813*, Maison Saint-Augustin (éd.), Paris H. Fournier J[e] Libraire.

DIDEROT, Denis, 1818, « Dictionnaire encyclopédique », *Œuvres complètes*, Denis Diderot, XII, Paris Belin.

DOCKÈS, Pierre, 1989, « Condorcet et l'esclavage des nègres ou esquisse d'une économie politique de l'esclavage a la veille de la révolution française »,

Idées économiques sous la Révolution, 1789-1794, Jean-Michel Servet, Lyon Presses Universitaires de Lyon.

DOCKÈS, Pierre, 2013, « Paradigmes productifs et histoire : le cas du sucre de la Méditerranée à la Caraïbe », *Memorias. Revista digital de Historia y Arqueología desde el Caribe colombiano*, 2010/2 (nº 57-2), p. 76-118.

DOGUET, Jean-Paul, 2009, « Présentation », *Réflexions sur l'esclavage des nègres*, Condorcet Jean Antoine Nicolas (de), [1788], 2009, Paris Éditions Flammarions.

DORIGNY, Marcel, GAINOT, Bernard, 1998, *La Société des amis des noirs, 1788-1799 : contribution à l'histoire de l'abolition de l'esclavage*, Paris UNESCO.

DORIGNY, Marcel, 2009, "Anti-schiavismo e abolizionismo. Dibattiti e discussioni in Francia tra Diciottesimo e Diciannovesimo secolo", *Il senso della Repubblica. Schiavitù*, Thomas Casadei, Sauro Matterelli (éd.), Milano, Franco Angeli, p. 111-132.

DRESCHER, Seymour, 2009, *Abolition of slavery and antislavery*, New York Cambridge University Press.

DUMONT, Louis, 1984, *Homo aequalis. Genesi e trionfo dell'ideologia economica*, Milano Adelphi.

DURANTE, Graziella, 2009, "La nuova carta dei poteri. Dispotismo, interessi e possibilità dell'eguaglianza", *Gli sguardi dell'illuminista. Politica e ragione nell'età dei lumi*, Marie-Jean-Antoine-Nicolas de Condorcet, Bari Edizioni Dedalo, p. 5-26.

DUSSARD, Hippolyte, [1844] 1966, « Observations de l'éditeur », *Réflexions sur la formation et la distribution des richesses*, Anne Robert Jacques Turgot, Osnabrück Otto Zeller.

EAGLY, Robert V., 1979, "Un modello fisiocratico di equilibrio dinamico", *Dibattito sulla Fisiocrazia*, Guido Candela, Maura Palazzi (éd.), Firenze La Nuova Italia, p. 161-184.

EDELSTEIN, Dan, 2010, *The Enlightenment : A Genealogy*, Chicago University of Chicago Press.

EINAUDI, Luigi, 1941, "Saggi sul risparmio e l'imposta", *Opere di Luigi Einaudi. Scritti di economia e di finanza*, Luigi Einaudi, vol. I, Torino Einaudi, p. 333-361.

ELTIS, David, BEHRENDT, Stephen D., RICHARDSON David, KLEIN Herbert S., 1998, *The transatlantic Slave Trade, 1562-1867 : A Database CD-Rom*, Cambridge.

ELTIS, David, KEITH, Bradley, ENGERMAN, Stanley L., CARTLEDGE, Paul, 2011, *The Cambridge World History of Slavery. Vol. 3. AD 1420-AD 1804*, Cambridge Cambridge University Press.

ELTIS, Walter A., 1975, "François Quesnay : A Reinterpretation. 2. The Theory of Economic Growth", *Oxford Economic Papers*, 27(3), November, p. 327-351.

FACCARELLO, Gilbert, STEINER, Philippe, 2002, "The diffusion of the work of Adam Smith in French Language", *A Critical Bibliography of Adam Smith*, K. Tribe (éd.), London Pickering and Chatto, p. 61-119.

FACCARELLO, Gilbert, 1989, « Troisième partie : Économie. Introduction », *Condorcet : mathématicien, économiste, philosophe, homme politique*, Pierre Crépel, Christian Gilain (éd.), Paris Minerve, p. 121-149.

FELICE, Domenico, 2000, "Voltaire lettore e critico dell'*Esprit des lois*", *Oppressione e libertà. Filosofia e anatomia del dispotismo nel pensiero di Montesquieu*, Felice Domenico, Pisa Edizioni ETS.

FELICE, Domenico, 2013, "Introduzione a Montesquieu", *Quaderni di Dianoia*, 8, Bologna CLUEB.

FERRARA, Francesco, [1850] 1955, "Prefazioni alla Biblioteca dell'economista", *Opere complete*, Francesco Ferrara, vol. II, Roma Istituto grafico tiberino.

FINZI, Roberto, 1978, "Introduzione", *Le ricchezze, il progresso e la storia universale. Scritti*, Anne Robert Jacques Turgot, Roberto Finzi (éd.), Torino Piccola Biblioteca Einaudi, p. XV-LXIII.

FIORI, Stefano, 2001, *Ordine, mano invisibile, mercato. Una rilettura di Adam Smith*, Torino Utet.

FIOROT, Dino, 1954, *La filosofia politica dei fisiocrati*, Padova Cedam.

FLETCHER, F. T. H (1933), "Montesquieu's influence on anti-slavery opinion in England", *The Journal of Negro History*, vol. 18, n° 4 (Oct., 1933), p. 414-426.

FUENTES, Quintana Enrique, 1976, "La economia del Estado en la "Riqueza de las naciones" y en las naciones de nuestro tiempo", *Anales de la Real Academia de Ciencias Morales y Políticas*, núm. 53, p. 249-265.

GAUTHIER, Florence, 1995, « Y a-t-il une politique des colonies en l'an II ? », *Annales historiques de la Révolution française*, n° 300 ; p. 223-231.

Gazette Nationale, ou Le Moniteur Universel (1847), May 1789 – Novembre 1799, Vol. 8, Paris Plon.

GIOIA, Vitantonio, BEVILACQUA, Emiliano, 2012, "Market, Science and Social Changes. Proudhon and the legacy of Enlightenment", *Rivista Internazionale di Scienze Sociali*, n° 2 Anno CXX, Aprile-Giugno 2012, Milano Vita e Pensiero, p. 129-148.

GIOIA, Vitantonio, 2012, "'Impartial spectator' e 'volontà generale'. Istituzioni politiche e spiegazioni scientifiche in A. Smith e J. J. Rousseau", *A che serve la sociologia ?*, Raymond Boudon, Mario Castellana (éd.), Lecce Pensa Multimedia, p. 145-166.

GIOIA, Vitantonio, 2016, "Diseguaglianze e sviluppo. Le radici antiche di un problema attuale", *Etica pubblica, giustizia sociale, diseguaglianze*, Benedetta Giovanola (éd.), Roma Carocci editore, p. 33-55.

GOGGI, Gianluigi, 2004, « Diderot-Raynal, l'esclavage et le Lumières écossaises », *Lumières*, n° 3, (2004), p. 53-93.

GOGGI, Gianluigi, 2009, « Le "gouvernment ecclésiastique" des papes dans l'*Histoire des deux Indes* », *Les philosophes et leurs papes*, Jan Herman, Kris Peeters, Paul Pelckmans (éd.), New York Editions Rodopi B.U.

GOMEL, Charles, 1892, *Les causes financières de la révolution française. Les ministères de Turgot et de Necker*, Paris Guillaumin.

GOTTLIEB, Anthony, 2016, *The dream of Enlightenment. The rise of modern philosophy*, London Allen Lane.

GRENIER, Jean-Yves, 2010, « Faut-il rétablir l'esclavage en France ? Droit naturel, économie politique et esclavage au XVIIIe siècle », *Revue d'histoire moderne et contemporaine*, 2010/2 (n° 57-2), p. 7-49.

GROSCLAUDE, Jacques, MARCHESSOU, Philippe, 2006, *Diritto tributario francese. Le imposte, le procedure*, Milano Giuffrè editore.

GUILLOIS, Antoine, 1897, *La marquise de Condorcet ; sa famille, son salon, ses amis (1766-1822)*, Paris Paul Ollendorff Editeur.

HAAKONSSEN, Knud, 1981, *The science of a legislator. The natural jurisprudence of David Hume and Adam Smith*, Cambridge Cambridge University Press.

HARSIN, Paul, 1958, « La théorie fiscale des physiocrates », *Revue d'histoire économique et sociale*, vol. 36, No. 1 (1958), p. 7-17.

HECHT, Jacqueline, 2005, « La vie de François Quesnay », *Œuvres économiques complètes et autres textes*, François Quesnay, Christine Théré, Charles Loïc, Jean-Claude Perrot (éd.) vol. II, Paris INED, p. 1331-1420.

HENRY, Charles, [1883] 1970, *Correspondance inédite de Condorcet et de Turgot (1770-1777)*, Paris.

HERLAND, Michel, 2012, « Penser l'esclavage : de la morale à l'économie », *L'économie de l'esclavage colonial*, Fred Célimène, André Legris (éd.), Paris CNRS Éditions, p. 53-76.

HIRSCHMAN, Albert O., [1977] 1979, *Le passioni e gli interessi. Argomenti politici in favore del capitalismo prima del suo trionfo*, Milano Feltrinelli.

IKERD, John, 2015, *Sustainable capitalism. A matter of Common Sense*, Sterling Kumarian press.

ISRAEL, Jonathan, 2011, *Democratic Enlightenment. Philosophy, Revolution, and Human Rights. 1750-1790*, Oxford-New York OUP.

JAMESON, Russell Parsons, 1911, *Montesquieu et l'esclavage. Étude sur les origines de l'opinion antiesclavagiste en France au XVIII siècle*, Paris Libraire Hachette et Cie.

JAUCOURT, Chevalier (de), 1751-1765, « Esclavage », *Encyclopédie ou Dictionnaire raisonné des sciences, des arts et des métiers*, Denis Diderot, Jean-Baptiste Le Rond D'Alembert (éd.), V, Paris Briasson, David, Le Breton, Faulche.

JAUCOURT, Chevalier (de), 1751-1765, « Nègres », *Encyclopédie ou Dictionnaire raisonné des sciences, des arts et des métiers*, Denis Diderot, Jean-Baptiste Le Rond D'Alembert (éd.), XI, Paris Briasson, David, Le Breton, Faulche.

JONAS, Friedrich, 1975, *Storia della sociologia*, vol. I, Roma-Bari Laterza.

KLEIN, Herbert S., 2016, *Il commercio atlantico degli schiavi*, Roma Carocci.

LA RIVIÈRE, Mercier (de), [1762] 1978, *Mémoire sur la Martinique. 8 septembre 1762*, Paris Centre National de la Recherche Scientifique.

LA RIVIÈRE, Mercier (de), [1763] 1978, *Procès-Verbal du 26 juillet 1763*, Paris Centre National de la Recherche Scientifique.

LA RIVIÈRE, Mercier (de), [1767] 1910, *L'ordre naturel et essentiel des sociétés politiques*, Paris Libraire Paul Geuthner.

LALANDE, Jérôme, 1796, « Notice historique sur la vie et les ouvrages de Condorcet », *Mercure français*, 20 janvier 1796, p. 141-162.

LANSON, Gustave, 1969, *La filosofia di Ferney, Dizionario filosofico*, François-Marie Arouet de Voltaire, Torino Giulio Einaudi editore.

LAPIDUS, André, 2012, « Le profit ou la domination : la figure de l'esclave dans l'économie d'Adam Smith », *L'économie de l'esclavage colonial*, Fred Célimène, André Legris, Paris CNRS Éditions, p. 79-119.

LAVERGNE, Léonce (de), [1870] 1970, *Les économistes français du dix-huitième siècle*, Genève Slatkine Reprints.

LECALDANO, Eugenio, 2009, "Cronologia della vita e delle opere", *Teoria dei sentimenti morali*, Adam Smith, Milano Bur.

LENCI, Mauro, 2007, *Le metamorfosi dell'antilluminismo. Aspetti ed itinerari del dibattito sui Lumi nella storia del pensiero politico*, Pisa Edizioni PLUS.

LINDSAY, Lisa A., 2011, *Il commercio degli schiavi*, Bologna il Mulino.

MARION, Marcel, 1910, *Les impôts direct sous l'ancien régime*, Paris Édouard Cornély et Cie Éditeurs.

MARX, Karl [1862] 1954, *Storia delle teorie economiche. La teoria del plusvalore da William Petty a A. Smith*, vol. I, Torino Einaudi.

MATSUMOTO, Akihito, 2011, "Priestley and Smith against slavery", *The Kyoto economic review*, n° 80 (1), p. 119-131.

MAY, Louis-Philippe, 1978, « Introduction », *Mémoires et textes inédits sur le gouvernement économique des Antilles*, Mercier de la Rivière, Paris Centre National de la Recherche Scientifique.

MEEK, Ronald L., [1973] 2010, « Introduction », *Turgot on progress, sociology and economics*, Ronald L. Meek, New York Cambridge University Press.

MENUDO, José Manuel, Rieucau, Nicolas, « Une apologie des physiocrates par Condorcet », *Dix-huitième siècle* 2014/1 (n° 46), p. 657-672.

MICHELET, Jules, [1854] 1855, *Les femmes de la Révolution*, Paris Adolphe Delahays Libraire Éditeur.

MILL, John Stuart [1848] 1962, *Principi di economia politica*, Torino UTET.

MINUTI, Rolando, 2008, "Civile e selvaggio", *Illuminismo. Un vademecum*, Gianni Paganini, Edoardo Tortarolo, Torino Bollati Boringhieri, p. 59-73.

MIRABEAU, Victor Riqueti (de), QUESNAY François, 1763, *Philosophie rurale, ou économie générale et politique de l'agriculture, réduite à l'ordre immuable des Lois physiques et morales, qui assurent la prospérité des Empires*, Amsterdam Les Libraires Associés.

MIRABEAU, Victor Riqueti (de), 1760, *Théorie de l'impôt*, s.l.

MIRABEAU, Victor Riqueti (de), 1776, *Supplément à la Théorie de l'impôt*, La Haye Pierre Frédéric Gosse.

MIZUTA, Hiroshi, 2002, *Adam Smith's Library : A Catalogue*, Oxford Clarendon Press.

MONTES, Leonidas, 2003, "*Das Adam Smith Problem* : Its Origins, the Stages of the Current Debate, and One Implication for Our Understanding of Sympathy", *Journal of the History of Economic Thought*, February 2003.

MONTES, Leonidas, 2004, *Adam Smith in context. A critical reassessment of some central components of his thought*, Houndmills Palgrave MacMillan.

MONTESQUIEU, Charles-Louis de Secondat (de), [1721] 2004, « Lettres persanes », *Œuvres complètes*, Montesquieu Charles-Louis de Secondat (de), I, Oxford Voltaire Foundation Ltd.

MONTESQUIEU, Charles-Louis de Secondat (de), [1748] 2008, « De l'esprit des lois. Manuscrits », *Œuvres complètes*, Charles-Louis de Secondat (de), vol. II, 4, Oxford Voltaire Foundation Ltd.

MONTESQUIEU, Charles-Louis de Secondat (de), 1899, *Pensée et fragments inédits de Montesquieu*, vol. I, Bordeaux G. Gounouilhou.

MORAVIA, Sergio [1968] 1986, *Il tramonto dell'illuminismo. Filosofia e politica nella società francese (1770-1810)*, Roma-Bari Editori Laterza.

MORELLET, André, 1821, *Mémoires*, I, Paris De Ladvocat.

MOSSNER, Ernest Campbell, ROSS, Ian Simpson, 1977, *The Correspondence of Adam Smith*, Oxford Clarendon Press.

MURRAY, David, 2000, "French Translations of *The Wealth of Nations*", *Adam Smith across nations. Translations and Receptions of* The Wealth of Nations, Cheng-Chung Lai, Oxford Oxford University Press, p. 71-76.

NAPOLEONI, Claudio, 1977, *Smith, Ricardo, Marx. Considerazioni sulla storia del pensiero economico*, Torino Boringhieri.

NECKER, Jacques, [1775] 1820-1821, « Sur la législation et le commerce des grains », *Œuvres complètes*, Jacques Necker, Paris A. L. Staël-Holstein.

NEMOURS, Dupont (de), 1771, *Éphémérides du citoyen*, VI, Paris.

NEMOURS, Pierre Samuel Dupont (de), [1808] 1966, « Notice sur les Économistes » *Œuvres de Turgot*, Anne Robert Jacques Turgot, II, Osnabrück Otto Zeller.

NEMOURS, Pierre Samuel Dupont (de), 1771, « Ziméo : ou de l'esclavage des negres », *Éphemerides du citoyen ou Bibliothèque raisonnée des sciences morales et politiques*, VI.

NEMOURS, Pierre Samuel Dupont (de), 1786, *Notice sur la vie de M. Poivre, chevalier de l'Ordre du Roi, ancient Intendant des Iles de France et de Bourbon*, Paris Moutard.

NEMOURS, Pierre Samuel Dupont (de), 1844, *Collection des principaux economistes ; 3-4. Œuvres de Turgot*, I, Osnabrück Otto Zeller.

NEYMARCK, Alfred, 1885, *Turgot et ses doctrines*, I, Paris Libraire Guillaumin et Cie.

NIELI, Russell, 1986, "Spheres of Intimacy and the Adam Smith Problem", *Jouranl of the History of Ideas*, n° 47(4), p. 611-624.

NORTH, Douglass, [1990] 1997, *Istituzioni, cambiamento istituzionale, evoluzione dell'economia*, Bologna il Mulino.

ONCKEN, August, 1897, "The consistency of Adam Smith", *Economic Journal*, n° 7(3), p. 443-450.

ONDO-GREČENKOVA, Martina, « La noblesse de la monarchie des Habsbourg au cœur de la République des lettres européenne : le cas de la relation entre Windischgrätz et Condorcet », *Revue des études slaves*, 78, fasc. 4, 2007. Les noblesses dans l'empire des Habsbourg, p. 451-467.

OUDINE-BASTIDE, Caroline, STEINER, Philippe, 2015, *Calcul et Morale. Coûts de l'esclavage et valeur de l'émancipation (XVIIIe-XIXe siècle)*, Paris Albin Michel.

OUTRAM, Dorinda, 2006, *L'Illuminismo*, Bologna il Mulino.

PACK, Spencer J., 1996, "Slavery, Adam Smith's economic vision and the invisible hand", *History of Economic Ideas*, IV/1996/1-2, p. 253-269.

PAGDEN, Anthony, 2013, *The Enlightenment and why it still matters*, Oxford OUP.

PATISSO, Giuseppe, 2015, "Lo *Sketch of Negro Code* di Edmund Burke. Una bozza di codice nero nell'impero coloniale britannico (1780-1792)", *Itinerari di ricerca storica*, XXIX, 2015 (1), p. 123-147.

PERROT, Jean-Claude, 1992, *Une histoire intellectuelle de l'économie politique. XVIIe-XVIIIe siècle*, Paris Éditions de l'école des hautes études en sciences sociales.

PERROTTA, Cosimo, 1988, *Produzione e lavoro produttivo nel mercantilismo e nell'Illuminismo*, Galatina (LE) Congedo.

PESCIARELLI, Enzo, 1989, "Introduzione", *Lezioni di Glasgow*, Adam Smith, Milano Giuffré.

PÉTRÉ-GRENOUILLEAU, Olivier, 2004. *Les traits négriers. Essai d'histoire globale*, Paris Éditions Gallimard.

PHILLIPSON, Nicholas, 2010, *Adam Smith. An Enlightened Life*, New Haven and London Yale University Press.

PICAVET, François, 1891, *Les idéologues : essai sur l'histoire des idées et des théories scientifiques, philosophiques, religieuses, etc. en France depuis 1789*, Paris Félix Alcan.

PIETTRE, André, 1966, *Histoire de pensée économique et théories contemporaines*, Paris Dalloz.

PISANELLI, Simona, (2017), "Liberty, labour and human rights : institutional change and the intellectual debate on slavery in France from Condorcet to the Mid-19th Century", *Economic Thought and Institutional Change in France and Italy, 1789–1914*, Riccardo Soliani (éd.), Cham Springer.

PLONGERON, Bernard, 1997a, « Antilles et Guyane françaises (1760-1840) : une chrétienté ? », *Histoire du Christianisme. Les défis de la modernité*, Jean-Marie Mayeur *et al.* (éd.), x, Paris Desclée, p. 111-119.

PLONGERON, Bernard, 1997b, « Tolérance civile et intolérance religieuse ou les Lumières obscurcies. L'Europe des édits de tolérance », *Histoire du Christianisme. Les défis de la modernité*, Jean-Marie Mayeur *et al.* (éd.), x, Paris Desclée, p. 191-202.

POIVRE, Pierre, [1767] 2011, « Discours aux habitants de l'Isle de France », *Discours prononcé par Pierre Poivre aux habitants de l'Isle de France le 26 juillet 1767*, Jean-Paul Morel (éd.), copie sur pierre-poivre.fr.

POIVRE, Pierre, 1768, *Voyage d'un philosophe ou observations sur les mœurs et les arts des peuples de l'Afrique, de l'Asie et de l'Amérique*, Yverdon.

POPKIN, Richard H., 1992, "Condorcet abolitionist", *The Third Force in Seventeenth-Century Thought*, Richard H. Popkin, Leiden E. J. Brill, p. 50-63.

QUESNAY, François (2005 [1767-1778]), « Le droit naturel », *Œuvres économiques complètes et autres textes*, François Quesnay, Christine Théré, Charles Loïc, Jean-Claude Perrot (éd.), vol. I, Paris INED, p. 111-123.

QUESNAY, François [1747] 2005, « Essai physique sur l'économie animale », *Œuvres économiques complètes et autres textes*, François Quesnay, Christine Théré, Charles Loïc, Jean-Claude Perrot (éd.), vol. I, Paris INED, p. 5-60.

QUESNAY, François [1756] 1888, « Fermiers », *Œuvres économiques et philosophiques de F. Quesnay. Fondateur du système physiocratique. Accompagnées des éloges et d'autres travaux biographiques sur Quesnay par différentes auteurs*, François Quesnay, August Oncken (éd.), Paris Peelman, p. 159-192.

QUESNAY, François [1757] 1888, « Grains », *Œuvres économiques et philosophiques de F. Quesnay. Fondateur du système physiocratique. Accompagnées des éloges et d'autres travaux biographiques sur Quesnay par différentes auteurs*, François Quesnay, August Oncken (éd.), Paris Peelman, p. 193-249.

QUESNAY, François, [1757] 2005, « Impôts », *Œuvres économiques complètes et autres textes*, François Quesnay, Christine Théré, Charles Loïc, Jean-Claude Perrot (éd.), vol. I, Paris INED, p. 213-256.

QUESNAY, François [1767] 1888, « Second problème économique », *Œuvres économiques et philosophiques de F. Quesnay. Fondateur du système physiocratique. Accompagnées des éloges et d'autres travaux biographiques sur Quesnay par différentes auteurs*, François Quesnay, August Oncken (éd.), Paris Peelman, p. 696-718.

QUESNAY, François, [1758] 1846, *Maximes générales du Gouvernement économique d'un royaume agricole*, Osnabrück Otto Zeller, p. 81-104.

RAE, John, [1895] 2009, *Life of Adam Smith*, Champaign Book Jungle.

RAFFAELLI, Tiziano, 2001, *La ricchezza delle nazioni. Introduzione alla lettura*, Roma Carocci.

RAPHAEL, Davis Daiches, MACFIE, Alec Lawrence, 1976, "Introduction", *Theory of Moral Sentiments*, Adam Smith, Oxford Clarendon Press, p. 1-52.

RAPHAEL, Davis Daiches, 1985, *Adam Smith*, Oxford Oxford University Press.

RAYNAL, Guillaume-Thomas François [1770] 1781, *Histoire philosophique et politique des établissements et du commerce des Européens dans les deux Indes*, X, Paris J. E. Dufour – P. Roux.

RAYNAL, Guillaume-Thomas François [1770] 1821, *Histoire philosophique et politique des établissements et du commerce des Européens dans les deux Indes*, VII, Paris Amable Costes et Cie.

RAYNAL, Guillaume-Thomas François [1770], 1780, *Histoire philosophique et politique des établissements et du commerce des Européens dans les deux Indes*, III, Paris J. E. Dufour – P. Roux.

RICH, Edwin Ernest, WILSON, Charles Henri (éd.) (1978), "Economia e società in Europa nell'età moderna", *Storia economica di Cambridge*, Edwin Ernest Rich, Charles Henri Wilson, V, Torino Giulio Einaudi Editore.

RIVAUD, Albert, 1962, *Philosophie française et philosophie anglaise de 1700 à 1830. Histoire de la philosophie*, IV, Paris Presses universitaires de France.

ROBERTSON, John, 2015, *The Enlightenment : A very short introduction*, Oxford OUP.

RODRÍGUEZ BRAUN, Carlos (2016), "Otro problema de Adam Smith : el liberalismo", Julio H. Cole (éd.), *A Companion to Adam Smith*, Guatemala Universidad Francisco Marroquín, p. 243-280.

ROMANI MARZIO, Achille, 1975, "Il pensiero economico della fisiocrazia", *Storia delle idee politiche economiche e sociali*, Luigi Firpo, Torino UTET.

RONCAGLIA, Alessandro, 2005, *Il mito della mano invisibile*, Roma Laterza.

RONCAGLIA, Alessandro, 2006, "Introduzione", *La ricchezza delle nazioni*, Adam Smith, Roma Newton Compton Editori.

ROSENBERG, Nathan, 1960, "Some institutional aspects of the *Wealth of Nations*", *Journal of Political Economy*, vol. 68, n° 6, p. 557-570.

ROSS, Ian Simpson, 2010, *The Life of Adam Smith*, Oxford Oxford University Press.

ROTHSCHILD, Emma [2001] 2002, *Economic sentiments. Adam Smith, Condorcet and the Enlightenment*, Cambridge Harvard University Press.

ROUCHER, Jean-Antoine, 1790, « Avertissement du traducteur », *Recherches sur la nature et les causes de la richesse des nations*, Adam Smith, I, Paris Buisson.

ROUSSEAU, Jean-Jacques, [1750] 1823, *Discours qui a remporté le prix à l'Académie de Dijon en l'année 1750, sur cette question, proposée par la même académie : Si le rétablissement des Sciences et des Arts a contribué à épurer les mœurs*, Paris E. A. Lequien.

ROUSSEAU, Jean-Jacques, [1755] 1894, *Discours sur l'origine et les fondements de l'inégalité parmi les hommes*, Paris Librairie de la Bibliothèque nationale.

ROUSSEAU, Jean-Jacques, [1762] 1821, « Du contrat social ou Principes du droit politique », *Œuvres politique*, Jean-Jacques Rousseau, vol. II, Paris Vve Le petit.

SALA-MOLINS, Louis, 2006, *Dark side of the light. Slavery and the French Enlightenment*, Minneapolis-London University of Minnesota Press.

SALTER, John, 1996, « Adam Smith on slavery », *History of Economic Ideas*, IV/1996/1-2, p. 225-251.

SAMUELS, Warren J., (1961), "The Physiocratic Theory of Property and State", *Quarterly Journal of Economics*, 75(1), Feb. 1961, p. 96-111.

SANTUCCI, Antonio A., 1993, "Introduzione", *Ritorno alla natura. Supplemento al Viaggio di Bougainville*, Denis Diderot, Roma-Bari Editori Laterza, p. V-XXIV.

SCHELLE, Gustave, 1888, *Dupont de Nemours et l'école physiocratique*, Paris Félix Alcan.

SCHELLE, Gustave, 1908, « Impôts par Quesnay. Article inédit, avec notes de Turgot », *Revue d'histoire des doctrines économique et sociales*, I, p. 137-186.

SCHELLE, Gustave, 1913-1923, *Œuvres de Turgot et documents le concernant*, I, Paris Librairie Félix Alcan.

SCHELLE, Gustave, 1922, *Œuvres de Turgot et documents le concernant*, IV, Paris Librairie Félix Alcan.

SCHOELCHER, Victor, 1833, *De l'esclavage des noirs et la législation coloniale*, Paris Paulin Libraire.

SCHUMPETER, Joseph Alois, [1954] 2005, *Storia dell'analisi economica*, Torino Bollati e Boringhieri.

SCOTT, William Robert, 1937, *Adam Smith as Student and Professor*, Glasgow Jackson & Son.

SCURR, Ruth, 2009, "Inequality and political stability from Ancien Régime to revolution : The reception of Adam Smith's *Theory of Moral Sentiments* in France", *History of European Ideas*, n° 35/2009, p. 441-449.

SEN, Amartya, 1986, "Adam Smith's Prudence", *Theory and Reality in Development*, Sanjaya Lall, Frances Stewart (éd.), London Macmillan.

SEN, Amartya, 2009, "Capitalism Beyond the Crisis", *The New York Review of Books*, Vol. 56, n° 5, March 26, 2009.

SEN, Amartya, 2010, "Adam Smith and the contemporary world", *Erasmus Journal for Philosophy and Economics*, vol. 3, Issue 1, Spring 2010, p. 50-67.

SISMONDI, Jean Charles Léonard Simonde (de), 1807, *Histoire des républiques italiennes du moyen âge*, I. Zurich Henri Gessner.

SKOUSEN, Mark, 2007, *The big three in Economics : Adam Smith, Karl Marx, and John Maynard Keynes*, New York Routledge.

SMITH, Adam [1759] 1976, *The Theory of Moral Sentiments*, Davis Daiches Raphael, Alec Lawrence Macfie (éd.), Oxford Clarendon Press.

SMITH, Adam [1762-1763] 1978, *Lectures on Jurisprudence*, Ronald L. Meek, Davis Daiches, Peter Stein (éd.), Raphael Oxford Clarendon Press.

SMITH, Adam [1766] 1978, *Lectures on Jurisprudence*, Ronald L. Meek, Davis Daiches, Peter Stein (éd.), Oxford Clarendon Press.

SMITH, Adam [1776] 1979, *An Inquiry into the Nature and Causes of the Wealth of Nations*, Roy Hutcheson Campbell, Andrew S. Skinner (éd.), I, Oxford Clarendon Express.

SMITH, Adam [1776] 1979, *An Inquiry into the Nature and Causes of the Wealth of Nations*, Roy Hutcheson Campbell, Andrew S. Skinner (éd.), II, Oxford Clarendon Express.

SMITH, Adam, [1795] 1980, *Essays on Philosophical Subjects*, William Persehouse Delisle Wightman, John Cameron Bryce (éd.), Oxford Clarendon Express.

SOBOUL, Albert, 1971, *La società francese nella seconda metà del Settecento*, Napoli Giannini Editore.

SOMBART, Werner [1908] 1909, *Socialism and the social movement*, Mordecai Epstein (éd.), London J. M. Dent & Co.

SOMBART, Werner, 1978, *Il capitalismo moderno*, Alessandro Cavalli (éd.), Torino Utet.

STEINER, Philippe, 1987, « Le projet physiocratique : théorie de la propriété et lien social », *Revue économique*, vol. 38, n° 6, La propriété (Nov., 1987), p. 1111-1128.

STEINER, Philippe, 1995, « L'esclavage chez les économistes français (1750-1830) », *Les abolitions de l'esclavage. De L. F. Sonthonax à V. Schoelcher*, Marcel Dorigny (éd.), Paris Presses Universitaires de Vincennes et Éditions UNESCO, p. 165-175.

STEWART, Dugald, [1793] 1829, "Account of the Life and Writings of Adam Smith", *The works of Dugald Stewart in seven volumes*, Dugald Stewart, vol. VII, Cambridge Hilliard and Brown.

STEWART, Dugald, (2001 [1793]), *Resoconto della vita e delle opere di Adam Smith*, Adelino Zanini (éd.), Macerata Liberilibri.

TAGLIAPIETRA, Andrea, (éd.), 2000, *Che cos'è l'illuminismo ? I testi e la genealogia del concetto*, Milano Paravia Bruno Mondadori Editori.

THÉRÉ, Christine, LOÏC, Charles, 2008, "The Writing Workshop of François Quesnay and the Making of Physiocracy", *History of Political Economy*, 40 (1) p. 1-42.

TRIBE, Keith, 2008, "'Das Adam Smith Problem' and the origins of modern Smith scholarship", *History of European Ideas*, n° 34, p. 514-525.

TURGOT, Anne Robert Jacques, [1759] 1913-1923, « Éloge de Gournay », *Œuvres de Turgot et documents le concernant. Avec Biographie et notes par G. Schelle*, Anne Robert Jacques Turgot, I, Paris Libraire Felix.

TURGOT, Anne Robert Jacques, [1763] 1914, « Plan d'un Mémoire sur les Impositions. Réponse à une demande d'avis du Contrôleur général », *Œuvres de Turgot et documents le concernant*, Gustave Schelle (éd.), II, Paris Librairie Félix Alcan.

TURGOT, Anne Robert Jacques, [1765] 1914, *Circulaire aux officiers de police des villes (1727-1781)*, Dubois de l'Estang (éd.).

TURGOT, Anne Robert Jacques, [1776] 1966, « Édit du Roi qui supprime les corvées, et ordonne la confection des grandes routes à prix d'argent. (Février 1776) », *Œuvres de Turgot*, Eugène Daire (éd.), II, Osnabrück Otto Zeller.

TURGOT, Anne Robert Jacques, 1913-1923, *Œuvres de Turgot et documents le concernant. Avec Biographie et notes par G. Schelle*, III, Paris Libraire Felix.

UNDP, 2016, *The global slavery index 2016*, Broadway Nedlands The Minderoo Foundation Pty Ltd.

VAGGI, Gianni, 1996, "Adam Smith and the economic policy of laissez-faire", *History of Economic Ideas*, IV/1996/1-2, p. 107-147.

VAUGHAN, Charles Edwyn, [1925] 1960, *Studies in the History of Political Philosophy before and after Rousseau*, vol. I, New York Russell & Russell.

VINER, Jacob, 1927, "Adam Smith and Laissez Faire", *Journal of Political Economy*, vol. 35, n° 2 (Apr., 1927), p. 198-232.

VIVARELLI, Roberto, 2005, *I caratteri dell'età contemporanea*, Bologna il Mulino.

VOEGELIN, Éric, 1975, *From Enlightenment to Revolution*, Durham Duke University Press.

VOLTAIRE, François-Marie Arouet dit, [1762] 1879, *L'ABC. Dix-sept dialogues traduits de l'anglais de M. Huet*, Paris Alphonse Lemerre.

VOLTAIRE, François-Marie Arouet dit, [1762] 1960, *ABC e Dialoghi di Evemero*, Torino Bollati Boringhieri.

VOLTAIRE, François-Marie Arouet dit, [1768] 1879, « L'homme aux quarante écus », A. J. Q. Beuchot, *Œuvres complètes de Voltaire*, Paris Garnier Frères.

VOLTAIRE, François-Marie Arouet dit, [1777] 1893, « Commentaire sur l'*Esprit des lois* », *Œuvres complètes de Voltaire*, XXXI, Paris Libraire Hachette.

VOLTAIRE, François-Marie Arouet dit, 1759, *Candide*, Paris Delarue Libraire-Éditeur.

VOLTAIRE, François-Marie Arouet dit, 1764, *Dictionnaire philosophique, portatif*, Paris Londres.

VOLTAIRE, François-Marie Arouet dit, 1774, « Questions sur l'Encyclopédie par des amateurs », *Collection complètes des Œuvres de M^r De ****, François-Marie Arouet Voltaire, XXIII, Genève.

VOLTAIRE, François-Marie Arouet dit, 1785, « Dictionnaire philosophique », *Œuvres complètes de Voltaire*, Jean-Antoine Nicolas de Condorcet, Jacques-Joseph-Marie Decroix (éd.), 53, Société Littéraire-typographique.

WAKATABE, Masazumi, 2015, "Knowledge, Markets and Governance : Adam Smith's Project Reconsidered", *History of economic thought and policy*, 4(1)-2015, Milano Franco Angeli.

WALVIN, James, 1995, « L'abolition anglaise de l'esclavage des noirs, 1787-1838 », *Les abolitions de l'esclavage*, Marcel Dorigny (éd.), Paris/Saint-Denis UNESCO/Presses Universitaires de Vincennes, p. 103-110.

WEBER, Max (1968 [1922]), *Economia e società*, Pietro Rossi (éd.), Milano Edizioni di Comunità.

WELLS, Thomas, 2010, "Adam Smith's real views on slavery : a reply to Marvin Brown", *Real-world economics review*, issue n° 53.

WEST, Edwin George, 1976, *Adam Smith : the man and his works*, London Liberty Press.

WEULERSSE, George (éd.), 1913, « Bref état des moyens pour la restauration de l'autorité du Roi et de ses finances, par le Marquis de Mirabeau avec des Notes de François Quesnay », *Revue d'histoire économique et sociale*, Auguste Deschamps, Edgar Depitre, Auguste Dubois, Albert Schatz (éd.), p. 177-211.

WEULERSSE, George, 1950, *La physiocratie sous les ministères de Turgot et de Necker : 1774-1781*, Paris Presses Universitaires de France.

WEULERSSE, George, 1985, *La physiocratie à l'aube de la révolution. 1781-1792*, Corinne Beutler (éd.), Paris Édition de l'école des hautes études en sciences sociales.

WHATMORE, Richard, 2002, "Adam Smith's Role in the French Revolution", *Past and Present*, Oxford, n° 175, p. 65-89.

WINCH, Donald (1978), *Adam Smith's politics. An essay in historiographic revision*, London Cambridge University Press.

WINCH, Donald, 1991, "Adam Smith's Politics Revisited", *Quaderni di storia dell'economia politica*, IX/1991/1, p. 3-27.

ZWEIG, Stefan, 2013, *Maria Antonietta. Una vita involontariamente eroica*, Roma Castelvecchi – Lit Edizioni.

INDEX DES NOMS DE PERSONNES

TABLE DES MATIÈRES

Achevé d'imprimer par Corlet Numérique,
à Condé-sur-Noireau (Calvados). N° d'impression : 146916
Imprimé en France